本书得到国家社会科学基金项目《亲等和亲系制度研究》（17BFX138）和"中央高校基本科研业务费专项资金"资助（Supported by "the Fundamental Research Funds for the Central Universities"），特此感谢。

亲等和亲系制度研究

On the Degree of Kinship
and Kinship Systems

金 眉◎著

中国政法大学出版社

2024·北京

图书在版编目（ＣＩＰ）数据

亲等和亲系制度研究 ／ 金眉著.—北京：中国政法大学出版社，2024.12
ISBN 978-7-5764-0440-1

Ⅰ.①亲…　Ⅱ.①金…　Ⅲ.①亲属－法律关系－研究－中国　Ⅳ.①D923.924

中国国家版本馆 CIP 数据核字 (2024) 第 102385 号

书　名	亲等和亲系制度研究 QIN DENG HE QIN XI ZHI DU YAN JIU
出版者	中国政法大学出版社
地　址	北京市海淀区西土城路 25 号
邮　箱	fadapress@163.com
网　址	http://www.cuplpress.com (网络实名：中国政法大学出版社)
电　话	010-58908435(第一编辑部) 58908334(邮购部)
承　印	北京中科印刷有限公司
开　本	880mm×1230mm　1/32
印　张	10.75
字　数	240 千字
版　次	2024 年 12 月第 1 版
印　次	2024 年 12 月第 1 次印刷
定　价	86.00 元

作者简介

金　眉　女，四川眉山人，法学博士，中国政法大学教授、博士生导师，在《法学研究》《政法论坛》等杂志发表论文五十余篇，代表作有《婚姻家庭立法的同一性原理》《中国亲属法的近现代转型》《唐代婚姻家庭继承法研究》，主编和参编多部婚姻家庭法教材。

前　言

　　人类的个体总是与他人存在一定的血亲或者姻亲关系，在亲属谱系中居于一定的位置。基于生存和发展之需，法律需要在彼此关系亲近者之间设立一定的权利义务，关系近者权利义务重，关系远者权利义务轻以至无，而用于计算亲属关系亲疏远近的尺度就是亲等，亲属关系联络的系别则构成亲系。传统中国采用服制计算亲属关系远近，它用服丧时着衣的规格式样和穿着期限长短来表示。由于服制实行尊尊、亲亲、长幼和男女有别的宗法伦理原则，这就使得自然血缘同等的亲属在亲等上居于不同的等级。近代以来，中国在融入世界的潮流中放弃具有宗法性的服制，改采男女平等的亲属制度。在这一历史进程中，围绕传统服制的存废在清末修法之时曾有过激烈的争论。至南京国民政府 1930 年颁行民法典，其亲属编采男女双系亲属制度，专设通则一章用于规定亲属的类别、亲等和亲系制度。中华人民共和国成立后制定的历次《婚姻法》均没有明确的亲等和亲系制度，司法实践中一直采用 20 世纪 50 年代法律机关有关五代亲属范围的解释文件，以世代来计算血亲的亲疏远近。现行《民法典》第 1045 条增加了有关亲属的种类、近亲属的范围和家庭成员构成的规定，但仍未对亲等计算法作出明确的规定。在 20 世纪 50 年代的法律解释文献已经成为历史不再具有法律效力的情形下，无论是立法还是司法实践都需要对亲等计算法作出恰当的法律解释。至于亲系，现行《民法典》实际上存在直系血亲与旁系血亲、旁系同辈血亲与旁系非同辈血亲、直系尊辈血亲与直系晚辈血亲、近亲属与远亲属的划分，只是我们日常缺少对亲系的自觉而已。

基于此，本书着力于下列方面的研究：①传统与现代的联系：本书立足于对传统亲等和亲系制度的精神、特点及其现代影响和中国特色的研究，探寻当下制度的适用与未来的发展。②法律体系融贯的研究：本书不仅探讨亲等和亲系制度与现行《民法典》中《婚姻家庭编》内部规范与制度的关联，还探讨其与《民法典》中《总则编》《继承编》的体系关联，进一步则探讨它与其他私法和公法的体系关联。③立足对世界上具有代表性的两大法系亲等和亲系制度的全面、细致考察，比较其异同，同时考察其在当代特别是人类生殖技术和两性结合模式多元化情形下对亲属制度发展、演变的影响。④就亲属关系的发生与终止中具有中国特色的制度作深入的研究，特别是对有关配偶关系的发生与终止原因及其法律效果，有关拟制血亲中养亲、继亲的性质认定、成立与终止的法律效果以及现代生殖技术推广下拟制血亲的扩展空间、两性结合模式多元化下配偶概念的发展等作深入的探讨。

较之"前《民法典》时代"，现行《民法典》在体系结构上的一个重要改变是婚姻家庭法回归民法，成为其中的一个分编，这一体系结构的变化不仅涉及民法体系的内在统一，也涉及婚姻家庭法研究方法的转变。建立在概念法学和规范基础上的民法已经形成一套成熟的制度和理论，为婚姻家庭法的研究奠定了深厚的理论研究基础，但仅此还不够，亲等和亲系制度属于身份法领域，其基础关系是婚姻、血缘和拟制血亲关系，与道德伦理密切相关，基于此理，本书在婚姻家庭法一般研究方法的基础上增加采用法律史学和比较法学的研究方法，试图从多维度、多视角对亲等和亲系制度作深入研究。

金 眉

2024 年 1 月

目　录

第一章　亲等和亲系制度概论

第一节　亲属基本概念辨析

亲属的概念分为广义和狭义，广义的亲属是指一切具有婚姻、血缘、法律拟制血亲关系的人。法律上的亲属采狭义，其范围比遗传学和社会学意义上的亲属狭窄，指既具有婚姻、血缘、法律拟制血亲关系，又具有法律上的权利义务的人。与亲属相似的概念是家属和家庭成员，但在法律上其内涵彼此不同，详见下文。

一、亲属与家属

家属是一个传统的概念，与家长相对应，是家长制的产物。传统社会实行家长制，家长通常由家庭成员中辈分高且年长的男性担任，家长独尊，在家庭中拥有广泛的权利；其他家庭成员则是家属，服从于家长，处于从属地位。近代法律实行平权改革以后，家长与家属的法律地位平等，彼此在法律上的权利义务是按照亲属关系的远近来确定，而不再按照家长与家属的传统性质来确定。在法律上家庭成员已经没有家长与家属的划分，家长与家属均不是法律上的概念，但在现实生活中，家长

与家属的称谓仍然为人们所用,"家长"通常指在读的未成年子女的父母,"家属"在有的地方指配偶,有时"家属"也包括未成年子女,如"随迁家属"。

二、亲属与家庭成员

近代以来,随着家族社会的瓦解,"家庭"在法律上的概念开始模糊,关于家庭成员的概念在学术界存在诸多争议,在公法与私法领域,法律所认可的家庭成员范围也不尽相同,比如民法上的家庭成员与户籍法上的家庭成员的范围就不完全一致。此外,在民事法律领域,与家庭相关联的概念还有"户",户在现行法律上保留了以家庭(户)为计算单位的历史痕迹,常常以权利义务承受者的面目出现,从而在表面上拥有相当于权利主体的地位,比如农户、个体工商户和农村承包经营户,[1]但户的成员与亲属法意义上的家庭成员也不尽相同。在婚姻家庭法领域,家庭成员通常是指在同一家庭共同生活、相互具有权利义务关系的近亲属。[2]家庭成员与亲属的不同在于,他们不仅具有亲属关系,还存在以家庭为单位的共同生活关系,按照《民法典》[3]第1045条第3款的规定:"配偶、父母、子女和其他共同生活的近亲属为家庭成员。"因此,在我国,家庭成员都是亲属,但亲属并不一定就是家庭成员,二者以是否互为近亲

---

〔1〕 朱庆育:《民法总论》,北京大学出版社2016年版,第475页。

〔2〕 薛宁兰、金玉珍主编:《亲属与继承法》,社会科学文献出版社2009年版,第43页。

〔3〕《民法典》,即《中华人民共和国民法典》,为表达方便,本书中涉及的我国现行法律直接使用简称,省去"中华人民共和国"字样,全书统一,不再赘述。

属及存在共同经济和生活关系相区别。与此同时，我们还需要注意的是，现行《民法典》第 1050 条还规定了夫妻可以约定成为对方的家庭成员。因此，在我国法律上，家庭成员身份既可以是通过法定取得（《民法典》第 1045 条第 3 款），也可以在特定情形下通过约定取得。

除了上述概念之外，生活中人们还常用"亲戚"来指代亲属，但"亲戚"一词只是我国民间的习惯用语，不是法律上的概念，通常指家庭共同生活之外的亲属，其范围广于法律上的亲属。

关于确立亲属概念的目的，社会学家费孝通先生曾经说过："亲属并不是血统的社会印版，而是为了生活的需要，在因生育与婚姻所联系的许多人中，划出一个范围来，认为是亲属。"[1]这一说法事实上也是法律确定亲属的理由：在存在生育与婚姻联系的人群中，法律赋予一部分人相互之间具有一定的权利义务关系，他们彼此就是亲属。自古到现代，中国法律中的亲属概念发生了本质上的改变，从宗法的意义回归到了它纯粹、初始的自然意义，即亲属是指既具有婚姻、血缘、法律拟制的血亲关系，又具有法律上的权利义务关系的人。

第二节 亲等和亲系基本概念

一、亲等的概念

关于亲等，它是指计算亲属相互之间亲疏远近的标准单位，

---

[1] 费孝通：《乡土中国 生育制度》，北京大学出版社 1998 年版，第 269 页。

各国法上多就血亲规定其计算标准，在罗马法上，姻亲的等级准用血亲的计算法。按照学者的研究，在人类法律史上，有关亲等制度存在过两种立法主义，即等级亲等制与世数亲等制。[1]

1. 等级亲等制：计算亲属关系的亲疏远近，除了考虑世系的远近，还需要参酌地位的尊卑、恩情的厚薄与男女之别，其典型代表为中国古代的服制，它用服丧时着衣的规格式样和穿着期限长短来表示（见图1-1）。服制的具体内容见本书"中国亲等和亲系制度的变迁"一章。

2. 世数亲等制：按照世数来确定亲等的制度，计算时以一世为一亲等。在世界历史上，影响范围最广的世数亲等制有罗马法的亲等计算法和寺院法的亲等计算法（见图1-2）。

罗马法的血亲亲等计算法不分父系和母系，而是按照自然血亲的远近确定亲等数，亲等越近，其血亲越近，因此它是双系计算法，其具体计算方法是：直系血亲从己身往上、下数，每经一代为一亲等；旁系血亲的计算则是从自己上数至双方共同的直系血亲即同源人，每经一代为一亲等，再由共同的直系血亲下数至要计算的亲属，也是每经一代为一亲等，相加之数，即自己与所要计算的亲属的亲等数。具体列举如下：

（1）向上数的第一亲等为父母，向下数的第一亲等为子女，此处的父母子女包括收养形成的养父母子女。

（2）直系往上数的第二亲等为（外）祖父母，往下数的第

---

〔1〕 参见史尚宽：《亲属法论》，中国政法大学出版社2000年版，第55页；中国大百科全书出版社编辑部编：《中国大百科全书》（法学），中国大百科全书出版社1984年版，第475页。本书综合了上述两部著作的观点，认为关于亲等的立法主义存在等级亲等制和世数亲等制两种。

二亲等为（外）孙子女，旁系第二亲等则为兄弟姐妹。

（3）第三亲等的直系亲属往上数为（外）曾祖父母，往下数为（外）曾孙子女；第三亲等的旁系亲属为侄子侄女、外甥外甥女、伯叔姑舅姨。

（4）第四亲等的直系亲属往上数为（外）高祖父母，往下数为（外）玄孙子女；第四亲等的旁系亲属为侄孙侄孙女，外甥孙外甥孙女，堂兄弟姐妹和表兄弟姐妹，（外）伯叔祖父和（外）祖姑。

（5）第五亲等的直系亲属往上数为（外）高祖父母的父母，往下数为（外）玄孙子女的子女；第五亲等的旁系亲属为堂侄堂侄女、表侄表侄女等。

（6）第六亲等的直系亲属往上数为（外）高祖父母的（外）祖父母，往下数为（外）玄孙子女的（外）孙子女；第六亲等的旁系亲属为堂侄孙堂侄孙女、表侄孙表侄孙女等。[1]

寺院法所确立的亲等计算法的基础与罗马法一致，也是以自然血亲的远近为亲等远近的计算标准，但具体算法上有所不同。直系血亲的计算与罗马法相同，以一世（代）为一亲等，而旁系血亲的计算与罗马法不同：从己身上数到同源的直系血亲，再从同源的直系血亲下数到所要计算亲等的亲属，世（代）数相同，可按一方的世（代）数来定亲等；如果世（代）数不同，则按世（代）数多的一方来定亲等。如计算己身与兄弟姐妹的亲等，从己身数至同源之父母为一世，另从与己身计算亲等的兄弟姐妹数至同源之父母为一世，两边世数相同，取相同

---

〔1〕　参见夏吟兰主编：《婚姻家庭继承法》，中国政法大学出版社 2021 年版，第 43 页。

5

凡姑、姊妹、女及孙女，在室或已嫁被出而归，服并与男子同。出嫁而无夫与子者，为兄弟姊妹及侄，皆不杖期。

次于至亲者曰从，如从兄弟、从伯叔（党伯叔）。其又次者，则曰再从、三从。

凡嫡孙，父卒，为祖父母，承重服斩衰三年。若为曾高祖父母承重，服亦同。

图中各服（本宗九族五服正服之图）

高祖一代
- 高祖父母（三月齐衰）

曾祖一代
- 曾祖父母（五月齐衰）
- 曾叔伯祖父母（缌麻）
- 曾祖姑：在室缌麻／出嫁无服

祖一代
- 祖父母（齐衰不杖期）
- 伯叔祖父母（小功）
- 族伯叔祖父母（缌麻）
- 祖姑：在室小功／出嫁缌麻
- 族祖姑：在室缌麻／出嫁无服

父一代
- 父母（斩衰三年）
- 伯父母、叔父母（期年）
- 堂伯叔父母（小功）
- 再从伯叔父母（缌麻）
- 族伯叔父母（无服）
- 姑：在室期年／出嫁大功
- 堂姑：在室大功／出嫁小功
- 再从姑：在室小功／出嫁缌麻
- 族姑：在室缌麻／出嫁无服

己身一代
- 己身
- 兄弟（期年）；兄弟妻（小功）
- 堂兄弟（大功）；堂兄弟妻（缌麻）
- 再从兄弟（小功）；再从兄弟妻（无服）
- 族兄弟（缌麻）；族兄弟妻（无服）
- 姊妹：在室期年／出嫁大功
- 堂姊妹：在室大功／出嫁小功
- 再从姊妹：在室小功／出嫁缌麻
- 族姊妹：在室缌麻／出嫁无服

子一代
- 长子（期年）；众子（期年）
- 长子妇（期年）；众子妇（大功）
- 侄（期年）；侄妇（大功）
- 堂侄（小功）；堂侄妇（缌麻）
- 再从侄（缌麻）；再从侄妇（无服）
- 女：在室期年／出嫁大功
- 侄女：在室大功／出嫁小功
- 堂侄女：在室小功／出嫁缌麻
- 再从侄女：在室缌麻／出嫁无服

孙一代
- 嫡孙（期年）；众孙（大功）
- 嫡孙妇（小功）；众孙妇（缌麻）
- 侄孙（小功）；侄孙妇（缌麻）
- 堂侄孙（缌麻）；堂侄孙妇（无服）
- 孙女：在室大功／出嫁缌麻
- 侄孙女（缌麻）
- 堂侄孙女（无服）

曾孙一代
- 曾孙（缌麻）；曾孙妇（无服）
- 曾侄孙（缌麻）；曾侄孙妇（无服）
- 曾孙女：在室缌麻／出嫁无服

玄孙一代
- 玄孙（缌麻）；玄孙妇（无服）

凡同五世祖族属在缌麻绝服之外，皆为祖免亲。遇丧葬，则服素服，尺布缠头。

凡男为人后者，为本生亲属孝服皆降一等，为本生父母降服不杖期。父母报服同（报服谓之报答相互服同等之丧服）。

图 1-1　本宗九族五服正服之图 [1]

---

〔1〕　转引自史尚宽：《亲属法论》，中国政法大学出版社 2000 年版，第 62 页。

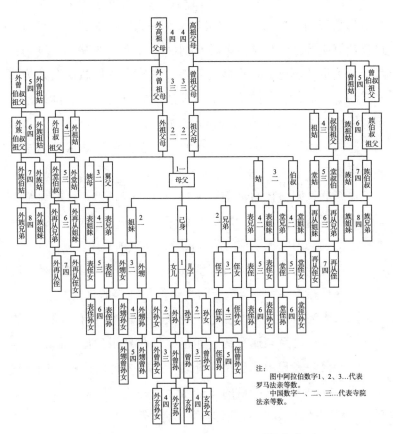

图1-2　罗马法、寺院法亲等计算图[1]

注：
图中阿拉伯数字1、2、3...代表罗马法亲等数。
中国数字一、二、三...代表寺院法亲等数。

〔1〕 转引自夏吟兰主编：《婚姻家庭继承法》，中国政法大学出版社 2021 年版，第 43 页。

数定亲等，则己身与兄弟姐妹为一亲等的旁系血亲；又如计算己身与伯叔姑舅姨之亲等，从己身数至己身的父母为一世，再从父母数至同源的（外）祖父母又为一世，共为二世，另从与己身计算亲等之伯叔姑舅姨数至同源之（外）祖父母，则为一世，两边世数不同，取多者定亲等，则己身与伯叔姑舅姨为二亲等的旁系血亲。寺院法亲等计算法的缺点在于不能准确地表示旁系血亲之间的亲疏远近关系，如采用其亲等计算法，自己与伯、叔、姑、舅、姨和堂兄弟姐妹、表兄弟姐妹都是二亲等的旁系血亲，但是从血缘联系来看，自己与伯、叔、姑、舅、姨的血缘联系明显比自己与堂兄弟姐妹、表兄弟姐妹的血缘关系要近，所以寺院法在计算旁系血亲关系的亲疏远近时，没有罗马法准确，因此现采用的国家极少，如英国采用。[1]

就两种亲等制立法而言，世数亲等制无论罗马法还是寺院法，其衡量亲属关系亲疏远近的法则都是纯粹的自然血亲标准，并未加入人为的因素来改变血亲关系亲疏远近的自然状态，因此父系亲属与母系亲属平等，如祖父母与外祖父母、伯叔父与舅、堂兄弟与表兄弟、侄子与外甥、孙与外孙的亲等相同，这与古代中国的服制以严格的父系血缘为基础、以宗法伦理为原则、严格区分宗亲与外亲迥然不同。此外，罗马法、寺院法的任一亲属等级都是固定不变的，不受社会地位、年龄、婚姻[2]

---

〔1〕 史尚宽：《亲属法论》，中国政法大学出版社 2000 年版，第 60 页。

〔2〕 在罗马法中，女子出嫁虽然也存在人格小减等的情形，但它的涵义仅仅是原有的家族权变换为新的家族权，若婚姻为无夫权婚姻，则该女子既不受娘家父权支配，也不受夫权支配。在此情形下，她的人格不仅没有减等，而且还有所上升。见江平、米健：《罗马法基础》，中国政法大学出版社 2004 年版，第 111 页。

等因素的影响而变动，而以古代中国的服制为代表的等级亲等制具有变动性，亲等计算可以因社会地位、年龄、婚姻等因素而变动，如女子在室与出嫁不同、父卒与父在为母不同、嫡母与庶母不同。相比较而言，罗马法、寺院法的亲等计算法更接近血亲的自然状态，特别是罗马法的亲等计算法，更是因其能够准确表示血亲关系的亲疏远近而为现代绝大多数国家的法律采用，只有极少数受教会法影响较深的国家如英国仍然采用寺院法的亲等计算法。[1]

　　中国传统社会采用服制作为亲等制度，但在近代社会以后被双系血亲计算法所取代。20世纪30年代，南京国民政府颁行的《中华民国民法典·亲属编》第一章通则规定采用罗马法亲等计算法，随后一直适用至中华人民共和国成立前夕，至今仍在我国台湾地区适用。我国自1950年起历年颁行的《婚姻法》虽然没有规定系统的亲属制度，但在司法实践中，各司法机关仍采用20世纪50年代权力机构的法律解释，即采用以"代"为单位的世代计算法，其历史可以追溯至20世纪30年代革命根据地时期的婚姻立法。1931年的《中华苏维埃共和国婚姻条例》和1934年的《中华苏维埃共和国婚姻法》分别规定五代或者三代以内具有亲族血统的男女禁止结婚。[2]这两部法律的起草者显然熟悉并借鉴了我国传统亲属制度的亲属范围划分。抗

----

〔1〕　陈苇主编：《当代外国婚姻家庭法律制度研究》，中国人民公安大学出版社2022年版，第422页。

〔2〕　1931年的《中华苏维埃共和国婚姻条例》第5条规定："禁止男女在五代以内亲族血统的结婚。"1934年的《中华苏维埃共和国婚姻法》第5条规定："禁止男女在三代以内亲族血统的结婚。"见韩延龙、常兆儒编：《中国新民主主义革命时期根据地法制文献选编》（第四卷），中国社会科学出版社1984年版，第789、793页。

战时期，有不少革命根据地政权的婚姻立法转而采用罗马法的亲等计算方法，[1]但是传统的五服制在根据地立法中仍有保留，例如，1945年的《山东省婚姻暂行条例》第10条就规定："本族五服以内之血亲不得结婚，亲姑表姨亦应尽量避免缔结婚姻。"同样，1949年的《修正山东省婚姻暂行条例》也规定禁止男女在五代以内的亲族血统间结婚。[2]这种借助古代五服制度而予以现代变通的做法，在中华人民共和国成立后继续沿用。1950年《婚姻法》第5条规定："男女有下列情形之一者，禁止结婚：一、为直系血亲，或为同胞的兄弟姊妹和同父异母或同母异父的兄弟姊妹者；其他五代内的旁系血亲间禁止结婚的问题，从习惯……"显然，历史上的五服与1950年《婚姻法》的五代是存在紧密的渊源关系的，[3]上自高祖下至玄孙在内的亲属范围让我们看到了现代与古代亲等制度的联系。

---

〔1〕 如1941年《晋察冀边区婚姻条例草案》第6条规定："有下列情形之一者，禁止结婚：一、男女系直系血亲、直系姻亲和八亲等以内的旁系血亲者……"1943年《晋察冀边区婚姻条例》第7条："与下列亲属不得结婚：一、直系血亲及直系姻亲。二、八亲等以内之旁系血亲，但表兄弟姊妹不在此限。三、五亲等以内之旁系姻亲辈分不相同者。"1941年《晋察鲁豫边区婚姻暂行条例》第13条："直系血亲、直系姻亲及八亲等以内之旁系血亲，不得结婚。"1942年《山东省胶东区修正婚姻暂行条例》第9条："有下列情形之一者，禁止结婚：一、八亲等以内之血亲，三亲等以内之姻亲……"1946年《陕甘宁边区婚姻条例》第6条："有下列情形之一者禁止结婚：……（四）直系血亲、直系姻亲及八亲等以内之旁系血亲或三亲等内之旁系之姻亲。"以上分别见韩延龙、常兆儒编：《中国新民主主义革命时期根据地法制文献选编》（第四卷），中国社会科学出版社1984年版，第812、827、835、863、879页。

〔2〕 韩延龙、常兆儒编：《中国新民主主义革命时期根据地法制文献选编》（第四卷），中国社会科学出版社1984年版，第859、886页。

〔3〕 至于1980年《婚姻法》及其修正案均规定禁止三代以内的旁系血亲结婚，也只是范围的缩小而已。

对此的一种简单解释是说这种计算方法简便可行，易为广大群众所了解。[1]但在笔者看来，更为深层的原因是，由于我国共产党政权长期活动于基层农村，来自西方的亲等计算法很容易因远离民众而受到民间习惯的抵制。因此，较好的做法就是在法制与传统之间寻求合理的连接，这一目标借助于对五服的去宗法性改造已经实现，法律上的个人本位和男女平权已经确立；但问题也是存在的，那就是世代计算法略欠精确，不能准确反映亲属间的亲疏远近关系，进而不便于立法者分配权利和义务。以自己与伯叔姑舅姨及其子女的亲等为例，按照世代计算法，都是三代以内的旁系血亲，但实际上的血缘关系却有远近之别——自己与伯叔姑舅姨的血缘关系显然更近。

基于亲等计算对科学性与准确性的要求，在近代世界亲属法的改革中，双系制的罗马法亲等计算法因其科学性和准确性而为大多数国家所采用。因此，本书建议从严格的科学理性主义出发，考虑将罗马法的亲等计算法作为我国当代立法的选择。

二、亲系的概念

关于亲系，在理论上有广义和狭义之分，广义的亲系指血亲或者姻亲上下左右连贯的系统；狭义仅指血亲的系统，[2]本书所论亲属包括血亲、配偶与姻亲在内，因此采广义。众所周知，除配偶外，一切亲属关系中总是存在一定的联系可循，我们可以从不同的角度作不同的系统划分。从世界各国的亲属法

---

〔1〕　杨大文主编：《婚姻法学》，法律出版社1986年版，第109页。

〔2〕　参见史尚宽：《亲属法论》，中国政法大学出版社2000年版，第55页。

看，按照亲属之间婚姻、血缘联系的纵横方向，亲属可以分为直系亲属与旁系亲属，在此之下，亲系又可以分为下列类型：

1. 直系血亲与旁系血亲：按照亲属关系产生的根据，可以将血亲分为直系血亲与旁系血亲。直系血亲是指生育自己与自己生育的血亲，彼此构成上下联系成一直线的血亲，上至父母、（外）祖父母、（外）曾祖父母、（外）高祖父母及以上者，下至子女、（外）孙子女、（外）曾孙子女、（外）玄孙子女及以下者，皆为直系血亲；旁系血亲则是指非直系血亲但与自己同源的血亲，如同源于父母的兄弟姐妹，同源于（外）祖父母的伯叔姑舅姨，与自己均为旁系血亲。其中，同父同母的兄弟姐妹称为全血缘的旁系血亲，同父异母或同母异父的兄弟姐妹称为半血缘的旁系血亲。

2. 直系姻亲与旁系姻亲：直系姻亲是指配偶一方的直系血亲为另一方的直系姻亲，如儿媳与公婆、女婿与岳父母为直系姻亲；旁系姻亲则是指配偶一方的旁系血亲为另一方的旁系姻亲，如自己与兄弟姐妹的配偶（嫂子、弟媳、姐夫、妹夫）、妯娌、连襟为旁系姻亲。

3. 父系亲属与母系亲属：按照父系还是母系血统联系，可以将亲属分为父系亲属与母系亲属，由父亲血统联络的亲属称为父系亲属，由母亲血统联络的亲属称为母系亲属。

第三节　亲等和亲系制度的法律体系关联

在私法领域，亲等和亲系制度与其他法律体系的关联主要涉及《民法典》中《总则编》《婚姻家庭编》和《继承编》，亲等和亲系制度是作为相关法律的基础制度而存在，详述如下。

一、与《民法典·总则编》的关联

在我国，近亲属是《民法典》确定监护人顺序的基础，如第27条规定："父母是未成年子女的监护人。未成年人的父母已经死亡或者没有监护能力的，由下列有监护能力的人按顺序担任监护人：（一）祖父母、外祖父母；（二）兄、姐；（三）其他愿意担任监护人的个人或者组织，但是须经未成年人住所地的居民委员会、村民委员会或者民政部门同意。"第28条规定："无民事行为能力或者限制民事行为能力的成年人，由下列有监护能力的人按顺序担任监护人：（一）配偶；（二）父母、子女；（三）其他近亲属；（四）其他愿意担任监护人的个人或者组织，但是须经被监护人住所地的居民委员会、村民委员会或者民政部门同意。"因此，近亲属担任未成年人监护人的法定顺序首先是一亲等的直系尊血亲（父母），其次是二亲等的直系尊血亲（祖父母、外祖父母），再后是二亲等的旁系血亲（兄、姐）；近亲属担任成年人监护人的法定顺序则首先是配偶，其次是一亲等的直系血亲，然后是其他近亲属。

需要指出的是，在比较法上，亲系与监护人和监护监督人的选任相关，比如《法国民法典》奉行监护监督人的选任父母双系平衡原则，其第409条第2款规定："如果监护人是未成年人的父系或母系的血亲或姻亲，尽量从另一亲系的成员中挑选监护监督人。"与此同时，财产管理监督人与监护监督人的选任同样实行父母双系平衡原则，即《法国民法典》第454条第2款规定："如果财产管理人或监护人是受保护人的一方亲系中的血亲或姻亲,尽量从另一方的亲系中选任财产管理监督人或监护监督人。"〔1〕在我国,从《民法典》第27、28条有关未成年子女、无民事行为能力或者限制民事行为能力成年人的监护人选任规定看,法律平等对待父和母、祖父母和外祖父母,因此《民法典》不仅实行男女平等原则,也实行男女双系平等原则。然而,《民法典》在规定监护人的选任时还应考虑对处于弱势一方亲系的关照,也即在我国现行法律上,父母双系的利益平衡需要得到法律进一步的关注。

此外,父母作为未成年子女的血亲,在我国《民法典》上与未成年子女形成监护与被监护关系,〔2〕而有关父母对未成年子女监护的法律不仅规定于《总则编》,也规定于《婚姻家庭编》,彼此形成一般与特殊的关系。

二、与《民法典·婚姻家庭编》的关联

亲属关系一经成立,即产生一定的法律效力,在我国法上,亲等与亲系制度是《民法典·婚姻家庭编》的重要制度,同时立法者还基于近亲属关系规定了一定范围内的亲属禁止结婚、相互承担扶养的义务、共同财产权、宣告婚姻无效请求权等内容。首先,《民法典》第1048条规定,直系血亲或者三代以内的旁系血亲禁止结婚。此禁婚亲的范围,在直系上不仅超过了近亲属的范围,在旁系上也超过了近亲属的范围,因此我国法律上禁止近亲结婚的范围实际上大于近亲属的范围。

---

〔1〕 罗结珍译:《法国民法典》,北京大学出版社2023年版,第287、308页。
〔2〕 《民法典》第27条。

其次，近亲属是法律确立相互扶养义务的基础。按照我国《民法典》的相关规定，近亲属相互负有扶养义务，规定于下：①夫妻之间互负扶养的义务（第 1059 条）；②父母对未成年子女有抚养的义务（第 1067 条第 1 款、第 1068 条）；③成年子女对父母有赡养的义务（第 1067 条第 2 款）；④特定情形下，祖孙、外祖孙之间有抚养与赡养的义务（第 1074 条），兄、姐与弟妹之间有扶养的义务（第 1075 条）。在收养关系解除后，经养父母抚养成年的养子女，对缺乏劳动能力又缺乏生活来源的养父母，承担给付生活费的义务（第 1118 条第 1 款）。

最后，在夫妻没有约定财产制的情形下，适用法定的共同财产制（第 1062 条）；近亲属有权依据《民法典》第 1051 条及《最高人民法院关于适用〈中华人民共和国民法典〉婚姻家庭编的解释（一）》（后文简称"《婚姻家庭编解释（一）》"）第 9 条主张婚姻无效；等等。

三、与《民法典·继承编》的关联

在比较法上，有关血亲继承的顺序存在三种立法例：①亲系继承制：这一继承方式是以被继承人的直系血亲卑亲属为一亲系，以父母及父母其他直系血亲卑亲属为二亲系，依次往上类推，以血亲关系的远近来排列法定继承的顺序。[1]②亲等继承制：依照这一继承方式，继承人的范围与顺序依照其与被继承人亲等的远近来确定。③折衷制：兼采亲系继承制与亲等继

---

〔1〕 杨立新主编：《继承法修订入典之重点问题》，中国法制出版社 2015 年版，第 41 页。

承制。即在确定了血亲关系之后,彼此之间的亲等对继承权的取得就具有重要的意义,因此在比较法上,许多国家的法律规定在同一继承顺序的法定继承人中,由与被继承人在亲等上具有最近血亲关系的人继承。[1]

从各国继承法看,在确定法定继承人时,虽然都以血缘关系和婚姻关系为基础关系,但有关法定继承人的亲属范围,存在血亲无限制主义与血亲限制主义两种立法例,前者如《德国民法典》;后者如《法国民法典》,将旁系血亲继承人的范围限制在六亲等以内,对被继承人的直系血亲则无限制。因此,从各国继承法的规定看,无论是采用亲系继承制还是亲等继承制,都是以被继承人为起点,按照血亲关系由近推远确定继承人的范围和顺序。只是基于各国自身特殊的历史文化,各自法律所确定的继承人的范围与顺序存在差异而已。

在我国法上,按照《民法典》第1127条第1、2款的规定:"遗产按照下列顺序继承:(一)第一顺序:配偶、子女、父母;(二)第二顺序:兄弟姐妹、祖父母、外祖父母。继承开始后,由第一顺序继承人继承,第二顺序继承人不继承;没有第一顺序继承人继承的,由第二顺序继承人继承。"此条文第1款确立了法定继承人的范围,即除了配偶,法定继承人的范围包括第一、二亲等的直系血亲和二亲等的旁系血亲,其结果是我国继承法上法定继承人的范围较为狭窄,没有采用世界各国法定继承人范围宽广的通例,可能与我国传统上有关继承的观念并不契合,为此

---

〔1〕 〔德〕安雅·阿门特-特劳特著,李大雪、龚倩倩、龙柯宇译:《德国继承法》,法律出版社2015年版,第32页。

《民法典·继承编》试图通过增加旁系血亲代位继承的制度予以弥补，此即第1128条第2款的规定："被继承人的兄弟姐妹先于被继承人死亡的，由被继承人的兄弟姐妹的子女代位继承。"因此，我国法律关于法定继承人的血亲范围在通常情形下，直系血亲只到第二亲等尊血亲，旁系血亲也只到第二亲等，只有在旁系代位继承的情形下，旁系血亲继承的范围才扩展至被继承人的侄子、侄女、外甥、外甥女，即特殊情形下扩展至部分三亲等的旁系血亲。但即便如此，我国也是世界上血亲继承范围较为狭窄的少数国家之一。

此外，需要关注的一个问题是，以"房"为继承单位是传统中国继承的通规，但在现代社会，以"房"为继承单位只适用于特殊情形。按照《民法典》第1128条第3款的规定："代位继承人一般只能继承被代位继承人有权继承的遗产份额。"此条文确立了直系代位继承与旁系代位继承制度，前者的制度功能在于保障被继承人的直系晚辈血亲的生活，后一制度则是为了在不能实现直系血亲代位继承的情形下扩大法定继承人的范围，但无论是直系血亲代位继承还是旁系血亲代位继承，在财产继承的份额上都是以"房"为单位分割遗产。

另一值得关注的问题是，在男系亲与女系亲之间实行平等继承原则也受到现代国家法律的重视，其旨在保障分配相关的权利义务时父母双系权利义务平等。以《法国民法典》为例，如法律规定遗产分割时父系与母系平等，其第746条规定，依据亲属是源于父亲还是母亲，将亲属分为父系亲与母系亲两个分支；遗产分割时父系与母系平等，其第747条规定，"遗产转归直系尊血亲继承时，在父系尊血亲与母系尊血亲之间对半

分割"；其第749条规定，"遗产转归除兄弟姐妹或者兄弟姐妹的直系卑血亲以外的旁系亲属继承时，在父系亲与母系亲之间对半分割。"[1]相比之下，我国《民法典·继承编》实行男女平等原则，从法定继承、代位继承等制度看，初始制度都实行男系与女系平等继承的原则，但是在继承的结果上对于男女双系平等的问题可能考虑不足，值得更进一步的关注。

---

〔1〕 第746条："亲属关系，按其源于父或母，划为两个分支。"见罗结珍译：《法国民法典》，北京大学出版社2023年版，第446、447页。

第二章　我国法律上亲属概念的变迁

第一节　古代中国礼、法中的亲属概念

一、礼制中的亲属

古代中国的经典在言及"亲属"时，是以亲为主，属为从的，所以《礼记·大传》言："亲者，属也。"[1]"亲"最狭的意义是指父母，如《公羊传·庄公三十二年》："君亲无将。"（东汉）何休注："亲，谓父母。"[2]但是古代人往往又在更广的意义

---

[1]　相关的解释还见之于《说文》释亲："至也"，释属："连也"，见（汉）许慎撰，（清）段玉裁注：《说文解字注》，上海古籍出版社1981年版，第409、402页。《尔雅·释亲》疏谓亲为"恩爱狎近，不疏远之称也"；（东汉）刘熙于《释名·释亲属》言："亲，衬也，言相隐衬也""属，续也，恩相延续也。"转引自陶毅、明欣：《中国婚姻家庭制度史》，东方出版社1994年版，第282、283页。有学者言，"亲属"一词来源于《礼记·大传》中"亲者，属也"，见于法律则始于明代。见中国大百科全书出版社编辑部编：《中国大百科全书》（法学），中国大百科全书出版社1984年版，第476页。然此说谬也，早在唐宋律之前，《后魏律》就有"亲属"一词，如《后魏律》："卖子一岁刑，五服内亲属在尊长者死，卖周亲及妾与子妇者流。"见程树德：《九朝律考·后魏律考》，中华书局2003年版，第347页。

[2]　转引自牛志平、姚兆女编著：《唐人称谓》，三秦出版社1987年版，第113页。

上使用"亲"，与今天意义上的"亲属"意义同，属于广义：

《礼记·儒行》："儒有内称不辟亲，外举不辟怨。"[1]

晋时，"（王）敦平，有司奏彬及兄子安成太守籍之，并是敦亲，皆除名。诏曰：司徒（王）导以大义灭亲，其后昆虽或有违，犹将百世宥之，况彬等公之近亲，乃原之。"[2]

汉时，"广陵王荆有罪，帝以至亲，悼伤之。"[3]

按照传统礼制，诸亲之中还区分有"至亲"，即《礼记》所言："至亲以期断。"[4]因此，期亲以上的亲属就是礼制所言的至亲。

二、律法上的亲属

古代中国的法律自魏晋以后开始儒家化，自唐时更是达到礼法合一的高度，服制则成为调整亲属之间权利义务关系的准则。唐宋时期，律法大多用"亲"，但也有用"亲属"一词的，如唐律："诸监临之官，娶所监临女为妾者，杖一百；若为亲属娶者，亦如之。"此处的亲属，《唐律疏议·户婚》是这样定义的："亲属，为本服缌麻以上亲及大功以上婚姻之家。"即亲属，指本初服制中缌麻以上的亲属及己之大功以上亲与之联婚的家庭。

---

〔1〕 陈戌国点校：《四书五经》，岳麓书社2003年版，第660页。
〔2〕 程树德：《九朝律考·晋律考》，中华书局2003年版，第267页。
〔3〕 程树德：《九朝律考·汉律考》，中华书局2003年版，第165页。
〔4〕 陈戌国点校：《四书五经》，岳麓书社2003年版，第655页。

　　显然，在唐律中，"亲属"是一个比"亲"范围更广的概念，包括本宗亲和姻亲，前者通常指本宗九族的亲属（出嫁女不在其中）。因此，在唐律中，当"亲"与服制相联时，它首先是在父系同宗血缘的意义上使用，可见下列条文：

　　　　不睦，"谓谋杀及卖缌麻以上亲，殴告夫及大功以上尊长、小功尊属。"

　　　　议亲，"谓皇帝袒免以上亲及太皇太后、皇太后缌麻以上亲，皇后小功以上亲。"

　　　　疏议曰："义取内睦九族，外叶万邦，布雨露之恩，笃亲亲之理，故曰议亲。袒免者，据礼有五：高祖兄弟、曾祖从父兄弟、祖再从兄弟、父三从兄弟、身之四从兄弟是也。"

　　　　"缌麻之亲有四：曾祖兄弟、祖从父兄弟、父再从兄弟、身之三从兄弟是也。""小功之亲有三：祖之兄弟、父之从父兄弟、身之再从兄弟是也。此数之外，据礼内外诸亲有服同者，并准此。"

　　　　"八议之人，荫及期以上亲及孙，入请。"

　　上述律法中的"亲"显然是"宗亲"的意义。除此之外，唐律还在"至亲"的意义上使用它：

　　　　"犯流罪者，权留养亲。"（此处的"亲"指高、曾祖父母，祖父母，父母）

　　　　疏议曰："《礼》云：'孝子之养亲也，乐其心，不违

其志，以其饮食而忠养之。'其有堪供而阙者，祖父母、父母告乃坐。"（此处的"亲"则指祖父母、父母）[1]

上述律法所用"亲"的范围是随具体情形而定，有时指祖父母、父母，及高、曾祖父母，有时仅指祖父母、父母，但都是就直系的尊血亲而言。所以唐代法律中的"亲"，虽然也在至亲的意义上使用，但更广泛的则是在父系宗亲的意义上使用，而"亲属"在唐律中则是包括了"亲"和姻亲的概念。

明清之时，法律已广泛使用"亲属"的语词，如《大清律例》中有"亲属相为容隐""亲属相盗""亲属相殴""娶亲属妻妾""亲属相奸"等诸多条文，从其内容看，这些条文中所称的"亲属"，不仅包括同姓的宗亲，还包括异姓的外亲和妻亲，[2]实则与唐律所言的"亲属"大致相同。

至于"亲"的概念，明清律与唐律相同，通常指父系宗亲，[3]但有时又在至亲的意义上使用，即仅指祖父母、父母。[4]除此

---

〔1〕 （唐）长孙无忌等撰：《唐律疏议·名例》，中华书局1983年版，第13、14、17、33、70页。

〔2〕《大清律例·刑律·贼盗下》"亲属相盗"条就明确亲属包括本宗与外姻亲属："凡各居（本宗外姻）亲属，相盗（兼后尊长、卑幼二款）财物者，期亲，减凡人五等；大功，减四等；小功，减三等；缌麻，减二等；无服之亲，减一等。并免刺。"见田涛、郑秦点校：《大清律例·刑律》，法律出版社1999年版，第400页。

〔3〕 如"凡同居（同谓同财共居亲属，不限籍之同异，虽无服者亦是），若大功以上亲，（谓另居大功以上亲属，系服重）及外祖父母、外孙、妻之父母、女婿，若孙之妇、夫之兄弟，及兄弟妻，（恩恩重）有罪，（彼此得）相为容隐"，见《大清律例·名例律》"亲属相为容隐"条，田涛、郑秦点校：《大清律例·名例律》，法律出版社1999年版，第121页。

〔4〕《大清律例·礼律》"弃亲之任"条："凡祖父母、父母，年八十以上，及笃疾，别无以次侍丁，而弃亲之任，及妄称祖父母、父母老疾，求归入侍者，并杖八十。"见田涛、郑秦点校：《大清律例·礼律》，法律出版社1999年版，第295页。

之外，在清代人的法律观念中，小功、大功亲属也被认为是至亲,[1]范围似乎比唐宋时期更广。

　　将"宗亲"称为"亲"是古代中国人的传统，若是母亲方面的亲属和本宗女系亲属的子女以及妻子的本宗亲属，我们就要在"亲"前加"外"字，以区别于本宗的亲。所以我们看明清律，异姓的亲属都归之于外亲服图中。因此，与近现代法律上的亲属内涵有很大不同，古代中国法律上的亲属是立足于宗法意义而建立的亲属体系，依据六大原则确定是否属于亲属以及彼此的亲疏远近，这就是《礼记·大传》所言的："服术有六：一曰亲亲，二曰尊尊，三曰名，四曰出入，五曰长幼，六曰从服。"由此确定的亲属包括宗亲和外亲，前者是源自同一男性祖先的血亲，包括同一宗族内的男性成员及其配偶，以及未嫁或因离异而返的女性，后者则是与女性相关的亲属，广义的外亲包括母亲方面的亲属和本宗女系亲属的子女以及妻子的本宗亲属。宗亲与外亲不仅在称谓上繁简不同，更为重要的是在亲等上轻重大不一样。外亲不仅表明亲属的来源是源自女性系统，同时也代表着相互关系上的疏远和隔膜。宗亲是全部亲属体系的中心，男性子嗣是这一体系的筋骨，它的范围按照礼制所言"亲亲以三为五，以五为九。上杀，下杀，旁杀，而亲毕矣"的原则确定，其中的"亲亲以三为五，以五为九"，是指以己身为中心，上至父母，下至子女，即为三；由父母而上推至祖

---

　　〔1〕　见《大清律辑注》"关于亲属相奸"条注："此皆小功、大功亲属，而不同于缌麻以上者，以其分为至亲，义亦至重，奸淫内乱，罪在十恶之条，故于缌麻以上中，分出此各项，另置重典也。"见（清）沈之奇撰，怀效锋、李俊点校：《大清律辑注》（上），法律出版社2000年版，第920页。

父母，由子女而下推至孙子女，即为五；再由祖父母而上至曾祖父母、高祖父母，由孙子女而下推至曾孙、玄孙，即为九。[1]"上杀，下杀"则指上至高祖而止，下至玄孙而止，上下共九代，都是直系血亲。至于"旁杀"，是指旁系血亲的范围，也是"以三为五，以五为九"，即以己身为中心，右至兄弟，左至姐妹，即为三；而后由兄弟旁推至从父兄弟（即堂兄弟），由姐妹旁推至从父姐妹（即堂姐妹），即为五；再由从父兄弟旁推至再从兄弟（也称从祖兄弟）、三从兄弟（也称族兄弟），由从父姐妹旁推至再从姐妹（从祖姐妹）、三从姐妹（族姐妹），即为九。右至三从兄弟，左至三从姐妹，左右为九就是旁系血亲的范围。[2]所以从直系看，由己身上推至父母、祖父母、曾祖父母、高祖父母，向下推至子、孙、曾孙、玄孙，上下共九代；从旁系看，从己身推至兄弟姐妹、堂兄弟姐妹、从祖兄弟姐妹、族兄弟姐妹，这样以己身为中心，上下为九、左右为九形成的亲属，称为本宗九族宗亲。

九族宗亲只是宗亲的核心亲属，除此之外还有袒免亲（后世称为无服亲，但范围有所不同）。按照礼制："四世而缌，服之穷也。五世袒免，杀同姓也。六世，亲属竭矣。"[3]因此，袒免亲是指本宗五世亲属。而本宗五世之外的亲属虽然在服制上已出五服，礼制为无服，但在法律上仍属亲属范畴，相互之间在特定情形下仍存在权利义务关系。据研究，唐宋时期五服

〔1〕 陈戍国点校：《四书五经》，岳麓书社2003年版，第552、557页。
〔2〕 见丁凌华：《中国丧服制度史》，上海人民出版社2000年版，第116页。
〔3〕 《礼记·大传》，见陈戍国点校：《四书五经》，岳麓书社2003年版，第557页。

以外亲一律称"袒免"，[1]实际上包括了先秦礼制中的袒免和无服。元时改"袒免"为"无服"，范围上与唐宋相同。明清虽沿用元代"无服亲"名称，但在法律适用上无服亲的范围大为扩大，甚至远超礼制的袒免亲范围，凡五服之外的同姓都为无服亲。[2]这正如清代律家所言："无服之亲，所包者广，凡五服之外，谱系可考，尊卑长幼名分犹存者，皆是，所谓袒免亲也。"[3]事实上，法律也是如此适用的。[4]

　　除了宗亲，古代法律上的亲属还有外亲，只是相对于宗亲，外亲的范围要狭窄得多。母亲方面的亲属仅推及上下两世，且同样远近的血亲，其亲等远不及宗亲，如祖父母为二等亲，外祖父母为四等亲；伯叔姑为二等亲，舅姨则为四等亲。妻亲的范围则更为窄小，亲属关系也更为疏远，如夫与妻的父母为五等亲，与妻的祖父母、伯叔父母则无服。

　　依据血缘关系的存在和远近来划分亲属和确定彼此之间关系的亲疏远近，这只是服制的一个基本原则，在此之外，身份地位的尊卑高下、名分、归属的家庭、年龄大小、婚姻媒介等也是划分的准则，这就导致了自然血缘同等的亲属在亲等上却

----

　　〔1〕《唐律疏议·户婚》"诸尝为袒免亲之妻"条规定："高祖亲兄弟，曾祖堂兄弟，祖再从兄弟，父三从兄弟，身四从兄弟、三从侄、再从侄孙，并缌麻绝服之外，即是袒免。"见（唐）长孙无忌等撰：《唐律疏议·户婚》，中华书局1983年版，第264页。

　　〔2〕丁凌华：《中国丧服制度史》，上海人民出版社2000年版，第186页。

　　〔3〕（清）沈之奇撰，怀效锋、李俊点校：《大清律辑注》（上），法律出版社2000年版，第269页。

　　〔4〕如《大清律例·刑律·斗殴下》"同姓亲属相殴"条："凡同姓亲属相殴，虽五服已尽，而尊卑名分犹存者，尊长（犯卑幼），减凡斗一等；卑幼（犯尊长）加一等"，见田涛、郑秦点校：《大清律例·刑律》，法律出版社1999年版，第461页。古代法律在涉及亲属相犯时类似的条文还有许多，在此不赘举。

居于不同的等级：尊卑不同服、夫妻不同服、妻妾不同服、父母不同服、嫡庶不同服、在室与出嫁不同服、宗亲外亲不同服。

所以在古代中国法律的亲属概念里，最本质和最鲜明的特点是宗法性，它基于血缘的亲疏远近、地位的尊卑高下、名分、归属的家庭、年龄大小、婚姻媒介等因素划分亲属的范围和亲疏远近，确定相互之间的法律地位和权利义务关系。[1]正是基于这样的宗法伦理，相对于其他古代社会，中国古代法律中的亲属拟制显得十分繁复，因家族血缘伦理高度发达而尤显精细和复杂。其中，立嗣是将旁系血亲拟制为直系血亲，而子女与名义上的三父（同居继父、不同居继父、后继母嫁继父）、八母（养母、嫡母、继母、慈母、嫁母、出母、庶母、乳母）在礼制和法律上都存在一定的权利义务关系。

需要指出的是，尽管古代中国的礼制与法律所确认的亲属概念有着迥然不同于今天的宗法性，但若撇开具体的意义和制度不论，礼、法所称的"亲"、亲属，都是指既具有婚姻、血缘、法律拟制血亲关系，又具有法律上的权利义务关系的人，相互之间具有固定的身份和称谓，这一上位概念又决定了古代亲属概念与今天的时代能够沟通。

第二节　近、现代法律中的亲属概念

近代以后，古代中国固有的法律体系解体，转而接受西方法律

---

〔1〕　这就是《礼记·大传》所言："服术有六：一曰亲亲，二曰尊尊，三曰名，四曰出入，五曰长幼，六曰从服。"见陈戍国点校：《四书五经》，岳麓书社2003年版，第557页。

的移植，表现为形式上从诸法合体向法律部门分类转型，内容上从尊卑、性别等差向人格向平等转型，性质上从家族权利本位向个人权利本位转型。在此转型过程中，清末、民国和中华人民共和国的立法都曾规范亲属制度，成为中国历史上三个重要的阶段。

一、《大清民律草案·亲属编》中的亲属概念

在《大清民律草案》第 1317 条中，法律对亲属是如此定义的："本律称亲属者如下：一、四等亲内之宗亲；二、夫妻；三、三等亲内之外亲；四、二等亲内之妻亲。父族为宗亲，母族及姑与女之夫族为外亲，妻族为妻亲。"显然，法律规定的亲属不仅包括同姓的宗亲，还包括异姓的外亲，即母亲方面的亲属、本宗出嫁女的亲属和妻亲。因此从法条的内容看仍然是传统宗法观念的继续沿用，内中包含的"亲属"概念、亲属的类别和亲疏远近的确定仍然是以宗法性为根基，这也决定了《大清民律草案·亲属编》的立法基础仍然是血缘宗法伦理。即便如此，我们还是要公正地说，《大清民律草案·亲属编》关于亲属的定义相对于传统礼法仍然具有革新的意义，因为按照该法关于亲等计算法的规定，[1]宗亲的范围较从前的律法已经大为缩小，仅仅是本宗九族宗亲，超过五服的同姓无服亲已经不再是法律上的亲属，彼此也就不具有法律上的权利义务关系。

二、民国时期民法中的亲属概念

北洋政府执政后，废弃《大清民律草案》，规定继续援用

---

〔1〕《大清民律草案·亲属编》的亲等计算法采用的是寺院法的计算方法，可见该法第 1318 条的规定。

《大清现行刑律》中民商事部分的规定，以此作为民事基本法；同时，大理院通过发布民事判例、解释例创制法律规则，弥补民事制定法之不足。至 1925 年，修订法律馆完成了《民国民律草案》，但由于政权变更，该草案并未公布，只在随后作为条理为各级审判机关援用。该草案在《亲属编》中设总则一章作为亲属制度的通则性规定，内容涉及亲属的范围、分类和亲等计算法等。《民国民律草案》第 1055 条规定："本律称亲属者如下：一、四亲等内之宗亲；二、夫妻；三、三亲等内之外亲；四、二亲等内之妻亲。父族为宗亲，母族及女子之出嫁族为外亲，妻族为妻亲。"显然，草案基本上是对清末修律成果的继承，所称的亲属仍然建立在宗亲、妻亲、外亲的类别划分基础上，对亲属概念的界定在性质上与《大清民律草案》一脉相承，仍然具有封建宗法意义。

南京国民政府颁行的《中华民国民法典》在体例结构上继承了清末以来修法的传统，采总则、债、物权、亲属、继承五编制，其中《亲属编》专设通则一章规定亲属的范围、分类和亲等计算法。与清末和北洋时期所制亲属法不同，该法典首先是对宗法家族主义的否定，亲属的类别划分已经从历次民律草案中的宗宗、外亲、妻亲转变为配偶、血亲和姻亲，[1]血亲分为直系血亲与旁系血亲，姻亲则分为血亲之配偶、配偶之血亲及配偶之血亲之配偶，分别规定于《中华民国民法典》第 967 条："称直系血亲

---

〔1〕 南京国民政府《中华民国民法典·亲属编》只分别对血亲和姻亲作出了定义，但对配偶是否属于亲属，法律未作明确规定，以至于台湾学术界存在争议，但参酌民国中央政治会议现行决议，可以认定配偶被视为亲属，因此，可视为该法典将亲属的种类划分为配偶、血亲和姻亲，参见谢振民编著：《中华民国立法史》（下册），中国政法大学出版社 2000 年版，第 779 页。

者，谓己身所从出或从己身所出之血亲。称旁系血亲者，谓非直系血亲，而与己身出于同源之血亲。"第 969 条："称姻亲者，谓血亲之配偶、配偶之血亲及配偶之血亲之配偶。"

这部法律将亲属划分为配偶、血亲与姻亲的根据是彼此之间是否存在婚姻和血缘联系，这是一个纯粹自然的意义；而血亲，这一直系血亲和旁系血亲的上位概念对宗亲和外亲的取代意味着以"己身"为中心、以男女双系血缘来确定直系亲和旁系亲，这是对西方民法亲属制度的继受，本质上则是男女在法律上的地位平等。因此，与己身有直接或者间接血缘关系的尊亲属与卑亲属，不论男女，都属于法律认定的血亲，在此，曾经支撑宗法性的长幼、性别等因素都被法律排除在外，血亲回归到了它的自然之意。

不仅如此，有关旁系亲的定义，《中华民国民法典》弃《大清民律草案》《民国民律草案》所采用的"与己身出于同祖若父者"的表述方式，用"与己身出于同源之血亲"的表述方式，同样贯彻了亲属制度上男女双系平等的西方亲属制度原则。

至于姻亲，法律规定指己身与血亲之配偶、配偶之血亲及配偶之血亲之配偶，有此关系者，彼此称为姻亲。因此，姻亲是以婚姻为纽带而形成的亲属，包括三类：①血亲之配偶：如嫂、弟媳、姐夫、妹夫、儿媳、女婿、伯叔母、姑父、舅母、姨父、侄媳、侄女婿、甥媳妇、甥女婿等，与自己互为姻亲。②配偶之血亲：如夫或妻之父母、祖父母、伯叔父，妻或夫之兄弟姐妹等。③配偶之血亲之配偶：如妻对于夫之嫂、弟媳、姐妹之夫、伯叔母、舅母、姑父、姨父、侄媳、侄女婿、甥媳、甥女婿等，互为姻亲；同理，夫对于妻之嫂、弟媳、姐妹之夫、

伯叔母、舅母、姑父、姨父、侄媳、侄女婿、甥媳、甥女婿等，互为姻亲。

依照我国古代法律上的姻亲概念，夫较之于妻、夫族较之于妻族拥有优越的法律地位，但现在法律基于男女平等原则，给予姻亲在法律上平等的地位，夫与妻族之关系、妻与夫族之关系，均为姻亲。至此，宗法的因素也淡出了姻亲的内涵，转变为适用与西方亲属法能够沟通的概念。当然，在制度的改造中也存在与中国传统习惯不符的问题，例如，这一时期法律不认可血亲配偶的血亲（如儿女亲家）之间存在姻亲关系，这显然不符合我国的生活现实和生活逻辑。

无论如何，经过了上述制度改革之后，法律上的亲属已经不以宗亲来区别内外和远近，而是以亲属产生的来源为标准将亲属划分为血亲（内分直系血亲与旁系血亲）、姻亲，同时采用基于父母双系平等的罗马法亲等计算法来计算亲属的亲疏远近，至此，宗法性为法律所摈弃，亲属立法也完成了它的彻底革新，现代亲属的概念也由此确立，那就是既具有婚姻、血缘或者法律拟制血亲关系，又具有法律上的权利义务关系的人，才是现代法律上的亲属。

第三节　前《民法典》时代的亲属概念

中华人民共和国成立后，1950 年《婚姻法》在反封建宗法上与《中华民国民法典》的取向相同，但不同的是，这部法律没有系统的关于调整亲属关系的制度规定，有关亲属之间权利义务的规定基本上只是在两种语境场合使用：一是关于夫妻、父母子女相互权利义务的规定（1980 年《婚姻法》增加了特殊情形下兄弟姐妹、祖孙和外祖孙的权利义务关系）；二是有关禁婚亲的规定。至于亲属的范围，虽然《婚姻法》没有规定，但最高人民法院在中华人民共和国成立初期曾经针对地方法院的问题多次解释亲属的范围，其所确认的五代以内旁系血亲的范围，是以同源于同一高祖的亲属为界的。对此，最高人民法院、司法部 1953 年《关于"五代内"的解释的复函》是这样解释的："据中央法制委员会 1952 年 6 月 13 日检字第 77 号及同年 8 月 25 日普字第 206 号的解释：所谓旁系血亲，是指直系血亲之外在血统上和自己出于同源之人。例如自己的叔伯、姑母、兄弟姊妹等。所谓'五代'，是指从己身往上数，己身为一代，父母为一代，祖父母为一代，曾祖父母为一代，高祖父母为一代，旁系血亲如从高祖父母同源而出的，即为五代以内。"[1] 按照这样的解释，中华人民共和国成立后所称"五代以内旁系血亲"的范围不论高祖父母亲系还是外高祖父母亲系，旁系血亲的范围都远至族兄弟姐妹，这又与古代中国五服的边界相同（可见表 2 - 1）。

显然，《婚姻法》通过借鉴苏联法摒弃了传统的宗法精神而接受了近代以来西方民法关于男女平等、长幼平等的理念。事实上，最高司法机关的法律解释对宗法亲系所作的改造就是改变传统亲属制度中的男尊女卑的宗法性，在保留原宗亲亲属的同时，增加母系亲属和后代女系亲属，因此在对旧亲属制度的

---

〔1〕　马原主编：《婚姻法继承法分解适用集成》，人民法院出版社 2001 年版，第 14 页。

表 2-1　五代以内直系及旁系血亲表

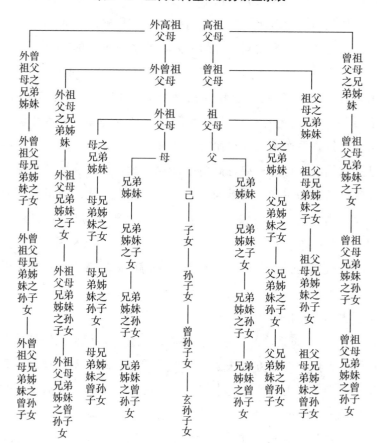

改造上，它与《中华民国民法典》取向一致，都建立了现代亲属制度。但二者之间很大的一个不同是，虽然南京国民政府曾经推行过近代家庭改革，但只是局限于受过教育的城市人群，并不曾触及中国社会的基层，并未真正实现改造宗法中国的历史任务。而中华人民共和国成立以来，党和政府多次发动了改造中国社会的运动，特别是 20 世纪 50 年代围绕着《婚姻法》贯彻执行所开展的自上而下的大规模婚姻改革运动，在全社会推行婚姻自由、男女权利平等的制度和观念，其成果是新的婚姻制度和观念占据了社会主流，婚姻自由、男女平等的新观念通过政治教育、宣传机器、娱乐活动等众多方式进入了乡村；与此同时，伴随着土地改革的成功完成，新的行政机构与干部系统取代了过去以血缘与地方士绅为基础的民间权力体系，而集体化运动的开展也结束了家庭拥有土地和其他生产资料的历史，由生产队组织的生产方式更是直接导致了父家长权威的衰落。城市工资制和农村工分制的实行，使得家庭收入的主要来源是独立的劳动力而不是传统意义上的土地等不动产。男女并肩工作，同工同酬，男女平等具有了经济基础，直接导致了在现实婚姻家庭生活中，夫妻关系逐渐成为家庭关系的主轴，核心家庭成为社会的普遍形式，个人也就摆脱了家族和家庭的束缚变得日渐独立和自主。[1] 至此，古代亲属制度赖以存在的政治、经济、家庭和社会基础全面瓦解，新时代的法律以现代哲学即社会个体的独立和自由为自己的立法依据，这不仅意味着

---

〔1〕 详细可见［美］阎云翔著，龚小夏译：《私人生活的变革：一个中国村庄里的爱情、家庭与亲密关系1949—1999》，上海书店出版社 2006 年版，第 102、206、239—258 页。

男女双系平等、长幼平等的现代亲属制度得以建立，同时也意味着现代法律上的亲属较古代在范围上有明显的缩小。

然而，《婚姻法》有关亲属的概念中缺少了姻亲。就历次《婚姻法》调整的亲属关系看，《婚姻法》所规定的亲属并不包括姻亲。虽然我国的《法官法》和《检察官法》都规定了近姻亲在任职回避的亲属范围之内，[1]但是在《婚姻法》没有规定姻亲的情况下，"近姻亲"如何界定就是一个问题。从逻辑上讲，作为规范亲属关系源头的《婚姻法》都未将姻亲纳入亲属范围，则其他法律（包括法律性文件）的规范根据又何在呢？

再就亲属的范围而言，长期以来，《婚姻法》常常是在三代直系和二代旁系（若按罗马法则是直系二亲等、旁系二亲等）的范围内确定亲属，但在传统礼法和中国人的普遍观念中，这仅是"至亲"的范围，却不是"亲属"的范围。从法律体系的层面考察，《婚姻法》确定的亲属范围直接对应的是禁止结婚的亲属、具有扶养义务的亲属和继承法上法定继承人的范围即第一顺序和第二顺序继承人的范围。显然，至少在继承法领域，这一亲属范围有过于狭窄之虞。

与之相关的是近亲属范围的界定，近亲属是我国各部门法和司法解释中广泛使用的一个概念，法律之所以要在众多的亲属中界定近亲属，旨在于他们之间设立权利义务关系。在《民法典》颁行之前，有关近亲属的范围在公法与私法领域并不统一。《民法总则》只是简单地沿用了《民法通则》中的近亲属

---

〔1〕《法官法》第 23 条，《检察官法》第 24 条。

概念,[1]没有具体规定近亲属的范围。司法实践中对近亲属范围的把握是依照最高人民法院《关于贯彻执行〈中华人民共和国民法通则〉若干问题的意见（试行）》（1988 年）第 12 条的解释适用，即"民法通则中规定的近亲属，包括配偶、父母、子女、兄弟姐妹、祖父母、外祖父母、孙子女、外孙子女"，这样的范围界定与 1980 年《婚姻法》及其修正案"家庭关系"一章规定家庭成员相互之间的权利与义务时所确定的夫妻、父母子女、兄弟姐妹、祖孙外祖孙的范围一致，因此，从《民法通则》到《民法总则》关于近亲属范围的认定均与《婚姻法》一致。但是，公法领域近亲属的范围与前述私法领域的规定并不完全一致，如《刑事诉讼法》第 108 条第 6 项的规定明显不同于前述法："'近亲属'是指夫、妻、父、母、子、女、同胞兄弟姊妹"，该法条确立的近亲属范围不包括祖父母、外祖父母、孙子女、外孙子女。

第四节　现行《民法典》时代的亲属概念

2020 年颁布的《中华人民共和国民法典》在中国法律史上具有里程碑意义，它在编纂体例上放弃了苏联家庭法与财产法并列的立法模式，婚姻家庭法也由过去独立于民法的法律地位而回归民法典，作为其中的一编。值得关注的是《民法典》在《婚姻家庭编》新增加的第 1045 条："亲属包括配偶、血亲和姻亲。配偶、父母、子女、兄弟姐妹、祖父母、外祖父母、孙子

---

〔1〕《民法总则》第 28、33 条。

女、外孙子女为近亲属。配偶、父母、子女和其他共同生活的近亲属为家庭成员。"该条款在中华人民共和国成立后的立法史上首次对亲属、近亲属和家庭成员的种类和范围作了规定，在法律上正式确立了《民法典》时代三个重要的亲属概念——亲属、近亲属和家庭成员，因此具有准亲属通则的功能。在此之前，我国历次制定的《婚姻法》虽然均明文规定了特定亲属之间相互享有一定的权利和承担一定的义务，但并没有对亲属、近亲属和家庭成员的种类和范围作出界定，对近亲属种类和范围的界定则是来自最高人民法院的司法解释文件。因此，在前《民法典》时代，我国婚姻家庭立法长期以来并未概括规定亲属的种类和范围，仅在禁止结婚的亲属、扶养、亲属继承等法律关系中规定了亲属身份的效力，在理论与立法技术上存在不足。不仅如此，从法律体系考察，在其他部门法规定了特定亲属之间产生一定法律效力的情形下（如《法官法》《检察官法》等规定有近姻亲任职回避），原《婚姻法》对亲属种类和范围不予规定的做法显然无法满足法律法典化、体系化的需求，因此，现行《民法典》第 1045 条可谓是对原《婚姻法》不足的弥补，更深意义上讲则是《民法典》对当下中国社会家庭变迁与现实的回应，具有重要的意义。但严格地说，《民法典》第 1045 条还不足以担当作为亲属通则的重任——它没有规定计算亲属之间亲疏远近即亲等的计算方法，也没有对姻亲作进一步的种类和范围界定，其法条内在的逻辑可能也存在一定的冲突，详见下文。

综上所述，从古代到现代，中国法律有关亲属概念的内涵发生了巨大的改变，亲属从宗法的意义回归到了它纯粹的、初始的自然意义，即亲属是指既具有婚姻、血缘、法律拟制血亲关系，又具有法律上的权利义务关系的人。但是，现行法律对于亲属范围规定较为狭窄的做法可能无法满足理性对社会关系现状的应有反映。在我国，核心家庭的普遍存在并不意味着家庭成员只是在父母子女的范围内才保持亲缘往来，研究发现，"家庭成员间虽然各自组织核心家庭，但并没有减低其与扩展式家庭成员的联系，而且更涉及相互的协助、一同娱乐、经济上的支援、一同解决问题及在节日及喜事和丧事时出席活动以显现他们属于同一个家庭。"[1]这表明，在传统宗族解构的同时，核心家庭仍然保持着与原来的扩展家庭的联系，保持着一定范围的团聚、互助。这种对扩展家庭的情感，也是当今亲属关系立法需要面对的现实。如果法律只是将亲情伦理的正当性限制在狭小的亲属范围内，只将亲情伦理的作用限制在扶养（包括抚养、扶养、赡养）的层面，偏重于物质、现世而忽视精神、世系，那么离实用主义已经不远。在人类历史上，亲属是先于国家的事实存在，这决定了亲情伦理具有独立于政治伦理的价值和正当性，传统中国的政治伦理都是从亲情伦理开始并以此为基础建构，即古人所言的："人人亲其亲、长其长，而天下平。"自古至今，存在于中国文化中的一个普遍认同是，脱离了亲情的个体是没有意义的，因此，在摈弃了宗法因素之后，传统的亲情及其伦理仍是我们今天的道德和法律需要珍视的价值。

---

[1]　郭康健：《社会转变下的家庭》，见刘锡霖、郭康健主编：《蜕变中的中国家庭》，广角镜出版社有限公司1997年版，第61页。

第三章 《民法典》时代的亲属、近亲属与家庭成员

前《民法典》时代，在我国调整婚姻家庭法律关系的相关法律中，《民法通则》《民法总则》《婚姻法》皆没有关于亲属的概念、范围、亲属关系远近计算法等有关亲属关系法基本内容的规定，亲属、近亲属和家庭成员虽然是法律和司法解释常用的概念，但长期以来，亲属、近亲属和家庭成员的范围并不明确，近亲属的范围在公法和私法领域的界定也不相同。在《民法典》编纂过程中，《婚姻家庭编（草案）一审稿》第822条规定了4款内容："亲属包括配偶、血亲和姻亲。配偶、父母、子女、兄弟姐妹、祖父母、外祖父母、孙子女、外孙子女为近亲属。共同生活的公婆、岳父母、儿媳、女婿，视为近亲属。配偶、父母、子女和其他共同生活的近亲属为家庭成员。"其后的"二审稿""三审稿"与之相同。但至《民法典（草案阶段）》，鉴于社会各界对将直系姻亲纳入近亲属范畴认识不一、分歧较大，最后定型的条文删去了第3款"共同生活的公婆、岳父母、儿媳、女婿，视为近亲属。"[1]但此删除并不代表争议

---

〔1〕 薛宁兰、谢鸿飞主编：《民法典评注 婚姻家庭编》，中国法制出版社2020年版，第46页。

的结束，特别是在法律允许夫妻约定成为对方家庭成员的情形下，一亲等的直系姻亲（公婆、岳父母、儿媳、女婿）能否约定成为彼此的家庭成员就是需要讨论的一个问题。

第一节　亲属

《民法典》第 1045 条第 1 款规定亲属包括配偶、血亲和姻亲，从文义上言这既是在对亲属概念作界定，也是在划分亲属的种类和范围。与《婚姻法》时代法律回避对亲属概念的界定不同，《民法典》最明显的进步是不仅明确将配偶规定为亲属，同时还在亲属的种类中增加了姻亲。

一、配偶

在世界范围内，有关配偶是否属于亲属的问题存在两种不同的理论与立法例。

否定配偶为亲属的观点认为配偶是亲属的源泉，而不是亲属的本体，配偶之间既无血缘关系，也不属于姻亲，无亲系可循，也无亲等可定，因此配偶是一种特殊的身份关系，不应当将其列为亲属的一类。肯定的观点则认为，从亲属的起源、本质等各方面看，配偶是血亲关系的源泉和姻亲关系的中介，在亲属关系中居于核心地位，应为亲属的一类。"婚姻关系是首要的亲属关系，作为结婚的后果它将夫妻双方联系在一起。这种关系深刻、持久地影响了夫妻双方的状况，并且从制度上影响着他们所拥有的债权或物权法律关系的总体状况。这一点必须注意，因为它对于限定亲属法的范围具有重要意义。"〔1〕基于肯定或否定的主张，各国形成了广义或狭义的亲属定义，前者包括配偶、血亲和姻亲，后者则只包括血亲和姻亲。狭义的亲属定义以德国法为代表，德国法上的亲属只包括血亲和姻亲两类，配偶不能通过婚姻而成为法律上的亲属，亲属关系是通过共同的起源而建立，亲属在概念上不受任何限制，只要有共同的血统关系就构成亲属关系，因此法律概念上的亲属范围远远超出生活意义上的近亲属范围。〔2〕与之相同的是意大利、瑞士等国，其法律均不视配偶为亲属，而是将其作为亲属关系的源泉。广义的亲属定义以日本、韩国法律为代表，明确规定配偶为亲属，如《日本民法典》第725条："下列人为亲属：（一）六亲等以内的血亲；（二）配偶；（三）三亲等以内的姻亲"；〔3〕《韩国民法典》第767条："配偶、血亲及姻亲为亲属。"〔4〕将配偶视为亲属是东亚社会的传统，其原因在于历史上这一地区曾经深受儒家文化的影响。

在我国，亲属法律的历史传统是将配偶视为亲属，古代亲属法律的分类虽然是以男子为中心，按照性别区分出宗亲、外亲和妻亲，但基于传宗接代的需要，夫妻在家嗣的传承上"相合"，在对外和对内时，夫妻被礼制和法律视为同体，〔5〕但在夫

---

〔1〕［葡］威廉·德奥利维拉、弗朗西斯科·佩雷拉·科埃略著，林笑云译：《亲属法教程》，法律出版社2019年版，第4页。

〔2〕［德］迪特尔·施瓦布著，王葆莳译：《德国家庭法》，法律出版社2022年版，第327页。

〔3〕王爱群译：《日本民法典》，法律出版社2014年版，第116页。

〔4〕金玉珍译：《韩国民法典 朝鲜民法》，北京大学出版社2009年版，第119页。

〔5〕《仪礼·丧服》传曰："父子一体也，夫妻一体也，昆弟一体也，故父子首足也，夫妻胖合也，昆弟四体也。"见陈戍国点校：《周礼·仪礼·礼记》，岳麓书社1989年版，第220页。

妻内部，双方又是尊卑、主从关系。以唐代法律为例，这种夫妻之道在唐律中被多处提到："依礼，'夫者，妇之天'；又云：'妻者，齐也。'""依《礼》，日见于甲，月见于庚，象夫妇之义。一与之齐，中馈斯重。""妻者，齐也，秦晋为匹。妾通卖买，等数相悬。""妻者，传家事，承祭祀，既具六礼，取则二仪。"[1]虽说夫妻之间既无亲系也无亲等而言，但自古以来夫妻就处于亲属关系的核心地位，是产生血亲和姻亲的源泉，这样的文化观念在一定程度上决定了我国近代以来的历次修律，皆规定配偶为亲属，如《大清民律草案》第1317条第1款："本律称亲属者如下：一、四亲等内之宗亲；二、夫妻；三、三亲等内之外亲；四、二亲等内之妻亲。"北洋政府《民国民律草案》第1055条第1款："本律称亲属者如下：一、四亲等内之宗亲；二、夫妻；三、三亲等内之外亲；四、二亲等内之妻亲。"南京国民政府《中华民国民法典》虽然法条本身没有规定配偶是亲属，但在其《亲属编》的编纂过程中，参加立法者为慎重起见，将最有争议的一些问题提请民国中央政治会议现行决议，供立法参考，此先决意见即为其亲属编的立法原则，其中就有关于亲属的分类规定："亲属应分为配偶、血亲、姻亲三类。"理由是："我国旧律分宗亲、外亲、妻亲三类，系渊源于宗法制度，揆诸现在情形，有根本改革之必要。查亲属之发生，或基于血统，或基于婚姻，故亲属之分类，应定为配偶、血亲、姻亲三类，而于血亲、姻亲更分直系、旁系，如此分类，不独

---

[1]《唐律疏议·名例》"十恶"条疏，《唐律疏议·户婚》"有妻更娶"条、"以妻为妾"条，见（唐）长孙无忌等撰：《唐律疏议》，中华书局1983年版，第14、255—257页。

出于自然，且于世界法制相合。"[1]所以从法律解释的立场，应当认定《中华民国民法典》也将配偶规定为亲属。因此，现行《民法典》将配偶规定为亲属实属对近代以来法律革命成果的尊重；从现行法律规范看也是对当下民众生活现实的尊重，这是因为在现实生活中，夫妻之间通常存在最亲密的关系。

在现行法律体系下，夫妻之间具有广泛的权利义务，甚至在某些方面配偶比父母子女更优先地被分配法律效力，比如按照《民法典》第 28 条的规定，成年人的第一顺序监护人是配偶，第二顺序监护人是父母、子女；又如第 42 条规定失踪配偶的财产首先由生存配偶代管；因此在传统亲属制度被现代亲属制度取代之后，立法者在亲属关系中确立配偶的法律地位，既符合民众生活的现实，也方便立法时与其他亲属一道分配权利义务。

与之相关的一个问题是，现行《民法典》规定的配偶是否必须是婚姻配偶？即婚姻是否是形成配偶的唯一途径？事实婚姻、无效或可撤销婚姻、同居关系中的配偶是否是法律上的亲属呢？如果仅仅从现行《民法典·婚姻家庭编》和《婚姻家庭编解释（一）》第 7 条的规定看，双方既然不存在有效的婚姻关系，彼此就不是《民法典·婚姻家庭编》所指的配偶，但事实婚姻在补办结婚登记手续后，婚姻生效且具有追溯力，这意味着双方从符合结婚生效的实质要件起即彼此为配偶。至于婚姻无效或被撤销以后，无效的效力只是面向未来生效，这也意味

---

〔1〕 谢振民编著：《中华民国立法史》（下册），中国政法大学出版社 2000 年版，第 779 页。

着在婚姻被宣告无效或被撤销之前，双方是具有法律效力的配偶关系。

至于同居伴侣是否是配偶、准亲属关系，这取决于立法者对非婚同居的态度。就我国现行《民法典》及其司法解释而言，立法者并不认可同居伴侣相互具有配偶的身份，彼此也不是法律上的亲属，但就未来社会的发展而言，承认同居伴侣的法律地位是未来法律发展的必然趋势，因此赋予同居伴侣关系一定的法律效果只是时间的早迟问题，但是否成为法律上的亲属还有待法律明确规定。事实上，在司法实践中，有关法律，如《反家庭暴力法》《刑法》关于虐待罪主体的认定都存在突破婚姻法律关于配偶的限定情形。[1]

二、血亲

在法理上，血亲是指有血缘联系的亲属，这种联系可以是基于出生形成，也可以是基于法律的规定而形成，前者学理上称为自然血亲，后者则称为拟制血亲。

需要指出的是，在自然血亲中，非婚生子女与其生父在法律上的关系有些特殊。就世界各国法理的通例而言，虽然婚生父母和婚生子女、母亲与非婚生子女的权利义务是基于出生而产生，但是非婚生子女只有得到生父的认可（包括任意认领和强制认领），才能在法律上成为父亲的子女。因此，非婚生子女在得到父亲认领前，即便在事实上与生父有血缘关系，在法律

---

〔1〕 2023年6月15日北京海淀区法院对被告人牟某翰虐待案的判决书中，法官认为婚前同居关系应认定为虐待罪中的家庭成员关系，那么由此是否可以进一步认定双方为亲属关系呢？值得斟酌。

上彼此也并非血亲。[1]就当下中国的立法与司法而言，《民法典·婚姻家庭编》没有建立明确的认领制度，但基于婚生子女与非婚生子女法律地位平等的规定，非婚生子女可以通过亲子鉴定诉讼的途径获得法律对其利益的保护，从而确立与生父的亲子关系。[2]

至于拟制血亲的种类，在我国学术界是存在争议的，代表性的观点有：①主张拟制血亲包括因收养形成的养父母养子女（养亲）和继父母与受其抚养教育的继子女形成的抚养教育型继亲；[3]②主张拟制血亲不应当包括抚养教育型继亲，宜将其归入到姻亲之中；[4]③主张拟制血亲在养亲和抚养教育型继亲之外还包括人工异质生育的父母子女。[5]关于第③种观点，赞成者认为，"如果精子或卵子来自第三人（异质或异源人工生育），则发生父母子女关系的确认问题。在血缘联系上，精子或卵子的提供者与新生儿之间具有生物学意义上的自然血缘关系，但是，他们在法律上不是亲生父母子女关系。因此，异质（异源）人工授精所生婴儿与其法律上的父亲或母亲的血缘联系应分别情形确定：提供精子或卵子的父母一方与该新生儿是自然血亲，不

---

〔1〕 张学军：《〈中国民法典〉"亲属"法律制度研究》，载《政法论坛》2021年第3期。

〔2〕 《民法典》第1071条、第1073条和《婚姻家庭编解释（一）》第39条。

〔3〕 夏吟兰主编：《婚姻家庭继承法》，中国政法大学出版社2021年版，第38页；郭明瑞：《家事法通义》，商务印书馆2022年版，第59页；余延满：《亲属法原论》，法律出版社2007年版，第95页。

〔4〕 张学军：《〈中国民法典〉"亲属"法律制度研究》，载《政法论坛》2021年第3期；杨立新：《亲属法专论》，高等教育出版社2005年版，第27页。

〔5〕 张学军：《〈中国民法典〉"亲属"法律制度研究》，载《政法论坛》2021年第3期；薛宁兰、金玉珍主编：《亲属与继承法》，社会科学文献出版社2009年版，第51页。

提供精子或卵子的父母一方与该新生儿则是拟制血亲。"

上述争议集中在抚养教育型继亲是否是拟制血亲和拟制血亲的种类认定是否应当保持开放两个问题上，对于前一问题，赞成者主张，我国法律以受继父母养育为条件，将继父母子女关系区分为姻亲关系和拟制血亲关系，凡与继父母形成养育关系的继子女，与继父母和生父母之间具有双重的亲子关系。[1]反对者则认为，以继子女受继父母抚养教育为条件，把继父母与继子女分为姻亲关系和拟制血亲关系两种类型，即没有受其抚养教育的为姻亲关系，受其抚养教育的作为拟制血亲对待，这种规定存在问题，"继父母与继子女之间的关系，本为姻亲关系，不同于养父母和养子女之间的关系。其不同之处就在于，收养关系成立后，养子女与生父母之间的亲属关系消灭；而继父母和继子女之间抚养关系的形成，并不消灭继子女与生父母之间的亲子关系。这样就使凡是与继父母形成了抚养关系的继子女，具有与其继父母和生父母之间双重的亲子关系，使继子女在法律上享有了独特的法律地位。这种立法例是不切合实际的"。[2]对上述争议，笔者赞成反对者的意见，主张拟制血亲不应当包括抚养教育型继亲，理由如下：①父母再婚重建家庭的情形下，未成年人与他们的继父母之间可能存在极其复杂多样的生活情景，不仅如此，这种多样性和复杂性还存在于各种继亲关系中：继兄弟姐妹、继（外）祖父母、继伯叔姑舅姨等，这些生活关系也可能催生新的互助、新的责任形式，基于类型

---

〔1〕 薛宁兰、金玉珍主编：《亲属与继承法》，社会科学文献出版社 2009 年版，第51、52 页。

〔2〕 杨立新：《亲属法专论》，高等教育出版社 2005 年版，第 27 页。

划分的原理，根据继父母对继子女是否存在抚养教育的事实来划分继父母继子女关系，由此肯定继父母的贡献，在法律上形成一定的法律效果当属有益。但是，继父母的贡献与双方达成成为法律上的拟制血亲的合意是两个不同的问题，进一步而言，抚养教育型继亲与非抚养教育型继亲确实存在一定的差异，但此等差异并不能够支持在法律上应当将抚养教育型继亲等同于拟制血亲，在解释论的意义上，我们应当对抚养教育型继亲与拟制血亲在法律效果上给予差别对待，宜将其归入姻亲的范畴。②继父母与继子女是因为父母再婚而形成，与收养形成养亲关系不同，其间缺少了彼此成为法律上的父母子女关系的合意。③在比较法上，继父母是继子女的"血亲的配偶"，继子女是继父母的"配偶的血亲"，彼此只是单纯的姻亲关系，例如，在德国，"姻亲也包括部分继血亲：继父（即子女的母亲之丈夫且非孩子的父亲）与继子女是姻亲；继母与丈夫的非婚生子女或丈夫的血亲（即母亲、兄弟姐妹等）也是姻亲"。[1]④继父母抚养继子女的动机是多样的，法律不能简单地从继父母存在对未成年继子女的抚养教育事实就推导出彼此达成了愿意建立法律上的父母子女的合意。⑤将继父母子女归类为姻亲有利于简化法律关系和减少纠纷的发生。在司法实践中，由于法律没有明确规定继父母对继子女抚养教育标准的内容与时间，民众与法官在理解上往往产生了歧义，此种不必要的争议也给法官裁判带来了一定的困局。

---

〔1〕 转引自张学军：《〈中国民法典〉"亲属"法律制度研究》，载《政法论坛》2021 年第 3 期。

至于拟制血亲的种类是否应当保持开放，这涉及当代法律面对现代科技挑战是否需要作出回应的问题。随着医学的进步，人们发明出人工授精和体外受孕等多种人工生育方式，在现代生育技术日趋普及的情形下，拟制血亲除了传统法上的养父母与养子女之外，其类型是否应当保持开放的状态？例如，存在人工生育的情形下，生母之夫与异质人工授精生育的子女是否形成拟制血亲关系？[1]笔者认为，在夫妻达成合意的前提下，妻子以丈夫以外的供精者之精受孕分娩生育的子女，应当认定该子女与生母之夫形成拟制血亲关系，理由是：①异质人工授精生育的子女不是生母之夫的自然血亲，彼此没有血缘联系。②在比较法上，许多国家的法律规定在丈夫同意妻子实施人工授精的情形下，生育的子女适用父子关系推定，这种推定事实上是认可生母之夫与异质人工授精生育的子女之间形成拟制血亲，如英国2008年《人工授精和胚胎法》第35条规定，如果女性在接受治疗时处于已婚状态且"孕育的胚胎并非通过丈夫的精子产生"，"丈夫就被视为子女的父亲"，但是有证据证明丈夫不同意在妻子体内放置胚胎、精子、卵子，或者不同意妻子实施人工授精的除外；[2]《法国民法典》第311-20条第2款则规定，如果双方当事人已婚，像普通法上亲子关系的规定一样，通过人工辅助技术生育子女的亲子关系通过出生证书得以确立，适用父子关系推定。当事人做出同意后，禁止其在事后提出任何

---

〔1〕 妇女可以通过人工导入精子而受孕，精子来自其丈夫的，传统上称为同质授精；精子来自其他男子，则称为异质授精。

〔2〕 转引自张学军：《〈中国民法典〉"亲属"法律制度研究》，载《政法论坛》2021年第3期。

关于亲子关系的异议，除非有证据证明该子女不是人工辅助生殖技术所生（比如系母亲通奸所生）或者原来作出的同意已经失效。[1]德国2002年的《进一步改善子女权利的法律》新设第1600条第2款，规定："在夫妻双方一致同意的情况下，妇女通过人工授精的方式借助第三人捐献的精子受孕并生育子女的，双方均无权撤销父子关系。但子女的撤销权不受影响。"[2]③按照我国《婚姻家庭编解释（一）》第40条的规定："婚姻关系存续期间，夫妻双方一致同意进行人工授精，所生子女应视为婚生子女，父母子女间的权利义务关系适用民法典的有关规定"，适用此条文的前提是夫妻就人工生育达成了合意，由此可以参照形成养父母养子女的路径——经合意形成拟制血亲来认定生母之夫与异质人工生育的子女之间形成了拟制血亲关系。

三、姻亲

在学理上，姻亲是指以婚姻关系为中介而形成的亲属，但不包括配偶本身。姻亲与血亲关系并不相同，通常指配偶一方与他方的血亲之间的联系。[3]从世界范围看，有关姻亲的种类划分存在三种立法例：

1. 两分法：即姻亲包括血亲的配偶和配偶的血亲，此立法例以德国、瑞士、日本等国为代表。血亲的配偶如兄弟姐妹的

---

〔1〕 ［法］科琳·雷诺-布拉尹思吉著，石雷译：《法国家庭法精要》，法律出版社2019年版，第167—168页。

〔2〕 ［德］迪特尔·施瓦布著，王葆莳译：《德国家庭法》，法律出版社2022年版，第376—377页。

〔3〕 ［葡］威廉·德奥利维拉、弗朗西斯科·佩雷拉·科埃略著，林笑云译：《亲属法教程》，法律出版社2019年版，第19页。

配偶、伯叔姑舅姨的配偶等；配偶的血亲如配偶的父母（岳父母、公婆），配偶的兄弟姐妹、（外）祖父母、伯叔姑舅姨等。

2. 三分法：即姻亲包括血亲的配偶、配偶的血亲和配偶的血亲的配偶（如妯娌和连襟），此立法例以我国台湾地区"民法"为代表，其第 969 条规定："称姻亲者，谓血亲之配偶、配偶之血亲和配偶之血亲之配偶。"

3. 四分法：即姻亲包括血亲的配偶、配偶的血亲、配偶的血亲的配偶和血亲的配偶的血亲（如亲家），此立法例以《韩国民法典》为代表。

在上述有关姻亲分类的立法例中，欧陆法的传统是采用二分法。早在罗马法时代法律就确立了"姻亲仅在丈夫和妻子的血亲、妻子和丈夫的血亲之间存在"的规则。在寺院法（教会法）时代，为了与罗马法保持一致，教会摒弃姻亲产生姻亲的思想，主张只在丈夫和妻子的血亲、妻子和丈夫的血亲之间存在姻亲关系。[1]此二分法的传统也为今天欧美的许多国家所沿用，如《德国民法典》第 1590 条规定："I. 一方配偶之血亲，为他方配偶之姻亲。姻亲之亲系及亲等，依姻亲关系所由而生之血亲亲系及亲等定之。II. 姻亲关系不因婚姻解消而消灭。"[2]《意大利民法典》第 78 条第 1 款规定："姻亲是配偶一方与另一方配偶的血亲之间的关系。"[3]《瑞士民法典》第 21 条第 1 款："与他人

〔1〕 张学军：《〈中国民法典〉"亲属"法律制度研究》，载《政法论坛》2021年第3期。

〔2〕 台湾大学法律学院、台大法学基金会编译：《德国民法典》，北京大学出版社2017年版，第366页。

〔3〕 费安玲、丁玫译：《意大利民法典》，中国政法大学出版社1997年版，第32页。

有血亲关系者，其与该他人的配偶、该他人的已登记的同性伴侣，在同亲系和同亲等上，互为姻亲。"[1]

在英国，法律上的姻亲限于夫妻一方与对方的血亲；在美国，"姻亲一般被定义为基于婚姻产生的，丈夫与妻子的血亲或妻子与丈夫的血亲之间的关系或纽带。夫妻一方与另一方的全部血亲互为姻亲。相当多的州的判例规定，夫妻一方与另一方的姻亲并非姻亲。"[2]

在我国，现行《民法典》第1045条规定亲属包括姻亲，这是婚姻家庭立法的一个重要进步。在此之前，历次《婚姻法》和《继承法》均无明确的姻亲概念，只是个别条文在涉及继父母与继子女的权利义务和丧偶的儿媳、女婿对公婆、岳父母的继承权时对姻亲间的权利义务作了规定，如《婚姻法》（2001年修正）第27条第2款："继父或继母和受其抚养教育的继子女间的权利和义务，适用本法对父母子女关系的有关规定。"《继承法》第10条规定，"本法所说的子女，包括婚生子女、非婚生子女、养子女和有扶养关系的继子女。本法所说的父母，包括生父母、养父母和有扶养关系的继父母。本法所说的兄弟姐妹，包括同父母的兄弟姐妹、同父异母或者同母异父的兄弟姐妹、养兄弟姐妹、有扶养关系的继兄弟姐妹。"《继承法》第12条："丧偶儿媳对公、婆，丧偶女婿对岳父、岳母，尽了主要赡养义务的，作为第一顺序继承人。"最高人民法院《关于贯彻执行〈中华人民共和国继承法〉若干问题的意见》第21条：

---

〔1〕 戴永盛译：《瑞士民法典》，中国政法大学出版社2016年版，第10页。
〔2〕 张学军：《〈中国民法典〉"亲属"法律制度研究》，载《政法论坛》2021年第3期。

"继子女继承了继父母遗产的，不影响其继承生父母的遗产。继父母继承了继子女遗产的，不影响其继承生子女的遗产。"该意见第 24 条："继兄弟姐妹之间的继承权，因继兄弟姐妹之间的扶养关系而发生。没有扶养关系的，不能互为第二顺序继承人。继兄弟姐妹之间相互继承了遗产的，不影响其继承亲兄弟姐妹的遗产。"该意见第 26 条："被继承人的养子女、已形成扶养关系的继子女的生子女可代位继承……与被继承人已形成扶养关系的继子女的养子女也可以代位继承。"但上述规定皆为特定姻亲之间在特定情形下具体的法律效果，从立法层面而言，在《民法典》以前私法领域法律并没有形成姻亲的概念。法律上明确的姻亲概念形成于公法，它们先于《民法典》而采用了姻亲的概念，比如《公务员法》第 74 条、《法官法》第 23 条、《检察官法》第 24 条皆规定了近姻亲的任职回避。因此，《民法典》第 1045 条明确将姻亲规定为亲属的一种，不仅是对亲属关系客观性的尊重、是民法科学立法的成果，也是民法法典化、体系化的需要，值得充分肯定。

但仍须注意的是，单有姻亲的概念还是远远不够的，作为亲属关系基础法的《民法典》第 1045 条并没有规定何为姻亲、姻亲的范围和如何认定姻亲关系的远近。从我国学术界既往的研究看，有关姻亲的种类存在三种主张：

第一，采用三分法：此主张为中国婚姻家庭法学研究会起草的《中华人民共和国婚姻家庭法（法学专家建议稿）》所采用。[1] 赞成三分法而否定四分法的观点是将血亲的配偶的血亲

---

〔1〕　余延满：《亲属法原论》，法律出版社 2007 年版，第 96 页。

排除在姻亲之外，理由是有的血亲的配偶的血亲本身就是自己的血亲，比如嫂子的儿子就是自己的侄子；有的血亲的配偶的血亲大多只有伦理上和习惯上的意义，没有法律意义。[1]但是对于为何主张采用三分法而不是二分法学者却缺少论证，不过也有学者主张既然继父母与继子女为姻亲，那么"血亲之配偶之血亲"也应规定为姻亲，理由是：①继兄弟姐妹之间已被赋予某些法律效力，主要表现在相互扶养的义务（《民法典》第1075条）、继承权（《民法典》第1127条第1、5款）；②继兄弟姐妹是基于其父母的婚姻产生的关系。[2]

第二，采用二分法：此主张为梁慧星教授和王利明教授分别主持的我国民法典学者建议稿所采用，理由是配偶的血亲的配偶、血亲的配偶的血亲关系过于疏远，我国虽有承认这种姻亲关系的历史传统，但不宜为其规定法律上的权利义务。因此，可以说两分法立法主义最符合中国城乡目前以两代人的小家庭和三代人的主干家庭为主要生活单位的实际情况。[3]还有学者认为，当代亲属法规范姻亲关系的目的，仅在于明确禁止结婚的亲属范围、直系姻亲之间在特定条件下的相互扶养义务和由此产生的遗产继承权，而配偶的血亲的配偶与血亲的配偶的血亲，仅仅是自然意义上的或者观念上的姻亲，相互不发生禁婚和扶养等问题，没有必要纳入法律的调整范围。[4]

---

〔1〕 陶毅主编：《新编婚姻家庭法》，高等教育出版社2002年版，第22页。

〔2〕 张学军：《〈中国民法典〉"亲属"法律制度研究》，载《政法论坛》2021年第3期。

〔3〕 转引自余延满：《亲属法原论》，法律出版社2007年版，第96页。

〔4〕 薛宁兰、金玉珍主编：《亲属与继承法》，社会科学文献出版社2009年版，第53页。

第三，采用四分法：此主张以余延满教授为代表，理由是：亲属法具有习俗性，从我国的习俗看，素有将配偶的血亲的配偶和血亲的配偶的血亲列入姻亲的历史传统；亲属法具有伦理性，若法律不承认血亲的配偶的血亲为姻亲，可能发生母女可成妯娌、父子可成连襟、姐妹可成婆媳、兄弟可成翁婿等情形，有违伦常。[1]

笔者赞成四分法的主张，除去上述学者避免有违伦常的考虑，理由主要是：①从中国历史文化传统看，中国人有关姻亲范围的认识远远广于西方社会；在现实生活中，配偶的血亲的配偶与血亲的配偶的血亲也存在一定的交往，在某些情形下也存在利益关联，不宜将其排除在姻亲之外。②从法律体系的完备而言，法律体系主要由公法和私法构成，虽然配偶的血亲的配偶与血亲的配偶的血亲不是以一次婚姻而是以两次婚姻为中介形成的亲属（比如亲家），其亲属关系比较间接和疏远，属于旁系姻亲，[2]在私法领域彼此基本没有权利义务关系，但在公法领域，法律对彼此的权利义务却有一定的规定，比如《法官法》《检察官法》等公法均有关于近姻亲任职回避的规定，在此立法者对防范私人利益对公权力的干预持严格态度，就此立法理念而言，宜将配偶的血亲的配偶与血亲的配偶的血亲纳入姻亲的范围，避免出现法律漏洞。③从概念的完备而言，只有在确定了配偶的血亲的配偶与血亲的配偶的血亲是姻亲之后，才能进一步就其是否属于近姻亲作出解释。至于彼此之间

---

〔1〕 余延满：《亲属法原论》，法律出版社 2007 年版，第 96 页。

〔2〕 薛宁兰、金玉珍主编：《亲属与继承法》社会科学文献出版社 2009 年版，第 53 页。

是否存在权利义务关系，产生哪些法律效果，则应当由各部门法自行决定。

第二节 近亲属

一、近亲属的种类与范围

近亲属是我国法律上和司法实践中常用的一个法律概念，用来指代亲属关系密切又具有权利义务关系的亲属，法律之所以要在亲属人群中划分出近亲属，是因为亲属成员众多，法律只能在其中存在亲密关系的人之间设置权利与义务。但是存在的一个问题是，长期以来，各部门法有关近亲属范围的规定大小不一，最明显的差别表现在公法与私法的不同上。在民事法域，从《民法通则》到《民法总则》和《婚姻法》，法律和司法解释对近亲属范围的解释保持了一致性，皆采用最高人民法院于 1988 年颁行《关于贯彻执行〈中华人民共和国民法通则〉若干问题的意见（试行）》第 12 条的规定，近亲属是指配偶以及直系血亲二亲等和旁系血亲二亲等以内的亲属。在公法领域，近亲属也是法律广泛使用的概念，如《刑法》[1]使用近亲属的概念却没有对近亲属的范围作出解释。不同的是《刑事诉讼法》第 108 条第 6 项作了明确的界定："'近亲属'是指夫、妻、父、

---

[1] 例如，刑法规定某些犯罪的主体与被害人之间必须要存在一定的亲属身份关系，比如虐待罪、遗弃罪，至于某些告诉才处理的犯罪，在被害人无法告诉时，法律规定人民检察院和被害人的近亲属也可以告诉。

母、子、女、同胞兄弟姊妹。"[1]其范围较民事法律的规定大为缩小，不包括祖父母、外祖父母、孙子女、外孙子女，仅指配偶以及直系血亲一亲等和旁系血亲二亲等以内的亲属。而《最高人民法院关于适用〈中华人民共和国行政诉讼法〉的解释》第14条第1款则规定："行政诉讼法第二十五条第二款规定的'近亲属'，包括配偶、父母、子女、兄弟姐妹、祖父母、外祖父母、孙子女、外孙子女和其他具有扶养、赡养关系的亲属。"其范围是目前所见定义最广的近亲属范围。但无论如何，公法与私法对近亲属范围的界定都没有涉及姻亲，也不包括三代以上五代以内的直系血亲。

现行《民法典》第1045条第2款沿用了最高人民法院有关民事法域近亲属范围的界定，规定配偶、父母、子女、兄弟姐妹、祖父母、外祖父母、孙子女、外孙子女为近亲属，从法条所确立的近亲属范围看，它是以父母子女核心家庭为中心拓展到直系三代成员和旁系二代成员，基本上反映了当下中国家庭关系紧密程度的现状。但存在对其正当性的质疑，即第1045条关于近亲属范围的界定将（外）曾祖父母、（外）高祖父母、（外）曾孙、（外）玄孙等直系血亲排除在近亲属和家庭成员之外，是否正当？在人类寿命普遍延长、四世同堂甚至五世同堂情形逐渐增加的当代，把三代以上五代以内的直系血亲排除在近亲属和家庭成员之外是否正当？这是立法者需要回答的一个问题。在笔者看来，五

---

[1] 值得一提的是，《刑事诉讼法》第108条第6项规定的近亲属包括"同胞兄弟姊妹"，此处没有采用婚姻家庭法常用的"兄弟姐妹"之称谓，是否意味着法律只是将全血缘的兄弟姐妹纳入近亲属的范围，而将半血缘的兄弟姐妹如同父异母和同母异父的兄弟姐妹排除在近亲属范围之外呢？

代以内的直系血亲应当属于现行法律上的近亲属，理由如下：
①从古至今，慎终追远是中国亲属文化的传统，把三代以上五代以内的直系血亲排除在近亲属之外不符合民族亲属文化传统。②在现行法上，三代以上的直系血亲之间也存在一定的权利义务关系，例如，按照《民法典》第1048条的规定，三代以上的直系血亲也是法律禁止结婚的亲属；[1]按照《民法典》第1128条第1款的规定，代位继承并不限制直系血亲的世系，即在直系代位继承的情形下，被继承人的子女的直系晚辈血亲，均可以成为代位继承人。[2]③将三代以上五代以内的直系血亲纳入近亲属的范围，有利于法律的完备。例如，过窄的法定继承人范围一直是我国继承法需要修改完善之处，尽管《民法典·继承编》试图通过增加旁系代位继承来达到扩充法定继承人范围的目的，但增加的旁系代位继承人也十分有限，与世界各国法律所规定的法定继承人范围相比仍显狭窄，如果将三代以上五代以内的直系血亲纳入近亲属的范围，可以在直系血亲作为继承人的范围内实现婚姻家庭法和继承法的体系衔接，将有利于未来继承法的修改完善，从根本上解决我国继承法范围过窄、与民众生活脱节的问题；同时，也有利于对《民法典》第28条所规定的其他近亲属作为成年人第三顺位的监护人作出扩张解释；不仅如此，从婚姻家庭法和公法的法律体系而言，将三代以上的直系血亲纳入近亲属的范围，也有利于二者之间减少抵牾，实现法律体系的融贯。

---

[1]《民法典》第1048条："直系血亲或者三代以内的旁系血亲禁止结婚。"
[2]《民法典》第1128条第1款："被继承人的子女先于被继承人死亡的，由被继承人的子女的直系晚辈血亲代位继承。"

　　有关近亲属的范围还存在另一个争议问题，即姻亲是否应当在近亲属之内？比如生活中关系紧密的公婆、岳父母、儿媳、女婿等姻亲是否也应当认定为近亲属？众所周知，在《民法典》编纂的过程中，法典草案也曾经试图扩大近亲属的范围，全国人大常委会二次审议草案曾规定"共同生活的公婆、岳父母、儿媳、女婿，视为近亲属。"但2019年12月全国人大常委会第十次会议分组在审议民法典各分编草案时删除了此条款，因此现行《民法典》第1045条第2款所规定的近亲属范围从字面上讲不包括任何姻亲在内，但这仅仅是就文字的表层意义而言，看似法律早已解决了这一争议，但如若作进一步的考察，问题就浮现了出来：生活在一个家庭中的配偶是由夫与妻组成，那么第1045条第2款所规定的近亲属的主体是谁呢？丈夫还是妻子？"我"者还是"他"者？从文义解释看，此处的主体应当是"我"，即我的"配偶、父母、子女、兄弟姐妹、祖父母、外祖父母、孙子女、外孙子女"是我的近亲属。将第1045条第2款的主体解释为个体的"我"，此处的"我"从性别和身份上讲可以是丈夫，也可以是妻子。作为配偶，夫妻是经由婚姻而生活在同一核心家庭中，当"我"是丈夫与当"我"是妻子时，由法律确定的二人近亲属的范围部分相同、部分相异，相同的部分是与夫妻均存在血缘联系的亲属，即第1045条第2款所规定的"子女""孙子女""外孙子女"，他们与夫妻都是血亲关系，属于夫妻共同的近亲属。但是夫妻各自的"父母""兄弟姐妹、祖父母、外祖父母"与夫妻另一方并无血缘联系，彼此只是姻亲关系，因此若从"我"者的角度解释第1045条第2款，所有的姻亲就都不是近亲属。到此，如果《民法典》第

1045 条只规定第 2 款而不规定第 3 款，那么上述解释也就不成问题，但接下来的第 3 款规定了家庭成员的范围，这就给姻亲是否是近亲属提出了认定上的困难。赞成保留草案规定的意见认为，"公婆、岳父母、儿媳、女婿，虽然不是血亲而是姻亲，但是这些亲属都是非常重要的家庭成员，从现实生活看，在很多家庭里，公婆、儿媳等亲属与其他家庭成员长期共同生活或长期交往，已经建立了非常稳定亲密的关系，相互之间在监护、赡养、权利救济等方面都承担了重要责任。将上述姻亲纳入近亲属的范围，可以为人们提供更多的法律选择、更大的保障空间，符合现代家庭伦理关系的发展规律，符合民众的情感需求和权利保障需求，也符合进一步完善法律功能、提升法治能力的社会需求。"[1]在笔者看来，对此需要考虑两个问题：一是现代婚姻的稳定性大为下降，在此情形下增加姻亲之间的权利义务是否妥当？二是现行《民法典》赋予了近亲属身份某些重要的法律效果，近亲属在法律上享有重要的权利、承担重要的义务，其中的一些权利和义务并不适合赋予姻亲享有和承担，例如，《民法典》第 1219 条规定的医疗同意权，"医务人员在诊疗活动中应当向患者说明病情和医疗措施。需要实施手术、特殊检查、特殊治疗的，医务人员应当及时向患者具体说明医疗风险、替代医疗方案等情况，并取得其明确同意；不能或者不宜向患者说明的，应当向患者的近亲属说明，并取得其明确同意"；第 1181 条规定的近亲属在被侵权人死亡后的侵权责任请

---

[1] 李英锋：《民法典"近亲属圈"应留住姻亲》，载《北京青年报》2019 年 12 月 26 日，第 A02 版，转引自郭明瑞：《家事法通义》，商务印书馆 2022 年版，第 67、68 页。

求权，"被侵权人死亡的，其近亲属有权请求侵权人承担侵权责任"。《婚姻家庭编解释（一）》第9条规定的无效婚姻撤销请求权："有权依据民法典第一千零五十一条规定向人民法院就已办理结婚登记的婚姻请求确认婚姻无效的主体，包括婚姻当事人及利害关系人。其中，利害关系人包括：（一）以重婚为由的，为当事人的近亲属及基层组织；（二）以未到法定婚龄为由的，为未到法定婚龄者的近亲属；（三）以有禁止结婚的亲属关系为由的，为当事人的近亲属。"上述法律对近亲属的赋权，在性质上均涉及当事人的重要身份利益和财产利益，事实上，法律在给近亲属赋权的同时，也给近亲属设定了重要的义务，比如扶养义务、抚养义务和赡养义务、监护责任等，但姻亲毕竟是基于婚姻而形成，它与血亲的稳定性和亲密性显然不能相提并论，因此，赋予其与血亲同等的法律效果在现代社会是不妥当的，因此，在《民法典》已经前置了近亲属的权利义务之后，我们在法律解释上就不宜将姻亲纳入近亲属的范围。

此外，存在的另一个问题是形成抚养教育关系的继父母与继子女是否属于近亲属？从《民法典》第1045条第2款规定近亲属的范围、第3款规定家庭成员的范围看，近亲属的范围显然大于家庭成员的范围，因此，形成抚养教育关系的继父母与继子女只有在明确其是否是近亲属之后，才能进一步认定是否是家庭成员。从第1045条第2款的文字看，父母、子女是当然的近亲属，但法条没有对形成抚养教育关系的继父母与继子女是否也属于第2款所称的"父母子女"作进一步的规定，尤其相较于《民法典》第1127条明确规定"本编所称子女，包括婚生子女、非婚生子女、养子女和有扶养关系的继子女。本编所称父母，包括生父母、养父母和有扶养关系的继父母。本编所称兄弟姐妹，包括同父母的兄弟姐妹、同父异母或者同母异父的兄弟姐妹、养兄弟姐妹、有扶养关系的继兄弟姐妹"，《民法典》第1045条很有些模糊，但是从《民法典》第1072条关于"继父或者继母和受其抚养教育的继子女间的权利义务关系，适用本法关于父母子女关系的规定"看，许多学者和教科书由此得出结论：法律赋予了形成抚养教育关系的继父母与继子女之间形成拟制血亲的法律地位。确实，如果仅仅从法律效果看，近40年间的婚姻家庭立法始终将他们视同父母子女，从1980年《婚姻法》第21条到2001年修正后的第27条和《民法典》第1072条，法律保持了同一态度，即继父或继母和受其抚养教育的继子女间的权利义务关系，适用该法关于父母子女关系的规定。因此，在解释上，许多学者认为既然适用父母子女关系规定，继父母和受其抚养的继子女之间依法就将产生权利和义务，包括抚养、扶养、赡养和遗产继承权。但是问题的关键在于对"适用本法关于父母子女关系的规定"中的"适用"如何理解？是完全适用还是参照适用，何者更符合中国人的生活原理？毕竟法律需要尊重的生活现实是，形成抚养教育关系的继父母继子女并不完全等同于自然血亲父母子女关系，其最大的不同在于相互之间的关系是基于父母再婚形成，这种姻亲关系具有脆弱的特点，且缺乏双方成为法律上的父母子女的合意，是否要赋予其完全等同于自然血亲父母子女的法律效果，是值得商榷的。所以笔者的观点是宜将其视为单纯的姻亲关系，至于法律要赋予其什么法律效果，可以在具体的法律关系中规定。

二、近亲属享有权利与承担义务的顺位

现行《民法典》有多处法条规定了近亲属享有权利和承担义务的顺位，但也有一些条款没有规定。前者如第 28 条规定了近亲属担任成年人法定监护人的顺序："无民事行为能力或者限制民事行为能力的成年人，由下列有监护能力的人按顺序担任监护人：（一）配偶；（二）父母、子女；（三）其他近亲属；（四）其他愿意担任监护人的个人或者组织，但是须经被监护人住所地的居民委员会、村民委员会或者民政部门同意。"第 994 条规定了近亲属对死者人格利益保护的请求权："死者的姓名、肖像、名誉、荣誉、隐私、遗体等受到侵害的，其配偶、子女、父母有权依法请求行为人承担民事责任；死者没有配偶、子女且父母已经死亡的，其他近亲属有权依法请求行为人承担民事责任。"按照上述两款法条，近亲属担任成年人法定监护人以及在死者的特定利益受到侵害时，近亲属请求行为人承担民事责任的顺位是：①配偶、子女、父母；②其他近亲属。与之相对应的，第 1181 条和 1219 条没有明确规定近亲属的顺位，实践中也发生了许多存在争议的案例。就前述法条而言，第 1181 条涉及近亲属死亡赔偿金的请求权，"被侵权人死亡的，其近亲属有权请求侵权人承担侵权责任"；第 1219 条则涉及近亲属的医疗同意权，"医务人员在诊疗活动中应当向患者说明病情和医疗措施。需要实施手术、特殊检查、特殊治疗的，医务人员应当及时向患者具体说明医疗风险、替代医疗方案等情况，并取得其明确同意；不能或者不宜向患者说明的，应当向患者的近亲属说明，并取得其明确同意"，由于第 1181 条和第 1219 条都没有

规定近亲属享有权利的顺位，由此产生的疑问就是，被侵权人死亡时，是否其所有的近亲属不分顺位地都可以主张死亡赔偿金？还是需要在其近亲属中分出顺位？对此，司法实践的做法是，死亡赔偿金通常由与死者关系最为密切的父母、配偶和子女取得，至于与死者存在扶养关系的其他近亲属，基于死亡赔偿金的抚慰性质，法院可以根据具体情况予以分配。近亲属的医疗同意权在行使中存在的问题集中在近亲属意见不一致的情形，对此也应当根据近亲属的亲疏设置一定的顺位，可以考虑参照《民法典·继承编》有关法定继承人顺位的设置，以父母、配偶与子女为第一顺位，以其他近亲属为第二顺位。

第三节　家庭成员

一、关于家庭成员的文义解释

家庭是由一定范围的亲属组成的社会生活单位，在某些情形下它仍然承担了生产功能，可以作为法律主体，比如农村承包经营户、个体工商户。在法律上，不是所有的亲属都是家庭成员，按照《民法典》第 1045 条第 2 款的规定，在法律上具有权利义务关系的亲属包括配偶、父母、子女、兄弟姐妹、祖父母、外祖父母、孙子女和外孙子女，他们是法律上的近亲属。按照《民法典》第 1045 条第 3 款的规定，家庭成员是由配偶、父母、子女和其他共同生活的近亲属组成，从文义上看，该条款存在三层含义：①配偶、父母、子女不论其是否共同生活，都是当然的家庭成员，即配偶、父母、子女的家庭成员身份不以存在共同生活事实为认定标准。②不是所有的近亲属都是家庭成员，除配偶、父母、子女之外的其他近亲属如兄弟姐妹、祖父母、外祖父母、孙子女和外孙子女是否认定为法律上的家庭成员，要看其是否在一个家庭中共同生活：如果在一个家庭中共同生活，则属于家庭成员，否则就不是家庭成员。③虽然存在共同生活事实，但若不具备近亲属身份，也不能成为家庭成员。至于对"共同生活事实"的认定，目前学界尚未达成一致，广义的观点认为只要共同居住在同一处所就可以认定存在共同生活事实，狭义的观点则强调共同生活除具有生活居所的同一性外，还应具有财产关系、居家生计、精神情感等方面的紧密结合。对此，笔者更倾向于狭义的理解，正如学者所指出的，尽管广义理解有助于扩大《反家庭暴力法》的适用范围，符合国际反家庭暴力立法的趋势，但狭义理解更符合我国基于历史文化、民族习俗和伦理道德等形成的对"家庭""家庭成员"和"共同生活"的社会认知。因此，除配偶、父母、子女外，具有"同财共居"生活事实的近亲属才应认定为是家庭成员。[1]

二、有关家庭成员形成路径的争议

（一）是否需要合法有效的婚姻关系才能形成家庭成员？

在传统法律意义上，人们对婚姻家庭关系的理解均是将婚姻解释为符合结婚实质要件与形式要件的有效婚姻、将家庭解释为通过婚姻成立的家庭。但在中国，存在争议的一个问题是

---

〔1〕　薛宁兰、谢鸿飞主编：《民法典评注 婚姻家庭编》，中国法制出版社2020年版，第49—50页。

事实婚姻（即举行了婚礼、符合结婚的实质要件但未履行结婚登记程序）形成的家庭是否也能产生法律认可的家庭成员？从最高人民法院的司法解释看，司法实践对事实婚姻的有效性秉持了相对主义的立场，即对未补办结婚登记者，即便存在共同生活，也不认可其产生婚姻效力，但补办结婚登记产生有效的溯及力。从此严格态度看，事实婚姻既然不产生婚姻效力，也就不产生身份关系。但是，对此问题需要区别看，如果说事实婚姻中的同居配偶因为没有登记结婚不能产生法律认可的身份效力，那么事实婚姻中生育的子女与其父母之间是否产生身份权利呢？对此无论是现行法还是司法实践都基于出生的事实认可彼此之间存在法律上的父母子女关系，此类父母子女关系并不因为父母没有登记结婚就存在法律效力减等，而是与登记婚形成的父母子女关系等同。在此，现行法与司法实践显然都是采取扩张解释的立场，此立场也见之于《反家庭暴力法》对家庭成员的界定。

（二）非婚同居关系是否能形成法律认可的家庭成员？

在国外尤其是西方发达国家，非婚同居已经是普遍存在的共同生活模式，同居家庭成为与婚姻并立的重要家庭形态。同居伴侣之间虽然不存在婚姻关系，但会形成同居生活家庭，其间许多家庭也会生儿育女，产生父母子女关系。对此，一些国家制定了同居伴侣法予以调整，给予同居伴侣准婚姻配偶的法律地位，对同居家庭形成的父母子女关系给予与婚姻家庭同等的法律地位。在我国，非婚同居的存在已是不争的事实，[1]但无专门的法律予以调整，这也是《民法典》被认为可能没有回

---

[1] 同居家庭不仅存在于年轻人之中，也存在于老年人中。

应 21 世纪两性关系现实的争议之所在。但事实上，对于同居关系，法律与司法实践的态度是同居关系在伴侣之间不产生身份效力，彼此不产生身份权利与义务,[1]但是因同居而形成的父母子女关系则得到法律和司法的认可，与通过婚姻而生育形成的父母子女关系具备同等的法律效力。

所以就上述两种情形而言，现行法与司法实践对婚姻关系的形成路径采取了严格的法定主义立场，但对父母子女关系的形成路径则采取事实主义，承认彼此之间存在身份与财产关系，父母的婚姻状况不影响父母与子女彼此成为家庭成员。

三、家庭成员的法定、约定与近亲属的认定——一亲等直系姻亲在法律上的尴尬

《民法典》第 1045 条第 3 款是关于家庭成员种类和范围的规定，属于法定的家庭成员身份，第 1050 条则被视为家庭成员身份的约定，即"登记结婚后，按照男女双方约定，女方可以成为男方家庭的成员，男方可以成为女方家庭的成员"。从文义解释看，此条文规定了夫妻双方有权自由约定一方成为对方家庭的成员，至于约定的直接效果，有学者认为是约定配偶一方与另一方配偶的父母互为家庭成员。[2]但若从法律条文的规定看，这一解释略显狭窄，因为法条明确规定的是关于成为对方家庭成员的约定，

---

〔1〕 对此也有法院的态度有所松动，如在 2023 年 6 月 15 日北京海淀区法院对被告人牟某翰虐待案的判决书中，法官认为婚前同居关系应认定为虐待罪中的家庭成员关系。

〔2〕 蒋月：《论家庭成员身份的法定与约定——以〈民法典〉第 1045 条和第 1050 条为中心》，载《中华女子学院学报》2020 年第 4 期。

那么对方的家庭成员显然并不限于对方的父母，在近亲属的意义上，还包括一方的兄弟姐妹、（外）祖父母等亲属，因此约定成为对方家庭成员的直接效果就不应当仅限于对方的父母，还应当包括与另一方的兄弟姐妹、（外）祖父母等亲属成为家庭成员。但是这样的解释肯定是会让人产生疑问的，约定成为对方的家庭成员，结果是约定成了对方的一群人的家庭成员，那么这种约定产生什么权利，又形成什么义务呢？其约定的法律效果与法定的家庭成员相同吗？要准确理解这一法条，我们需要进一步对其作一番历史解释。众所周知，中国历史上长期盛行从夫居的婚姻模式，即男女双方结婚后，女子离开自己的父母家庭，到丈夫住处居住，成为其家庭成员，与丈夫一道对公婆履行孝道养老的义务，但对自己的父母则不承担养老的义务。至于男子成为女方家庭成员的情形则被称为"入赘"，往往受到社会歧视。中华人民共和国成立以后的婚姻法律革命一直致力于破除旧习俗、实现男女平等的改造，有关约定成为对方家庭成员的规定首见于 1980 年《婚姻法》第 8 条："登记结婚后，根据男女双方约定，女方可以成为男方家庭的成员，男方也可以成为女方家庭的成员。"从其立法草案的解释看，[1] 一方面意

---

　　〔1〕　法律关于男方成为女方家庭成员的规定，"对于保障婚姻自由，推行计划生育，解决有女无儿户的实际困难，都有好处。条文中没有用'落户'的提法，因为这里指的是成为对方家庭成员，不是指迁移户口。如果要迁移户口，那就需要另行办理，不一定要和婚姻关系连在一起。而按约定成为对方家庭成员，就相应享有和承担了作为家庭成员的权利和义务，即使户口不在对方所在地，也一样有赡养老人的义务，享有继承遗产的权利"，转引自蒋月：《论家庭成员身份的法定与约定——以〈民法典〉第 1045 条和第 1050 条为中心》，载《中华女子学院学报》2020 年第 4 期。

在破除旧习俗，但另一方面，更重要的是解决独生子女政策实行后女方家庭缺少男子的困难。后至《婚姻法》2001 年修正时，基于男女平等原则的考虑，法律在文字上作了修改，删除了"男方也可以成为女方家庭的成员"中的"也"字，即《婚姻法》（2001 年修正）第 9 条的规定："登记结婚后，根据男女双方约定，女方可以成为男方家庭的成员，男方可以成为女方家庭的成员。"《民法典》第 1050 条保留了这一条文。对此条存在的一个争议是成为家庭成员与落户是否是同一意义？在学理解释上，一些学者对此解释为："根据双方的约定，男女双方可以到任何一方的住所或者其他地方，建立小家庭；也可以一方到另一方家庭中去，成为其家庭成员，即女方可以到男方家落户、成为男方的家庭成员，男方可以到女方家去落户、成为女方的家庭成员。"[1]这是将二者视为同一的意义的解释，但是，将二者等同的困局是落户需要迁移户口，而事实上成为家庭成员在客观上则不需要户籍法上的变动。所以 1980 年《婚姻法》立法草案明确说明"条文中没有用'落户'的提法，因为这里指的是成为对方家庭成员，不是指迁移户口。如果要迁移户口，那就需要另行办理，不一定要和婚姻关系连在一起"。

存在的另一问题是约定成为家庭成员产生什么法律效果？按照 1980 年《婚姻法》立法草案的说明："按约定成为对方家庭成员，就相应享有和承担了作为家庭成员的权利和义务，即使户口不在对方所在地，也一样有赡养老人的义务，享有继承

---

〔1〕 薛宁兰、谢鸿飞主编：《民法典评注 婚姻家庭编》，中国法制出版社 2020 年版，第 78 页。

遗产的权利。"〔1〕但事实上,法律没有给这个立法草案留够面子,无论是《婚姻法》还是现行《民法典·继承编》都没有赋予约定成为对方家庭成员的妻与夫在法律上就当然取得对公婆或岳父母遗产的继承权,《民法典·婚姻家庭编》也没有规定公婆岳父母、儿媳女婿之间就产生扶养义务。在笔者看来,既然约定的基础在于合意,那么约定产生什么样的法律效果就要依据合意的具体内容而定,不能简单地认为约定的效果完全等同于法定家庭成员的效果。因此,如果约定属于概括约定,则可以解释为是夫妻一方与另一方父母及其他家庭成员形成家庭成员关系的约定;如果约定仅限于夫妻一方与另一方的父母成为家庭成员,那么约定的内容就仅仅是与另一方父母形成家庭成员关系。基于约定内容的不同,产生的法律效力所及第三人的范围不同,达成约定合意的主体也就应当不同:如果约定的内容是夫妻一方与另一方的父母互为家庭成员,此约定的效果及于第三人(父母),直接为父母设立了家庭成员身份,那么有关合意约定的主体就不应当仅限于夫妻双方,还必须是夫妻与另一方父母三方的合意才能产生约定生效的效果;如果约定的内容是夫妻一方与另一方父母及其他家庭成员形成家庭成员关系,那么合意的主体还应当包括夫妻一方与另一方父母以外的其他家庭成员。

此外须注意,在法律允许准配偶和夫妻约定一方成为另一方的家庭成员后,《民法典》第 1050 条就可能与第 1045 条第 2

---

〔1〕 转引自蒋月:《论家庭成员身份的法定与约定——以〈民法典〉第 1045 条和第 1050 条为中心》,载《中华女子学院学报》2020 年第 4 期。

款形成冲突。按照第 1045 条第 2 款的规定，近亲属的种类和范围是封闭的，姻亲被明确排除在近亲属和家庭成员之外，但是第 1050 条却允许夫妻约定一方成为另一方家庭成员，这无疑又给公婆、岳父母、儿媳、女婿这类姻亲相互成为家庭成员开启了法律之门，但是在夫妻约定一方成为另一方家庭成员之后，是否可以进一步推导出彼此是法律上的近亲属呢？第 1045 条第 2 款显然没有提供这样的路径，那么在家庭成员身份法定的情形下，家庭成员自然是近亲属的逻辑也就在约定的情形下不再当然成立。但是从第 1045 条第 3 款的设计看，从亲属到近亲属、家庭成员，法律遵循的逻辑是沿着亲与疏的路径，由疏到亲规定从亲属到近亲属、家庭成员的种类与范围，因此三个概念所涉范围应该是越来越小，而彼此的关系越来越亲密，但是在第 1050 条允许夫妻一方约定成为另一方家庭成员的情形下，夫妻一方与另一方的父母可以彼此成为家庭成员但却不能成为近亲属，这样的逻辑是否正当，有待探讨。

第四章　亲属关系的发生与终止

第一节　亲属关系的发生

亲属关系的发生是指一定的法律事实的出现使当事人之间产生亲属关系。法律事实包括法律行为与事件，就亲属关系而言，既可以因法律行为产生，如结婚行为，也可以因事件发生，如出生的事实，但血亲和姻亲产生的原因不同，血亲之中，自然血亲和拟制血亲产生的原因也不相同，详见下文。

一、配偶关系的发生

两大法系主要国家的法律皆规定配偶关系以婚姻成立为发生原因，差别只是在婚姻成立的方式上。在符合法定结婚条件的情形下，有的国家法律以一定的仪式的完成为婚姻成立标志，有的国家则以履行一定的登记手续为婚姻成立的标志。与此同时，在西方许多国家，伴随着非婚同居、同性婚姻等两性结合方式的多元化，如今伴侣关系已经是其法律上重要的亲密关系，如《法国民法典》承认两种类型的同居关系：订立紧密关系民事协议的同居，以及简单的同居或姘居。[1]法律也赋予同居伴侣类似于婚姻伴侣的地位，在此情形下，未来有关配偶的概念能否扩展至同居伴侣，也是值得我们关注的一个问题。

在我国，按照《民法典》第1049条的规定："要求结婚的男女双方应当亲自到婚姻登记机关申请结婚登记。符合本法规定的，予以登记，发给结婚证。完成结婚登记，即确立婚姻关系。未办理结婚登记的，应当补办登记。"因此，在我国学术上，通说认为配偶关系发生的时间为取得结婚证的时间。[2]需要指出的是，我国《民法典》对事实婚姻的效力并未规定，司法实践中各地法院是按照最高人民法院《婚姻家庭编解释（一）》审理案件，该司法解释第6条规定："男女双方依据民法典第一千零四十九条规定补办结婚登记的，婚姻关系的效力从双方均符合民法典所规定的结婚的实质要件时起算。"该司法解释第7条规定："未依据民法典第一千零四十九条规定办理结婚登记而以夫妻名义共同生活的男女，提起诉讼要求离婚的，应当区别对待：（一）1994年2月1日民政部《婚姻登记管理条例》公布实施以前，男女双方已经符合结婚实质要件的，按事实婚姻处理。（二）1994年2月1日民政部《婚姻登记管理条例》公布实施以后，男女双方符合结婚实质要件的，人民法院应当告知其补办结婚登记。未补办结婚登记的，依据本解释第三条规定处理。"因此，司法解释是以1994年2月1日为时间分界线规范事实婚姻的效力：在此之前，符合结婚的实质要件，

---

〔1〕　罗结珍译：《法国民法典》，北京大学出版社2023年版，第352页。
〔2〕　夏吟兰主编：《婚姻家庭继承法》，中国政法大学出版社2021年版，第46页。

没有履行结婚登记手续也获得与登记婚等同的法律效力，因此男女双方未登记结婚但存在夫妻共同生活的事实仍产生配偶关系；在此之后，男女双方未履行结婚登记手续的，法律拒绝承认其婚姻效力，双方仅仅是同居关系，而不是法律上的配偶关系。至于在男女双方补办结婚登记的情形下，其配偶关系的发生时间则是追溯至双方符合《民法典》所规定的结婚实质要件时起算。

二、自然血亲关系的发生

通说认为，自然血亲关系因出生而发生，如父母子女关系、兄弟姐妹关系等，都是以出生为亲属关系发生的原因，但在对待非婚生子女是否当然属于自然血亲的问题上，存在不同的看法。一种观点认为，非婚生子女与生父母的血亲关系是基于出生这一事件而发生，其生父是否认领，不影响非婚生子女与生父之间的血亲关系的客观存在。[1]另一种观点则主张前述观点不完全科学，因为婚生父母和婚生子女、母亲与非婚生子女的权利义务是基于出生而产生，但是非婚生子女只有得到其生父的认领（包括任意认领和强制认领），才能成为生父的非婚生子女。[2]在笔者看来，两种观点皆无对错，关键在于需要针对具体的情形而论。就非婚生子女法律地位的确立而言，有的国家法律规定非婚生子女对于生父不能根据出生而取得子女地

---

〔1〕 夏吟兰主编：《婚姻家庭继承法》，中国政法大学出版社2021年版，第46页。
〔2〕 张学军：《〈中国民法典〉"亲属"法律制度研究》，载《政法论坛》2021年第3期。

位，须经过生父的认领，才能确立其与生父的关系。[1]如《意大利民法典》规定，自然血亲关系的发生以出生为原因，以户口簿中的出生证书为依据证明婚生亲子关系，而非婚生的血亲则需要通过认领才能确立法律上的父子女关系。[2]日本法律与之相似，也规定非婚生子女须经过生父的认领，才能在法律上产生自然血亲关系；[3]《瑞士民法典》第252条第2款也规定："子女与父的亲子关系，因父与母有婚姻关系而成立，或者依认领或由法院，确定之"；第259条第1款规定："结婚前出生的子女，在其生父母相互结婚，并经认领或判决，夫被确定为子女之父后，准用关于婚姻关系存续期间所生子女的规定。"[4]因此，在实行认领制度的国家，非婚生子女在经生父认领前，即便其与生父存在父子女血缘关系，也不是法律上的血亲。[5]

但是需要指出的是，并不是所有的国家都实行非婚生子女的认领制度，一些国家不仅赋予非婚生子女与婚生子女相同的法律地位，甚至废止了二者的称谓差别，例如德国1969年制定《非婚生子女法律地位法》，在生活费请求权和继承权方

---

[1]　按照法国现行法，婚生子女与非婚生子女的法律地位没有差别，法典条文使用"认领子女"，而不再使用"认领非婚生子女"。认领子女具有宣告亲子关系的效力，由此确立的亲子关系产生对非婚生子女的亲权。罗结珍译：《法国民法典》，北京大学出版社2023年版，第201页。

[2]　费安玲、丁玫译：《意大利民法典》，中国政法大学出版社1997年版，第72、73页。

[3]　《日本民法典》第772条规定："妻子在婚姻存续中怀孕的子女，推定为丈夫的子女。"第779条："非婚生子女，可以由其父亲或母亲认领。"见王爱群译：《日本民法典》，法律出版社2014年版，第122页。

[4]　戴永盛译：《瑞士民法典》，中国政法大学出版社2016年版，第86、89页。

[5]　这种认识在学术界广泛存在，可见张学军：《〈中国民法典〉"亲属"法律制度研究》，载《政法论坛》2021年第3期。

面，将非婚生子女的地位提高到与婚生子女地位极其相近的程
度。随后，德国 1997 年颁行的《子女身份改革法》和《非婚
生子女在继承上的平等法》、1998 年颁行的《未成年子女生活
费统一法》等法律，在父母照顾权、出身、子女姓名、监护权
等方面彻底消除了非婚生子女与婚生子女的全部差别，此后，
"非婚生子女"一词不再存在于《德国民法典》中，无论父母
是否结婚，其所生子女在法律上一律被称为"子女"，由于法
律上废除了"婚生子女"与"非婚生子女"的称谓，对非婚
生子女而言也就不存在婚生化的问题，原来的对非婚生子女的
认领制度也就没有适用的空间，换言之，《德国民法典》已经
废止了非婚生子女的认领制度，现代德国法只是通过生父身份
的确认制度来保障不能通过母亲的婚姻来确认生父的子女的利
益。[1]因此，在今天各国法律赋予非婚生子女与婚生子女相同
的法律地位的情形下，是否仍然需要通过认领制度才能确立非
婚生子女与生父在法律上的身份关系是值得考虑的。在我国现
行法律上，《民法典》并没有建立认领制度，鉴于非婚生子女
与婚生子女在法律上地位同等，因此确定是否亲生才是在彼此
之间建立亲子关系的关键，对此我国现行《民法典》没有直
接规定，最高人民法院也仅仅是就亲子鉴定的诉讼主体作了规
定，即《婚姻家庭编解释（一）》第 39 条的规定："父或者母
向人民法院起诉请求否认亲子关系，并已提供必要证据予以证
明，另一方没有相反证据又拒绝做亲子鉴定的，人民法院可以

---

〔1〕［德］迪特尔·施瓦布著，王葆莳译：《德国家庭法》，法律出版社 2022
年版，第 341—344 页。

认定否认亲子关系一方的主张成立。父或者母以及成年子女起诉请求确认亲子关系，并提供必要证据予以证明，另一方没有相反证据又拒绝做亲子鉴定的，人民法院可以认定确认亲子关系一方的主张成立。"

此外，我们需要关注的是人类生殖技术推广后，法律上父母身份的确定面临新难题，比如同性生育、代孕等生殖技术对传统法律的挑战，正如学者所指出的，由于无性生殖方式的产生，传统意义的"出生"的含义已不能涵盖所有的情形。[1]人工授精技术、试管婴儿和胚胎移植所形成的关系介乎于传统法律定义下的婚生、非婚生和收养关系之间，与传统法律对"母亲""父亲"及"父母"的界定难以融合。[2]

三、拟制血亲关系的发生

拟制血亲是法律设定的血亲，从世界各国的法律看，通过收养形成拟制血亲关系是各国法律的通例，但由于收养存在完全收养与简单收养的区分，因此不同类型收养所发生的拟制血亲的原因也不完全相同。以法国法为例，法律将收养分为完全收养与简单收养，前者赋予子女一种替代原始亲子关系的父母子女关系。《法国民法典》第355条规定："完全收养或简单收养，由法院宣告。收养，自提交收养申请之日起产生效力。"[3]简单收养主要适用于收养配偶的子女这一情形，被收养人与其

---

〔1〕　余延满：《亲属法原论》，法律出版社 2007 年版，第 107 页。

〔2〕　［美］哈里·D. 格劳斯、大卫·D. 梅耶著，陈苇等译：《美国家庭法精要》，中国政法大学出版社 2010 年版，第 102 页。

〔3〕　罗结珍译：《法国民法典》，北京大学出版社 2023 年版，第 226 页。

原生家庭并不切断联系。[1]和完全收养相比,简单收养的条件远没有完全收养严格,在收养产生的效力上也没有那么极端,比如法律对被收养人没有年龄的限制,所有人,无论是未成年人还是成年人,都可以是简单收养中的被收养人。

但是就两大法系主要国家如法国、德国、意大利、瑞士、日本、英国、美国等国的法律看,法律上的拟制血亲仅限于养父母养子女关系,都将继父母继子女关系排除在拟制血亲之外,只是将其作为直系姻亲对待。需要指出的是,1995 年《俄罗斯联邦家庭法典》第 97 条为接受过继父母教育和抚养的继子女在特定情形下设立了赡养的义务,该法第 1 款规定:"曾培养和抚养自己继子女的无劳动能力而需要帮助的继父母,如果他们不能得到自己的有劳动能力的成年子女或配偶(原配偶)的扶养,有权依诉讼程序要求有能力提供赡养费的继子女提供赡养。"第 2 款规定:"如果继父母培养和抚养继子女少于五年,或者他们以不适当的方式履行自己培养和抚养继子女的义务,法院有权免除继子女的赡养义务。"[2]由此条法律规定我们可以看出,《俄罗斯联邦家庭法典》为继父母与受其抚养教育的继子女之间设立的法律效果是单向和片面的,因此我们还难以推导出在俄罗斯法律上,继父母与受其抚养教育的继子女之间的关系是拟制血亲关系的结论。但至此我们可以追溯到原《婚姻法》以及《民法典》第 1072 条的源头,很大程度上是借鉴了苏联法律。

---

〔1〕 〔法〕科琳·雷诺－布拉尹思吉著,石雷译:《法国家庭法精要》,法律出版社 2019 年版,第 186 页。

〔2〕 解志国译:《俄罗斯联邦家庭法典》,载梁慧星主编:《民商法论丛》(总第 17 卷),金桥文化出版(香港)有限公司 2000 年版,第 709 页。

　　以此观我国《民法典》第1072条第2款的规定，"继父或者继母和受其抚养教育的继子女间的权利义务关系，适用本法关于父母子女关系的规定"，如果从历史解释看，此条文无疑源自《婚姻法》的规定，是对苏联法、《俄罗斯联邦家庭法典》的借鉴，但又有较大的改变。按照苏联法，接受过继父母教育和抚养的继子女只是在继父母不能得到其成年的有劳动能力的子女或者配偶（原配偶）扶养的情形下才对继父母承担赡养的义务，仅此而已，并无其他权利义务存在；即便如此，继子女也不是继父母的优先顺位扶养人，继子女承担扶养义务的位序要低于继父母成年的有劳动能力的子女或者配偶（原配偶）。与此相比，我国《民法典》第1072条在继父或者继母和受其抚养教育的继子女之间设立的权利义务则是完全等同于亲生父母子女关系，这意味着扶养义务仅仅是彼此之间权利义务的一个组成部分，远非全部。因此，对于按照第1072条形成的继父母继子女关系是否是拟制血亲关系，我国学术界存在分歧。比较普遍的观点是将其认定为是拟制血亲，[1]在此情形下，不仅继父母与继子女之间的权利义务成为双向、全面，而且继子女与生父母、继父母之间形成双重权利义务关系。但反对者认为，继父母与继子女即使形成抚养关系也不属于拟制血亲，其理由是，在学理上，继父母是继子女的"血亲的配偶"，继子女是继父母的"配偶的血亲"，因此继父母与继子女在亲属的种类上应属于姻亲；[2]同时在比较法

〔1〕　夏吟兰主编：《婚姻家庭继承法》，中国政法大学出版社2021年版，第46页；黄薇主编：《中华人民共和国民法典婚姻家庭编解读》，中国法制出版社2020年版，第27页。

〔2〕　张学军：《〈中国民法典〉"亲属"法律制度研究》，载《政法论坛》2021年第3期。

上，法律普遍将继父母与继子女视为直系姻亲，并不将其视为拟制血亲。在笔者看来，是否将其视为拟制血亲，既要看法律为继父母继子女设立的法律效果，也要看双方是否存在建立父母子女关系的合意。确实，如前文所言，在比较法上，各国法律普遍规定拟制血亲依法成立，而继父母与继子女之间的关系仅是基于生父母再婚的事实而形成；在我国法律上，继父母与继子女关系的形成也不需要另外履行特别的程序，因此，生父母再婚之时就是继父母继子女姻亲关系发生之时，这里需要区分的是受继父母抚养教育的继子女与继父母之间要形成法律上的权利义务关系需要特定的条件，那就是存在抚养教育的事实和一定的期间，因此，从文义解释的角度，我们可以看到我国《民法典》对继父母子女亲属关系形成的原因和时间作了区分：对于不存在抚养教育事实的继父母与继子女，法律只是赋予其直系姻亲的法律地位，但对于存在抚养教育事实的继父母与继子女，法律不仅赋予其直系姻亲的法律地位，还赋予其与拟制血亲相同的法律地位，由此产生的法律效果是双向、全面的。当然，这样的法律效果可能存在疑问——以存在抚养教育的事实取代继父母继子女之间的意愿是否存在正当性？同时，将彼此之间的法律效力完全等同于养父母养子女关系，是否存在效力范围过于宽泛的问题？此外，在将受继父母抚养教育的继子女与继父母视为拟制血亲之后，还可能存在的一个问题就是亲属关系的重叠。在现实生活中，在两人之间存在两个或两个以上不同的亲属关系，这在学理上被称为亲属关系的重叠，如继父母与继子女为姻亲关系，但受继父母抚养教育的继子女与继父母之间又是拟制血亲关系，存在亲属关系的重叠。学术上确立亲属关系重叠时的权利义务关系的原则通常采从近原则，即以最近的一种亲属关系为依据确定当事人之间的权利义务关系，显然，我国《民法典》第 1072 条采用了这一原则。

综上所述，按照我国《民法典》第 1111 条、第 1072 条第 2 款的规定，我国法律上拟制血亲的发生原因主要有：

1. 通过一定的法律行为而发生。如收养让原本没有血缘联系的养父母与养子女之间建立起法律上的父母子女关系。至于养子女的亲属或养父母的亲属与养父母或养子女是否存在亲属关系，各国法律的规定不一，多数国家的法律规定收养的效力不及于养父母的亲属。[1] 按照我国《民法典》第 1111 条第 1 款的规定，"自收养关系成立之日起，养父母与养子女间的权利义务关系，适用本法关于父母子女关系的规定；养子女与养父母的近亲属间的权利义务关系，适用本法关于子女与父母的近亲属关系的规定"，因此，我国法律认可养子女的亲属或养父母的亲属与养父母或养子女之间存在亲属关系。

2. 特定条件下通过一定的事实而发生。《民法典》第 1072 条第 2 款规定："继父或者继母和受其抚养教育的继子女间的权利义务关系，适用本法关于父母子女关系的规定。"对于此条文确立的效果规则，笔者认为需要对其成立要件作一定的限缩。理由是，首先，在比较法上，各国的通例是不将继父母继子女关系视为拟制血亲，而是将其视为姻亲关系，如此双方的关系比较单纯；其次，我国法律基于对未成年子女成长环境的考虑，鼓励继父母对未成年的继子女承担抚养教育义务，同时基于继

---

〔1〕　余延满：《亲属法原论》，法律出版社 2007 年版，第 107 页。

父母抚养教育的事实赋予双方等同于婚生子女的法律地位，但是这样的法律效果对继父母和继子女的意愿尊重不够，因此，笔者以为，仅仅基于抚养教育的事实还不足以形成拟制血亲关系，要在继父母与未成年的继子女之间形成拟制血亲，必须是双方存在建立拟制血亲的合意，具体来讲，对于年纪不满8周岁的未成年人，可以由其生父母代理达成合意；8周岁以上的继子女，则应当征得其同意。

除了上述拟制血亲发生的原因之外，还有一个问题是需要我们关注的，即在现代生殖技术下，拟制血亲是否存在扩展的空间？有学者主张，拟制血亲除了养父母与养子女之外，还应该包括：生母之夫与异质人工授精子女、法律上之父与无生物血缘关系的子女。[1] 在笔者看来，此两类关系均涉及人工辅助生殖的问题。在比较法上，人工辅助生殖主要包括用配偶、伴侣、同居者的精子或者捐精者的精子进行人工授精，或通过体外授精，即胚胎或受精卵的移植。以法国为例，《法国民法典》将人工辅助生殖分为两类：无须捐赠者帮助的人工辅助生殖与在捐赠者帮助下的人工辅助生殖。对于前者，丈夫、伴侣或者同居者是子女生物学意义上的父亲，对于已婚配偶而言，如果双方同意实施人工辅助生殖，那么未来旨在确认亲子关系或对亲子关系提出异议的任何诉讼法院将不再受理。至于在捐赠者帮助下的人工辅助生殖情形，法律规定无论是配偶还是同居伴侣，决定在捐赠者的帮助下实施人工辅助生殖的双方当事人应

---

〔1〕 张学军：《〈中国民法典〉"亲属"法律制度研究》，载《政法论坛》2021年第3期。

事先在家事法官或公证员面前作出同意的表示。若双方为已婚配偶，那么亲子关系的确定与适用普通法上亲子关系的规定相同，即通过出生证书得以确立，适用父子关系推定。同时法律还规定，在当事人作出同意的表示后，禁止其事后就亲子关系提出任何异议。[1]在英国，按照2008年《人工授精和胚胎法》第35条的规定，若女性在接受治疗时处于已婚状态且孕育的胚胎并非通过丈夫的精子产生，丈夫就被视为子女的父亲，排除的情形只存在于有证据证明丈夫不同意在妻子体内放置胚胎、精子、卵子，或者不同意妻子实施人工授精。[2]在美国，按照《统一父母身份法》的建议，只要夫妻签署同意人工授精且由执业医师完成，那么已婚妇女因人工植入来自其夫以外的第三人所捐献的精子而生育的子女，在法律上就是其丈夫的子女。[3]2002年修改后的《统一父母身份法》取消了只适用于已婚夫妇的限制性要求，扩大适用于非婚伴侣。在我国，《民法典·婚姻家庭编》并未对人工生殖形成的父母子女关系作出规定，因而有观点认为其偏于保守，没有反映21世纪的技术发展，但是最高人民法院的《婚姻家庭编解释（一）》第40条对此作了弥补："婚姻关系存续期间，夫妻双方一致同意进行人工授精，所生子女应视为婚生子女，父母子女间的权利义务关系适用民法典的有关规定。"这一规定值得关注的是没有区分同质还是异质人工授精，而是将其全部认定为

〔1〕［法］科琳·雷诺-布拉尹思吉著，石雷译：《法国家庭法精要》，法律出版社2019年版，第166—167页。

〔2〕张学军：《〈中国民法典〉"亲属"法律制度研究》，载《政法论坛》2021年第3期。

〔3〕［美］哈里·D.格劳斯、大卫·D.梅耶著，陈苇等译：《美国家庭法精要》，中国政法大学出版社2010年版，第103页。

是婚生子女。当然在学理上我们可以进一步按照同质与异质将人工授精所生育的子女划分为自然血亲与拟制血亲，但这只是学理上的划分而已，在法律上没有意义，并不产生不同的法律效果。

四、姻亲关系的发生

姻亲以婚姻的成立为其发生的原因是大陆法系与英美法系的通规，因此，婚姻成立的时间即为姻亲关系发生的时间。与此同理，在我国，男女结婚形成夫妻关系，因结婚又形成姻亲关系。但需要注意的一个问题是我国法律对待事实婚姻采取相对承认的立法主义，导致姻亲关系的发生也存在追溯力的问题。如前文最高人民法院《婚姻家庭编解释（一）》第6条、第7条的规定，事实婚姻的当事人具有共同生活的事实并不产生结婚的法律效力，只有在履行登记程序后，才产生婚姻效力，此效力并不是从结婚登记之时起计算，而是从男女双方符合结婚的实质要件时开始计算，同理，姻亲关系也是在婚姻双方符合结婚的实质要件时发生。

第二节　亲属关系的终止

亲属关系的终止是指亲属关系因一定的法律事实而归于消灭，由于各类亲属关系的性质与特点不同，因此其终止的原因也不完全相同。

一、配偶关系的终止

配偶关系因婚姻关系的终止而终止。婚姻的终止有两种原因：①配偶一方自然死亡或宣告死亡；②离婚法律行为。在我国法律上，自然死亡和判决宣告死亡生效的时间为配偶关系终止的时间；因离婚而终止婚姻的，双方办理离婚登记取得离婚证的时间、法院的离婚调解书或离婚判决书生效的时间，为配偶关系终止的时间。

二、自然血亲关系的终止

自然血亲关系因一方死亡（包括自然死亡与宣告死亡）而终止。自然死亡的时间和法院宣告死亡判决生效的时间是自然血亲关系终止的时间。自然血亲关系不能通过法律或其他手段人为地解除，即便收养关系成立，也只是被收养人与生父母之间在法律上的权利义务关系终止，但自然血亲关系并不终止，有关自然血亲方面的法律，如禁止结婚的规定仍然适用。

三、拟制血亲关系的终止

拟制血亲因一定的法律事实而发生，以当事人一方死亡或者拟制的身份关系解除为终止原因，这是各国法律的通规，但在比较法上，各国法律的具体规定还是存在差异。以法国为例，法律只认可因收养而成立的养父母养子女关系为拟制血亲关系。由于《法国民法典》将收养分为完全收养和简单收养，各自终止的原因也就不同。按照该民法典第 359 条的规定，完全收养不得解除，因此，完全收养消灭的原因只能是完全收养关系中一方当事人死亡。[1]至于简单收养，按照第 368 条的规定，如证明有重大理由，在被收养人已经成年时，应其本人或者收养人

---

〔1〕　罗结珍译：《法国民法典》，北京大学出版社 2023 年版，第 228 页。

的请求，可以解除简单收养。[1]在德国，其民法典所认可的拟制血亲仅限于养父母子女关系，在收养效力上则仅采完全收养，因此在原则上，收养不能终止，只有在下列两种情形下收养才能通过法院裁判终止：①欠缺收养必需的意思表示或意思表示无效；②由于重大原因，收养终止是为被收养子女最佳利益所必要的，并且子女不会因此而无家可归。[2]在意大利法上，民法典规定拟制血亲仅限于养父母子女关系，按照第305—309条的规定，收养解除的原因是法院的裁判宣告。在瑞士法上，瑞士民法认可的拟制血亲关系也仅限于养父母子女关系，拟制血亲关系的终止原因是收养被宣告无效。在日本法上，拟制血亲关系限于养子女与养父母及其血亲之间，按照《日本民法典》第729条的规定，养子女及其配偶、养子女的直系卑亲属及其配偶、与养父母及其血亲间的亲属关系，因收养终止而终止。同时，在日本，收养可以通过协议终止，也可以通过诉讼解除（《日本民法典》第811条、第814条）。[3]在俄罗斯，收养成立后即在收养人与被收养人之间产生拟制血亲关系，同时，法律规定在收养关系解除或一方当事人死亡的情形下，拟制血亲关系终止。与上述国家法律相同的是英国与美国都将拟制血亲限于养父母养子女关系，英国法律将收养撤销视为拟制血亲关系终止的原因；美国法律则是将收养关系解除视为拟制血亲关系终止的原因。[4]

---

〔1〕 罗结珍译：《法国民法典》，北京大学出版社2023年版，第232页。

〔2〕 ［德］迪特尔·施瓦布著，王葆莳译：《德国家庭法》，法律出版社2022年版，第396、406页。

〔3〕 王爱群译：《日本民法典》，法律出版社2014年版，第126—127页。

〔4〕 陈苇主编：《外国婚姻家庭法比较研究》，群众出版社2006年版，第61、66、70页。

　　我国现行法与上述国家法律的不同之处在于，学界通说认为法律上的拟制血亲包括养父母养子女关系、受继父母抚养教育的继子女与继父母的关系（以下简称"抚养教育型继父母子女关系"）两大类型，对此笔者赞同在双方达成建立拟制血亲合意的前提下，继父母与受其抚养教育的继子女之间形成拟制血亲关系。但养亲与继亲发生的原因不同，其终止的原因也不完全相同。就养父母养子女关系而言，其终止既可以因一方死亡而终止，也可以基于法定事由依法定程序解除而终止，其终止的时间，如因死亡而终止，则以自然死亡或宣告死亡的判决生效时间为准；因法定程序解除收养的，则以双方达成的协议依法生效的时间、法院准予解除亲属关系的调解书或判决书生效的时间，为拟制血亲关系的终止时间。

　　至于形成拟制血亲关系的抚养教育型继父母子女关系，其发生的原因不完全同于养亲关系，其终止的原因则更为复杂，因此也成为司法实践和学术争议的热点问题。在我国法律上，没有形成抚养教育关系的继父母子女为姻亲关系，不产生法律上的权利义务关系，所以当生父（母）与继母（父）之间的婚姻关系因生父（母）一方死亡或双方离婚而终止时，这种继父母子女关系随之终止，但是对于已经形成抚养教育关系的继父母子女关系的终止原因，《民法典》未作明文规定，是否可以适用《民法典》第 1072 条第 2 款的规定，"继父或者继母和受其抚养教育的继子女间的权利义务关系，适用本法关于父母子女关系的规定"？对此需要仔细斟酌，在笔者看来，此条款仅仅是有关继父母与继子女权利义务关系的规定，并不涉及抚养教育型继父母继子女关系的终止原因，因此也就不能简单援用。虽然基于双方存在形成拟制血亲的合意，我们可以认定抚养教育型继父母继子女属于拟制血亲，但毕竟此合意是在生父母与继父母存在婚姻的情形下达成，与养父母养子女关系的形成不尽相同，因此其终止原因就不应当完全同于养父母养子女关系的终止原因，需要区分不同的情形而论：

1. 生父或生母与继母或继父一方死亡。通说认为，在形成拟制血亲的情形下，当事人一方死亡，拟制血亲关系即终止。但在形成抚养教育型继父母子女关系的情形下，生父或生母一方死亡，继母或继父与未成年继子女的拟制血亲关系仍然存在，并不终止，但毕竟生父（母）与继母（父）的婚姻关系已经终止，基于前有婚姻关系，后才有姻亲关系和拟制血亲关系的道理，此时就需要区分不同情形区别对待：

（1）继子女未成年，生父或生母一方死亡的情形。按照《民法典》颁行前最高人民法院的各种解释，在此情形下，继父母子女关系不是当然终止，除了继子女的生父母要求领回的以外，继父母子女关系不能自然解除。但是在《婚姻家庭编解释（一）》颁行之后，既有的司法解释已经废止，对此情形就缺少规范。在学术界，有一种观点认为生父母对生子女是基于血缘而形成的一种法律关系，生父母是生子女第一位的亲属、亲等、亲权关系，当其他等级关系与第一位的关系发生冲突时，第一位关系具有法律上的优势地位。在生父（母）去世后，因为血缘关系，继子女应当回到生母（父）身边共同生活，即在世的生父母应将其领回。在笔者看来，对于已经形成的抚养教育型继父母子女关系，基于存在拟制血亲的合意，相互之间的权利义务关系就不应因生父或生母的死亡而当然终止，继父母也就不能以继子女的生父母去世为由停止抚养未成年的继子女。此时若生父母要求从继父母处领回抚养，可由双方协商解决，子女有识别能力的，应征询子女的意见。协商不成的，则可以由法院依照保护未成年子女最佳利益的原则判决。

（2）继子女未成年，继父或继母一方死亡的情形。由于继父或继母一方死亡产生婚姻关系终止的效果，通常情形下相关的姻亲关系终止。同理，在已经形成抚养教育型继父母子女关系的情形下，彼此之间存在姻亲关系与拟制血亲关系的叠加，即继子女与继父母之间既是姻亲关系，又是拟制血亲关系，根据就近确定亲属的原理，就可以按照拟制血亲关系终止的规则确定在一方当事人死亡的情形下，姻亲关系随之终止。

2. 抚养教育型继父母子女关系是否因生父或生母与继母或继父离婚而自动终止？在笔者看来，也需要区分不同情形对待：

（1）继子女未成年，生父或生母与继母或继父离婚的情形。按照《民法典》颁行前的司法解释，生父母与继父母离婚时，继子女未成年，继子女既可以由生父母抚养，也可以由继父母抚养，但是在继父母不同意继续抚养的情况下，仍应由生父母抚养。从这一解释看，制定者对此并未持自动解除的立场。但存在的问题是，在《婚姻家庭编解释（一）》颁行后，从前的司法解释已经废止，对此问题的解决存在下列价值判断：一是在有关未成年子女利益保护时法律确立的最有利于未成年子女利益的原则；二是在存在姻亲与拟制血亲叠加的时候，需要考虑作为拟制血亲形成的基础关系已经丧失的现实；三是尊重继父母的意愿。在上述多重价值中，笔者认为在生父母与继父母离婚时，双方可以通过合意解除拟制血亲关系。在无法达成解除合意的情形下，未成年的继子女通常应由其生父母抚养，只有在极端情形下才能适用最有利于未成年子女利益的原则，这种极端情形只限定于生父母不具备抚养条件、继父母愿意继续抚养且继子女愿意与继父母共同生活的情形，理由在于通常情形下离婚让姻亲关系归于消灭，没有形成拟制血亲关系的继父母继子女关系也随之终止，但在继父母与继子女已经形成抚养教育关系的情形下，继子女是随生父母还是继父母就要充分考虑继子女的利益，就通常情形而言，推定随生父母生活更有利于继子女的成长，只有在生父母不能或无力抚养以及继子女与生父母存在严重感情不和的情形下，才由继父母抚养。但这仅仅是从法理上而言，对于现实生活而言，在生父母与继父母离婚时，无论是通过协议离婚程序还是诉讼离婚程序，都应当就继子女与继父母的关系作出约定或裁决，但这似乎普遍为当事人所忽略，也是后来纠纷产生的重要原因。

（2）继子女已经成年，生父或生母与继母或继父离婚的情形。在生父或生母与继母或继父离婚时，受继父母抚养教育的继子女已经成年，彼此之间是否保持原有的拟制血亲关系可以由继父母与继子女达成合意。从法理上讲，拟制血亲关系一旦形成，只能因一方死亡或者双方解除而终止，因此，双方的拟制血亲关系不能自然解除，但如果双方关系恶化，经当事人请求，法院可以解除其权利义务关系。按照《民法典》颁行前最高人民法院的司法解释，由继父母抚养成人并有独立生活能力的继子女，对曾经抚养过他们的无劳动能力、生活困难的继父母应承担其生活费用，这既是基于道德的要求，也是基于法律上权利义务一致原则的要求。因此，即便生父母与继父母已经离婚，在成年继子女与继父母保持拟制血亲关系的情形下，彼此之间仍然适用婚生父母子女关系法律；在生父母与继父母离婚、继父母与继子女解除拟制血亲关系后，基于继子女受继父母抚养教育的事实不能消失的原因，继子女对无劳动能力、生活困难的继父母还应承担其生活费用，但不需要承担全部的赡养义务。

四、姻亲关系的终止

关于姻亲关系终止的原因，各国法律的规定不一，有关姻亲关系是否因离婚而终止、姻亲关系是否因配偶一方死亡而终止等均存在差异。导致婚姻关系终止的原因可以是离婚也可以是配偶一方死亡，对于这两种原因是否同时导致姻亲关系的终止，各国立法存在不同的规定。

（一）配偶一方或双方死亡情形下姻亲关系的终止

如果配偶双方死亡，姻亲关系会随着主体的消灭而终止。但若配偶一方死亡，姻亲关系是否终止呢？对此各国的法律规定存在差异，归纳起来，大致有以下立法例：①自治主义，即法律不作强制性规定，而是由姻亲双方当事人选择姻亲关系是否终止。此立法例以日本民法为代表，规定夫妻一方死亡，生存配偶表示终止姻亲的意思时，姻亲关系终止。[1]②有条件的终止主义，即法律规定在一定条件下姻亲关系终止。此立法例

---

〔1〕《日本民法典》第728条第2款，见王爱群译：《日本民法典》，法律出版社2014年版，第116页。

以法国为代表，其民法典规定，夫妻一方及其与他方在婚姻中所生子女均死亡时，儿媳与公婆、女婿与岳父母之间基于姻亲而产生的扶养义务终止。[1]③不终止主义。此立法例以《意大利民法典》为代表，该法第78条规定，"即使没有子女，姻亲关系也不因一方配偶的死亡而消灭。"[2]

在我国，现行《民法典》没有规定姻亲关系终止的原因，配偶一方死亡是否产生姻亲关系消灭的结果，从《民法典》第1129条"丧偶儿媳对公婆，丧偶女婿对岳父母，尽了主要赡养义务的，作为第一顺序继承人"的规定看，立法者显然是主张公婆与儿媳、岳父母与女婿的直系姻亲关系在存在扶养的情形下并不因配偶一方死亡而终止，也不因生存配偶再婚而终止。从现实生活看，既存在着丧偶的儿媳与公婆、女婿与岳父母保持密切生活联系的情形，也存在彼此并无往来的情形。在笔者看来，即便彼此存在往来、甚至存在扶养的情形，我们也不能据此就推导出彼此存在保留法律上的权利义务关系的愿望，因为在很多时候，彼此的往来和扶养只是代表着一种情谊，并不意味着法律上的权利义务的保留。姻亲本就是以婚姻为中介而形成，配偶一方死亡，则婚姻关系终止，在此情形下，基于该婚姻而形成的姻亲关系是否终止，在笔者看来，对于一亲等的直系姻亲即儿媳与公婆、女婿与岳父母，鉴于彼此生活往来的密切关系，在配偶一方死亡后，法律应当尊重当事人的意愿，

---

〔1〕《法国民法典》第206条，见罗结珍译：《法国民法典》，北京大学出版社2023年版，第135页。

〔2〕此条款也有除外规定，见费安玲、丁玫译：《意大利民法典》，中国政法大学出版社1997年版，第32页。

把姻亲关系是否终止的选择权留给姻亲关系的当事人，如果当事人自愿保持原有的姻亲关系，则法律无需干涉。这样的结果既有利于尊重当事人的意愿，符合婚姻家庭法作为私法的特点，同时也有利于鼓励发扬养老育幼的传统，促进家庭成员之间的互助团结。至于其他的姻亲，由于彼此通常并不存在密切的生活联系，法律可以认定在配偶一方死亡后姻亲关系终止。

但需要指出的是，一亲等的直系姻亲中包括了继父母继子女类型，此类亲属在外国法上通常并不再作类型划分区别对待。但在我国法上，继父母与继子女关系，可以因为彼此是否存在抚养教育事实而区分为不同的类型，其发生、终止以及彼此之间的权利义务关系也较其他姻亲更为复杂，可以细分为下列三种类型：

（1）继父母与生父母再婚时，继子女已经成年的情形。在此情形下，继父母与继子女仅仅是纯粹的姻亲关系，彼此没有法律上的权利义务关系。对于此类姻亲，若一方当事人死亡，姻亲关系也就终止。

（2）继父母与生父母再婚时，继子女未成年且继父母与继子女之间没有形成抚养教育关系的情形。在此情形下，继父母对继子女并未履行抚养教育义务，彼此之间也就仅仅是纯粹的姻亲关系，没有法律上的权利义务关系，因此，在一方当事人死亡的情形下，姻亲关系也就终止。

（3）继父母与生父母再婚时，继子女未成年且继父母与继子女之间形成抚养教育关系的情形。在此情形下，由于存在姻亲关系与拟制血亲关系的叠加，按照就近确定亲属关系的原理，可以拟制血亲关系终止的规则为一般规则，同时考量姻亲关系的特殊性，区分不同情形以确定在一方当事人死亡的情形下姻

亲关系是否终止，详见前文。

（二）配偶离婚情形下姻亲关系的终止

关于姻亲关系是否因离婚而终止，世界上存在终止主义和存续主义两种立法例，前者以日本、韩国为代表，将婚姻的解除作为引起姻亲关系终止的法律事实；如《日本民法典》第728条第1款规定："姻亲关系因离婚而终止"；《韩国民法典》第775条第1款规定："姻亲关系因婚姻的撤销或离婚而终止。"[1]存续主义立法例则以德国、瑞士为代表，规定姻亲关系不因离婚而终止，如《德国民法典》第1590条第2款规定："姻亲关系不因婚姻解消而消灭。"[2]《瑞士民法典》第21条第2款规定："因婚姻或已登记的同性伴侣关系而成立的姻亲关系，不因婚姻或已登记的同性伴侣关系的解销而废止。"[3]

我国现行《民法典》没有规定姻亲关系终止的原因，但依照我国的传统与当代实践，离婚不仅意味着双方婚姻关系的终止，也意味着姻亲关系的终止，对此法律应当尊重这一传统，明确规定双方离婚后姻亲关系终止。

〔1〕 王爱群译：《日本民法典》，法律出版社2014年版，第116页。金玉珍译：《韩国民法典 朝鲜民法》，北京大学出版社2009年版，第120页。
〔2〕 台湾大学法律学院、台大法学基金会编译：《德国民法典》，北京大学出版社2017年版，第1173页。
〔3〕 戴永盛译：《瑞士民法典》，中国政法大学出版社2016年版，第10页。

第五章　亲属关系的法律效力

　　理论上，亲属关系的法律效力是指亲属关系形成后产生的法律后果，在狭义上仅指婚姻家庭法上的法律效果；广义上则还包括存在于其他法律部门的法律效果，以我国为例，即在《民法典》其他编、刑法、民事诉讼法、刑事诉讼法、国籍法、行政法等法律上的效果。其中，在婚姻家庭法上的效果主要包括：一定范围内的亲属有相互扶养的义务、一定范围内的血亲禁止结婚、夫妻财产制、亲属相互继承权、亲属是监护人等。而在其他法律部门中，在刑法上的效力则是指在某些犯罪中，亲属身份是犯罪成立的重要构成要件，如虐待罪、遗弃罪只能发生在亲属之间，家庭暴力罪只能发生在家庭成员之间；亲属在诉讼法上的效力包括亲属享有免予作证的优待、承担任职回避的义务、近亲属可以作为诉讼代理人；亲属在国籍法上的效力通常表现在配偶可以取得国籍；亲属在行政法上的效力包括公务员任职回避等。由于亲属由配偶、血亲和姻亲组成，不同种类的亲属法律赋予其不同的法律效力，因此下文按照亲属的种类分别阐述其法律效力。同时需要指出的是，配偶是否被视为亲属在比较法上存在争议，比如《德国民法典》并不将配偶视为亲属，而是将其视为亲属的源泉。在中国法上，基于历史传统，《民法典》第 1045 条明确规定配偶是亲属。鉴于配偶是权利义务最多的亲属，彼此在法律上的效力涉及身份效力和财产效力，对相关内容学者已有专门的著作研究，因此下文只是对其法律效力作概括阐述。

第一节　配偶在法律上的效力

此处所称的配偶，是指传统婚姻家庭法上经由结婚而形成的夫妻。但需要指出的是，现代社会有关配偶的形成观念和路径已经发生了巨大的变化，伴随着两性结合方式的多元化，非婚同居、同性婚姻逐渐得到法律的认可，配偶的概念也发生了改变。大多数欧洲国家纷纷通过立法对没有结婚的伴侣提供另一种形式上的身份保护，正如一些学者所指出的，这些法律身份并非局限于同性婚姻的形态，而是对配偶身份的一种替代，如法国的民事互助协议，这些替代模式绕过了家庭的因素，仅仅着眼于伴侣双方，其法律身份仅仅在当事人之间产生法律关系。[1]但在我国现行法上，配偶仅仅是指由结婚形成的夫妻关系，不包括未履行结婚登记手续而同居的伴侣。

一、配偶在民法上的效力

（一）我国法上的配偶身份效力

《民法典》第 112 条规定："自然人因婚姻家庭关系等产生的人身权利受法律保护。"由文义解释可知，我国法律认可婚姻关系产生人身权利，但若作进一步的分析，这种人身权利具体

---

〔1〕 李贝编译：《法国家事法研究文集——婚姻家庭、夫妻财产制与继承》，人民法院出版社 2019 年版，第 182 页。

包括哪些内容呢，法律并未具体规定。与之相关的规定还有
《民法典》第1001条的规定："对自然人因婚姻家庭关系等产生
的身份权利的保护，适用本法第一编、第五编和其他法律的相
关规定；没有规定的，可以根据其性质参照适用本编人格权保
护的有关规定。"显然，人身权利与身份权利在法律上是不同的。
按照笔者的理解，人身权利应当是包含了人格权与身份权利，在
外延上范围要大于身份权利。不仅如此，最重要的区分是，人格
权与身份权利在权利的来源、权利的属性上存在差异，前者是与
生俱来的权利，法律只是加以确认，后者则是基于出生、结婚、
收养等形成，就配偶身份权利而言，它是基于男女结婚的合意而
形成，即基于结婚契约而产生的权利，因此我们在言及配偶在法
律上的身份效力时，应当只是指身份权利与义务，而不应当包括
属于人格权范畴的夫妻姓名权、人身自由权等内容。就当下中国
法律而言，夫妻在法律上的身份权利内容已经很少，其具体内容
在立法与学术上也难以达成共识，学者论著大都不谈论夫妻身份
权利，只是在论及婚姻的效力时，将其内容分为夫妻人身权利和
夫妻财产权利，身份权利只是混杂在夫妻人身权利中讨论。人们
通常将下列权利作为夫妻人身权利，以示与财产权利区别：夫妻
姓名权、婚姻住所决定权、人身自由权[1]、日常家事代理权[2]、

---

〔1〕　人身自由权是指夫妻均有参加工作、学习和社会活动的权利，一方不得对他方
加以限制和干涉。笔者认为，这项权利属于具体人格权的范畴，不在身份权利之列。

〔2〕　日常家事代理权是指夫妻一方因日常家事而与第三人为一定法律行为时
的代理权，对于配偶一方从事家事行为所产生的债务，另一方承担连带责任。此权
利已经规定于《民法典·婚姻家庭编》，成为一项法定权利，虽然此权利的取得来
源于夫妻身份，但就其产生的历史渊源和权利内容而言则是具有财产性的权利，也
应当排除在身份权利之外。

相互扶养权[1]、扶助权等，但往往回避最重要的一个权利即配偶权。在笔者看来，民法上的夫妻身份权利主要由婚姻姓氏权、婚姻住所权、配偶权构成。夫妻身份权利与配偶权是上位与下位概念的关系，配偶权则是一个权利群，应当包括特定情形下的性忠实、扶助和同居等内容。

具体来说，配偶在法律上的身份效力在中国法上主要包括下列内容：

1. 婚姻姓氏权。婚姻姓氏权在传统社会是一种法定的绝对权，带有夫权的性质，但进入现代社会以后，传统婚姻关系中的男女不平等性质受到改造，对于是否选择婚姻姓氏，法律赋予夫妻各自的自由选择权，夫妻并不因为结婚就丧失自己的姓名权，如果要选择婚姻姓氏，也只能通过双方合意才能达成，这意味着夫妻各自享有的姓名权受到人格权法的保护，但婚姻姓氏只是用以表明夫妻关系存在的身份符号，由双方约定，因此就婚姻姓氏权的实现和内部关系的性质而言，其效力只能作用于另一方配偶，具有相对性，但在对外的意义上它具有对抗一切人的效力，具有绝对权的性质。婚姻姓氏在现行中国法的语境里已经不存在，中华人民共和国成立以后婚姻法提倡男女平等，法律改变了过去妻从夫姓的习惯，民众生活中基本上不再存在婚姻姓氏，但与之相关的另一问题则是姓氏的传承，即法律规定子女可以从父、从母姓氏，此处姓氏的传承是否是对婚姻姓氏的传承呢？那要看人们观念上是否将婚姻视为共同体。

―――――――――

〔1〕 相互扶养权属于具有财产性的权利，虽然权利的享有以存在身份关系为前提，但就权利本身而言应当是具有财产内容的权利，不在身份权利之列。

2. 婚姻住所权。严格地说，在现行法上并不能找到支持这一权利存在的法律规范，与之相关的只是《民法典》第1050条关于夫妻双方约定成为对方家庭成员的规定，但这不是婚姻住所权的内涵。在笔者看来，尽管法律没有明确规定这一权利，但基于婚姻共同生活需要居所的道理，法律解释上应当确立婚姻住所权，它包含两方面的内容：一是婚姻住所选定权，二是婚姻空间受保护权。就目前的立法和学术论著看，基本上都只是在前一意义上谈论，缺少对后一意义的关注。就婚姻住所选定权而言，它是指选择确定夫妻婚后共同居住场所的权利。与之相关的法律是《民法典》第1050条的规定："登记结婚后，按照男女双方约定，女方可以成为男方家庭的成员，男方可以成为女方家庭的成员。"如果从立法目的看，这一条文旨在破除妻从夫居的传统观念，提倡男到女家落户，改变旧的婚姻习俗，因此严格说起来法律并没有对婚姻住所的选定权明确规定，从法律的规定看，夫妻双方协商决定同居的地点，可以男到女家，也可以女到男家；男方或女方自愿成为对方的家庭成员后，仍保持自己独立的人格，与配偶的地位平等，与配偶的亲属形成姻亲关系，与自己的父母仍保持权利、义务关系。但是法律规定婚姻住所的目的还不仅仅在此，就婚姻空间受保护权而言：首先，婚姻需要空间，共同生活需要相对稳定的居所。其次，婚姻空间受到法律保护，即在夫妻内部，不论房屋所有权是夫妻共同共有还是一方个人所有，作为配偶即便对婚姻住所无所有权但也享有居住权，并且在一方配偶过世后，生存一方配偶仍享有居住权；就外部关系而言，配偶享有排除第三人妨碍的权利，比如在德国法上，配偶享有排除婚外情侣进入婚姻住所的权利，与此同时，德国法还给予婚姻住房可以对抗善意第三人的优越法律待遇。

众所周知，现代法律改变了传统社会从夫居的习惯，将婚姻住所交由夫妻合意决定，这一权利的效力只能作用于另一方配偶，在夫妻内部具有相对权的属性，但在对外的意义上，则具有绝对权的属性，可以对抗夫妻之外的任何人，由此也进一步延伸出婚姻空间受保护的权利，这意味着法律赋予配偶要求第三者离开婚姻住所和将来不得进入婚姻住所的权利，可以想象，如果没有这样的权利延伸，当第三者闯入婚姻住所、婚姻住所用于婚外同居的情形时，配偶就无法律可援用。

3. 配偶权。学界有关夫妻身份权利的最大争议无疑是配偶权，有关的争议集中在两个方面：一是此权利的内涵与外延是什么？二是法律上是否存在配偶权？有不少学者从"有权利就有救济"的角度质疑配偶权的存在，但在笔者看来，虽然今天中国的立法与司法惯例是不言配偶权，法律只是规定了具体的夫妻身份权利与义务，但我们还是可以从法律规范中梳理出存在于法律上的配偶权的内涵与外延。

夫妻忠实是否能够作为权利成为配偶权的子权利？在我国学术界，关于夫妻忠实义务存在广义与狭义之分。就广义而言，夫妻忠实义务包括下列内容：①夫妻性关系专属性和排他性；②不得恶意遗弃配偶；③不得为第三人利益牺牲和损害配偶利益。就狭义而言，夫妻忠实义务是指夫妻性关系的专属性和排他性，在我国司法实践中，夫妻忠实义务通常是就狭义而言。对于夫妻忠实义务，法国、瑞士、葡萄牙的民法典都有相关规定，如《法国民法典》第212条规定："夫妻应当相互尊重、忠诚、救助与扶助"；〔1〕《瑞士民法典》第 159 条第 3 款规定："夫妻双方互负忠实和扶助的义务"；〔2〕《葡萄牙民法典》第 1672 条规定，夫妻双方相互受尊重、忠诚、同居、合作和扶持义务的约束。〔3〕

在我国学术界，有关配偶之间是否存在法律上的忠实义务一直存在争议，但是《婚姻法》（2001 年修正）明确将忠实义务列入夫妻义务之中，尽管这一条款在司法实践中被理解为倡导性规范，没有可诉性，但随后的《民法典》第 1043 条第 2 款延续规定了这一义务，规定夫妻应当相互忠实、互相尊重、互相关爱。最高人民法院颁布的《婚姻家庭编解释（一）》第 4 条以最高司法权威的形式将其解释为倡导性条款，没有可诉性，即当事人仅以《民法典》第 1043 条为依据提起诉讼的，人民法院不予受理；已经受理的，裁定驳回起诉。在此情形下是否可以否定配偶之间存在忠实义务呢？在笔者看来，通常情形下忠实义务确实没有可诉性，但是在法律特定的情形下，它具有可诉性，即按照我国《民法典》第 1079 条第 3 款第 1 项和第 1091 条第 1、2 项的规定，配偶存在重婚和婚外与他人同居的情形时，构成法定离婚理由；与此同时，无过错方配偶有权向另一方配偶要求损害赔偿，即《民法典》第 1079 条第 3 款第 1 项规定，"有下列情形之一，调解无效的，应当准予离婚：（一）重婚或者与他人同居"；《民法典》第 1091 条第 1、

〔1〕 罗结珍译：《法国民法典》，北京大学出版社 2023 年版，第 138 页。
〔2〕 戴永盛译：《瑞士民法典》，中国政法大学出版社 2016 年版，第 62 页。
〔3〕 ［葡］威廉·德奥利维拉·弗朗西斯科·佩雷拉·科埃略著，林笑云译：《亲属法教程》，法律出版社 2019 年版，第 327 页。

2 项,"有下列情形之一,导致离婚的,无过错方有权请求损害赔偿:(一)重婚;(二)与他人同居"。

对于夫妻忠实的问题,立法与学术常常不言权利,而言忠实义务,其内容指专一的夫妻性生活义务。《民法典》第 1043 条第 2 款是关于夫妻忠实义务的原则性规定,但从《婚姻家庭编解释(一)》第 4 条的规定看,最高人民法院是将其认定为倡导性的道德规范,没有强制履行力,由此司法解释似乎可以否定性忠实权在法律上的存在。但回溯配偶权的历史,在传统法律上,配偶权作为丈夫的权利和妻子的义务,具有对世性,属于绝对权的范畴,在经历平权运动和性解放运动以后,各国法律对其态度发生了变化,在我国现行法上其绝对权的属性受到挑战,虽然法律规定了夫妻具有相互忠实的义务,但在一方配偶存在外遇的情形下,无论是现行法律还是司法实践都没有赋予配偶在任何情形下享有排除第三人妨害的权利,只是在夫妻一方存在重婚、婚外同居和其他重大过错的情形下法律才赋予配偶离婚请求权和损害赔偿请求权,换句话说,只有在严重违反夫妻忠实义务时,法律才赋予无过错的配偶有权要求对方承担损害赔偿责任,在此情形下,性忠实成为了一种绝对权,即任何人均不得重婚和婚外同居,但特殊之处则是损害赔偿请求权只能针对过错方配偶主张,并不能够针对第三者主张损害赔偿请求权,如此性忠实权的绝对性又受到了限制。至于在一般违反夫妻忠实义务的情形下如通奸、嫖娼、婚外情等,性忠实甚至不是法律义务,而是一种道德义务,这也是《婚姻家庭编解释(一)》第 4 条否定违反忠诚义务具有可诉性的理由。因此,就上述而言,性忠实并不总是作为权利存在,只有在配偶一方严重违反夫妻忠实义务时，它才作为一种绝对权存在，受到侵权责任法的保护；即便如此，其绝对权性质也不如物权彻底，配偶并不能够对第三者主张损害赔偿。至于在一般违反忠实义务的情形下，性忠实只是作为一种道德义务存在，不是法律上的权利。

至于夫妻之间签署的忠诚协议的效力问题，在《婚姻法》时代，无论是学术界还是在司法实践中都存在诸多分歧，但在《民法典》时代，《民法典·合同编》无疑提供了解决问题的路径，第464条规定："合同是民事主体之间设立、变更、终止民事法律关系的协议。婚姻、收养、监护等有关身份关系的协议，适用有关该身份关系的法律规定；没有规定的，可以根据其性质参照适用本编规定。"按照这一条文的规定，作为特别法的《民法典·婚姻家庭编》和《民法典·总则编》对忠诚协议的效力并特别无规定，因此，在承认婚姻契约属性的前提下法官可以参照适用《民法典·合同编》的有关规定，只是在参照适用时需要充分考虑身份法的特点，对个体生存与发展权给予足够的尊重，对《民法典·合同编》的规定作限缩解释适用，即对忠诚协议的效力区分类型区别对待。

与配偶权内容相关的还有夫妻相互扶助，从《民法典》第1043条第2款看，法律对夫妻相互扶助也不是在权利的层面而只是在义务的层面规范，对于夫妻双方而言，虽然人身不可强制，但在配偶一方需要紧急救助的情形下，扶助义务就变得具有强制性，此时夫妻一方有扶助义务而拒不履行，在法律上可以构成虐待和遗弃，在此情形下，配偶也就享有扶助请求权。当然，这一权利也只能是夫妻一方向另一方主张，不具有对世性，属于相对权的范畴。

至于同居能否成为配偶权下的子权利，基于人身不可强制的原理，无论是法律规范还是学术界在论及夫妻同居时只言同居义务，其内容是要求夫妻双方在生活条件允许的情况下，以配偶身份共同生活、生活上互相协助和关照并进行性生活，具体包括共同寝食、共同使用家庭生活用品、互相照顾和精神安慰、共同分担家务、按照个人情况如年龄和健康状况进行性生活。夫妻同居是婚姻自然属性派生而来的义务，所以各国亲属法都普遍认为，同居是夫妻之间本质性的义务，是夫妻关系的固有要求，是婚姻关系成立的必然结果，也是夫妻关系得以维持的基本要求。在我国，《民法典·婚姻家庭编》没有明确规定夫妻的同居义务，但与之相关的法律有《民法典》第1042条第2款第2句规定的禁止有配偶者与他人同居、第1079条第3款第4项将因感情不和分居满两年作为认定感情破裂的法定事由。对此存在的问题是，此义务对应的是否是另一方的权利？在学术界，普遍存在的一种观点是同居是义务，但不是权利，[1]因为它没有强制履行力。依照此观点，那么存在于夫妻之间的同居法律关系结构就是，在夫妻内部，双方都有义务，却又都没有请求对方同居的权利；在夫妻外部关系中，夫妻一方也没有向另一方主张排除婚外同居的请求权。但事实上，我国现行法上夫妻共同生活并不只是作为没有形成效力的义务存在，在夫妻内部，法律规定在某些情形下，一方不履行共同生活义务也会产生法律效果，行为人也要承担法律责任，如可能构成遗弃、

---

〔1〕 王洪：《从身份到契约》，法律出版社2009年版，第51页。

一定期限的分居构成法律准予离婚的法定情形等；在夫妻外部关系中，法律明确禁止已婚者婚外同居，换句话说，任何异性不得与已婚者同居，在禁止婚外同居上配偶享有了法律给予绝对权性质的支持，但法律又区分重婚还是婚外同居而赋予不同的法律效果：在重婚的情形下，无过错配偶享有绝对权支持的效果是完整的，他（她）既可以单独起诉配偶离婚和损害赔偿、又可以起诉配偶与重婚者损害赔偿，此时的配偶权在外部关系上表现为一种绝对权；[1] 但在婚外同居的情形下，配偶权的绝对性效果是不完整的，因为无过错方只能向自己的配偶主张离婚和损害赔偿，却不享有向第三者主张婚外同居的损害赔偿请求权，此时配偶权在外部关系上表现为虽然法律禁止婚外同居但此禁止只是针对婚姻配偶即内部关系而言，并不约束婚姻外部关系，婚外同居的第三者也不承担任何法律责任，就此而言，在单纯存在婚外同居的情形下，配偶权并不具有完整的绝对性，更多地表现为相对性，即对过错配偶的离婚请求权和损害赔偿请求权。至于在存在普通的婚外情、通奸、嫖娼等情形下，法律并没有为配偶提供权利救济的途径，此时的同居虽然是配偶的权利，却难以转换为一种救济权利。所以就同居而言，夫妻双方皆享有同居的权利和排除婚外同居的权利，对于前者，基于人身不可强制的道理，当夫妻一方无正当理由不履行同居义务时，另一方不能请求强制履行，同时在某些情形下夫妻可以免除同居义务；[2] 但对于后者，现行法律的规定属于禁止性规

〔1〕《民法典》第 1051 条、第 1091 条，《婚姻家庭编解释（一）》第 9 条。

〔2〕 杨遂全：《民法婚姻家庭亲属编立法研究》，法律出版社 2018 年版，第 165 页。

范，法律显然赋予了夫妻一方排除重婚和婚外同居的请求权，此权利具有对世性，属于绝对权，可以对抗夫妻之外的所有人，但在法律效果上存在差异。

（二）配偶在民法上的其他效力

1. 配偶是无行为能力或者限制行为能力的成年人的第一顺位的监护人。如我国《民法典》第 28 条规定，"无民事行为能力或者限制民事行为能力的成年人，由下列有监护能力的人按顺序担任监护人：（一）配偶"。

2. 一方配偶下落不明时，另一方配偶依法可以向法院提出宣告失踪和宣告死亡的申请（如我国《民法典》第 40 条、第 46 条）。[1]

3. 失踪配偶的财产首先由生存配偶代管。如我国《民法典》第 42 条第 1 款规定："失踪人的财产由其配偶、成年子女、父母或者其他愿意担任财产代管人的人代管。"

4. 配偶是被继承人第一顺序的法定继承人。如我国《民法典》第 1127 条第 1、2 款规定："遗产按照下列顺序继承：（一）第一顺序：配偶、子女、父母；（二）第二顺序：兄弟姐妹、祖父母、外祖父母。继承开始后，由第一顺序继承人继承，第二顺序继承人不继承；没有第一顺序继承人继承的，由第二顺序继承人继承。"

二、配偶在其他法上的效力

配偶身份在其他法上的效力主要包括：

---

〔1〕 同时参见《最高人民法院关于适用〈中华人民共和国民法典〉总则编若干问题的解释》第 16 条。

（一）在刑法上的效力

在比较法上，某些犯罪的成立以存在一定的亲属关系为前提。例如，法国刑法规定的遗弃未成年人罪、抛弃家庭罪、妨害行使亲权罪；德国刑法规定的重婚罪、通奸罪；意大利、瑞士、英国和美国刑法规定的重婚罪、乱伦罪；日本刑法规定的重婚罪等，均是以存在一定的亲属关系为前提。同理，存在一定范围的亲属关系也是刑法规定的某些犯罪减轻或者加重处罚的条件，对此法国、德国、意大利、日本等国皆有详尽规定，比如《日本刑法》第 244 条、第 251 条规定犯有盗窃、欺诈、恐吓、侵占之罪的配偶免刑。[1]

按照我国刑法的规定，配偶身份构成某些犯罪的主体，如：

1. 一方配偶对另一方配偶的虐待、遗弃行为在符合犯罪构成要件的情形下，构成虐待罪、遗弃罪。即《刑法》第 260 条虐待罪规定，"虐待家庭成员，情节恶劣的，处二年以下有期徒刑、拘役或者管制"；第 261 条遗弃罪规定，"对于年老、年幼、患病或者其他没有独立生活能力的人，负有扶养义务而拒绝扶养，情节恶劣的，处五年以下有期徒刑、拘役或者管制"。

2. 配偶可以成为利用影响力犯罪的主体。《刑法》第 388 条之一规定："国家工作人员的近亲属或者其他与该国家工作人员关系密切的人，通过该国家工作人员职务上的行为，或者利用该国家工作人员职权或者地位形成的便利条件，通过其他国家工作人员职务上的行为，为请托人谋取不正当利益，索取请托人财物或者收受请托人财物，数额较大或者有其他较重情节的，处

〔1〕 陈苇主编：《外国婚姻家庭法比较研究》，群众出版社 2006 年版，第 81 页。

三年以下有期徒刑或者拘役，并处罚金……离职的国家工作人员或者其近亲属以及其他与其关系密切的人，利用该离职的国家工作人员原职权或者地位形成的便利条件实施前款行为的，依照前款的规定定罪处罚。"

3. 配偶可以成为受贿罪的主体。《刑法》第390条之一规定，"为谋取不正当利益，向国家工作人员的近亲属或者其他与该国家工作人员关系密切的人，或者向离职的国家工作人员或者其近亲属以及其他与其关系密切的人行贿的，处三年以下有期徒刑或者拘役，并处罚金"。

4. 与军人的配偶同居或者结婚受到刑法处罚，《刑法》第259条规定，"明知是现役军人的配偶而与之同居或者结婚的，处三年以下有期徒刑或者拘役"；按照《刑法》第260条第1款的规定，虐待家庭成员情节严重是否构成虐待罪，取决于受虐待人是否诉讼。

（二）在诉讼法上的效力

在比较法上，法官是当事人的配偶时应当回避是世界各国法律的通例，就大陆法系和英美法系而言，都有关于法官回避的规定，例如，日本法律规定配偶身份是法官回避的法定事由。

与此同时，配偶享有拒绝作证权也得到许多国家法律的认可，如法国规定当事人的配偶可以拒绝到庭作证；德国除规定当事人的配偶有权拒绝到庭作证之外，此权利还扩展至当事人的未婚配偶也享有同样的拒绝作证权。同理，在英美法系的证据规则中，当事人的配偶也享有拒绝作证的权利。[1]

---

〔1〕 陈苇主编：《外国婚姻家庭法比较研究》，群众出版社2006年版，第80、81页。

1. 在我国刑事诉讼法上，配偶的效力有：

（1）配偶是近亲属。《刑事诉讼法》第 108 条第 6 项规定："'近亲属'是指夫、妻、父、母、子、女、同胞兄弟姊妹。"

（2）配偶是诉讼代理人。《刑事诉讼法》第 108 条第 5 项规定："'诉讼代理人'是指公诉案件的被害人及其法定代理人或者近亲属、自诉案件的自诉人及其法定代理人委托代为参加诉讼的人和附带民事诉讼的当事人及其法定代理人委托代为参加诉讼的人。"

（3）配偶身份构成回避的法定事由。《刑事诉讼法》第 29 条第 1 项规定了司法机关工作人员回避的义务，"审判人员、检察人员、侦查人员有下列情形之一的，应当自行回避，当事人及其法定代理人也有权要求他们回避：（一）是本案的当事人或者是当事人的近亲属的"。

（4）配偶享有申请变更、解除强制措施的权利。《刑事诉讼法》第 97 条规定，"犯罪嫌疑人、被告人及其法定代理人、近亲属或者辩护人有权申请变更强制措施"；第 99 条规定，"犯罪嫌疑人、被告人及其法定代理人、近亲属或者辩护人对于人民法院、人民检察院或者公安机关采取强制措施法定期限届满的，有权要求解除强制措施"。

2. 在我国民事诉讼法上，配偶的效力主要体现为审判人员任职回避。《民事诉讼法》第 47 条第 1 款第 1 项规定："审判人员有下列情形之一的，应当自行回避，当事人有权用口头或者书面方式申请他们回避：（一）是本案当事人或者当事人、诉讼代理人近亲属的"。

（三）配偶身份的任职回避

配偶任职回避也是世界各国的普遍规定，就我国法律而言：

《法官法》第 23 条规定："法官之间有夫妻关系、直系血亲关系、三代以内旁系血亲以及近姻亲关系的，不得同时担任下列职务：（一）同一人民法院的院长、副院长、审判委员会委员、庭长、副庭长；（二）同一人民法院的院长、副院长和审判员；（三）同一审判庭的庭长、副庭长、审判员；（四）上下相邻两级人民法院的院长、副院长。"

《检察官法》第 24 条规定："检察官之间有夫妻关系、直系血亲关系、三代以内旁系血亲以及近姻亲关系的，不得同时担任下列职务：（一）同一人民检察院的检察长、副检察长、检察委员会委员；（二）同一人民检察院的检察长、副检察长和检察员；（三）同一业务部门的检察员；（四）上下相邻两级人民检察院的检察长、副检察长。"

《公务员法》第 74 条规定："公务员之间有夫妻关系、直系血亲关系、三代以内旁系血亲关系以及近姻亲关系的，不得在同一机关双方直接隶属于同一领导人员的职位或者有直接上下级领导关系的职位工作，也不得在其中一方担任领导职务的机关从事组织、人事、纪检、监察、审计和财务工作。公务员不得在其配偶、子女及其配偶经营的企业、营利性组织的行业监管或者主管部门担任领导成员。因地域或者工作性质特殊，需要变通执行任职回避的，由省级以上公务员主管部门规定。"

由法条原文可知，在我国法上，一定范围内的血亲及姻亲也是法官、检察官与公务员之间任职回避的事由，且此规范为世界各国的通例。

第二节　血亲在法律上的效力

血亲关系既有远亲等的血亲，也有近亲等的血亲，法律考虑到亲疏远近的现实，赋予各种血亲关系不同的效力，主要表现在下列方面：

一、血亲在民法上的效力

（一）禁止一定范围内的血亲结婚的效力

基于对伦理和优生的考虑，人类形成了禁止一定范围内的血亲结婚的道德准则与法律制度，就各国法律的规定看，禁止近亲（如直系血亲、同胞兄弟姐妹）结婚是人类共同的法则，各国法律的分歧只是在禁止结婚的血亲范围大小上存在差异。

德国法禁止直系血亲之间、全血缘与半血缘的兄弟姐妹之间缔结婚姻，因此，德国法对血亲禁止结婚的范围，从直系血亲看不论亲等数，一律禁止；从旁系血亲看，其范围则较过去的法律大为缩减，只是禁止二亲等的旁系血亲结婚，这意味着叔伯与侄女、堂兄妹、表兄妹等旁系血亲都不存在婚姻障碍。

在法国，按照《法国民法典》第161条的规定，直系亲属，所有的尊血亲与卑血亲之间禁止结婚；至于旁系血亲，第162条规定兄弟姐妹之间禁止结婚，第163条规定伯、叔与侄女或侄子、舅父与外甥女或外甥，姑母与内侄或内侄女，姨母与外甥或外甥女，之间禁止结婚。[1]据此，法国法上，禁止结婚的血亲，就直系而言

---

〔1〕　罗结珍译：《法国民法典》，北京大学出版社2023年版，第114页。

不论亲等数，一律禁止；就旁系血亲而言，最远只到三亲等的血亲禁止结婚。

在意大利，按照《意大利民法典》第87条的规定，在直系血亲中，法定直系尊卑亲属之间、直系尊卑亲属之间禁止结婚；在旁系血亲中，同父同母、同父异母、同母异父的兄弟姐妹之间禁止结婚；叔、伯与侄女之间，舅与外甥女之间，姑与侄子之间，姨与外甥之间禁止结婚。上述规定扩展至拟制血亲之间：收养人、被收养人以及他们的子女之间，被同一人收养的子女之间，被收养人与收养人的子女之间，被收养人与收养人的配偶之间，禁止结婚。[1]因此，在意大利法律上，关于血亲禁止结婚的范围，从直系看不论亲等一律禁止，从旁系看，则远至三亲等的旁系血亲。

在瑞士，《瑞士民法典》第95条第1款规定："直系血亲之间、全血缘或半血缘的兄弟姐妹之间，不论其亲属关系基于出生或基于收养而形成，均不得结婚。"第2款："养子女或其直系血亲卑亲属，与养子女所由出生之家庭的亲属之间，在血亲关系上的结婚障碍，不因收养而消除。"[2]从此条文看，瑞士民法有关禁止血亲结婚的范围与德国民法相同，即直系血亲不论亲等数，一律禁止结婚；旁系血亲则只禁止二亲等的旁系血亲结婚。

在日本，《日本民法典》第734条规定，直系血亲或三亲等内的旁系血亲之间，禁止结婚。至于养亲关系人，第736条规定养

〔1〕 费安玲、丁玫译：《意大利民法典》，中国政法大学出版社1997年版，第36页。
〔2〕 戴永盛译：《瑞士民法典》，中国政法大学出版社2016年版，第46页。

子女及其配偶、养子女的直系卑亲属及其配偶，与养父母及其直系尊亲属之间，即使在收养关系解除以后亦禁止结婚。[1]

在俄罗斯，按照《俄罗斯联邦家庭法典》第14条的规定，近亲属之间禁止结婚，包括长辈直系血亲和晚辈直系血亲，如父母和子女、（外）祖父母和（外）孙子女等，同胞兄弟姐妹和同母异父、同父异母（有共同的父亲或母亲）的兄弟姐妹之间禁止结婚。对于养亲关系，第14条第3款规定收养人和被收养人之间禁止结婚。因此，在俄罗斯法律上，禁止结婚的血亲，就直系而言，法律只规定禁止二亲等内的直系血亲结婚；就旁系而言，法律只禁止二亲等内的旁系血亲结婚。[2]

在英国，按照《1949年结婚法》第1条的规定，任何男子不得与下列血亲（包括拟制血亲）结婚：母亲、养母或原养母；女儿、养女或前养女；父亲的母亲；母亲的母亲；儿子的女儿；女儿的女儿；姐妹；父亲的姐妹；母亲的姐妹；兄弟的女儿；姐妹的女儿。任何女子不得与下列血亲（包括拟制血亲）结婚：父亲、养父或原养父；儿子、养子或前养子；父亲的父亲；母亲的父亲；儿子的儿子；女儿的儿子；兄弟；父亲的兄弟；母亲的兄弟；兄弟的儿子；姐妹的儿子。[3]

在美国，虽然《统一结婚离婚法》规定，直系血亲之间、同胞兄弟姐妹之间、伯叔与侄女之间、舅与外甥女之间、姑与侄子

---

〔1〕　王爱群译：《日本民法典》，法律出版社2014年版，第117页。

〔2〕　解志国译：《俄罗斯联邦家庭法典》，载梁慧星主编：《民商法论丛》（总第17卷），金桥文化出版（香港）有限公司2000年版，第678页。

〔3〕　蒋月等译：《英国婚姻家庭制定法选集》，法律出版社2008年版，第10、30页。

之间、姨与外甥之间，不论是全血缘、半血缘还是因收养形成的拟制血亲关系，都禁止结婚。但实际上，美国各州对禁止近亲属结婚的范围规定并不完全相同，几乎所有的州都禁止伯叔与侄女、姑妈与侄子结婚，大约一半的州禁止第一代堂（表）亲兄弟姐妹结婚，还有少数州禁止第二代堂（表）亲兄弟姐妹结婚。[1]

在我国，按照《民法典》第 1048 条的规定，直系血亲或者三代以内的旁系血亲禁止结婚。因此，在我国法律上，禁止结婚的血亲包括两类：

1. 直系血亲不得结婚：凡直系血亲之间，不问亲等和代数，一律禁止结婚，此禁婚范围包括父母子女、（外）祖父母与（外）孙子女等直系血亲。

2. 三代以内的旁系血亲不得结婚，具体包括：①同源于父母的兄弟姐妹，包括同父同母的全血缘兄弟姐妹、同父异母或者同母异父的半血缘兄弟姐妹，至于异父异母的兄弟姐妹则不在禁婚之列；②同源于（外）祖父母的辈分不同的伯、叔与侄女，姑与侄子，舅与外甥女，姨与外甥；③同源于（外）祖父母的同辈分旁系血亲，包括堂兄弟姐妹和表兄弟姐妹。

至于拟制血亲，按照《民法典》第 1111 条的规定，养父母与养子女之间的权利义务关系适用《民法典》关于父母子女关系的规定，养子女与养父母的近亲属之间的关系同样适用《民法典》关于子女与父母的近亲属关系的规定，因此，法律拟制的直系血亲之间不得结婚，至于拟制的旁系血亲如养兄弟姐妹

---

〔1〕［美］哈里·D. 格劳斯、大卫·D. 梅耶著，陈苇等译：《美国家庭法精要》，中国政法大学出版社 2010 年版，第 33 页。

之间是否也适用三代以内禁止结婚的规定，学术界的通说认为只要不存在三代以内的旁系血亲，不论辈分相同与否，都不禁止结婚。但此通说缺乏法律根据，因为法律规定三代以内的旁系血亲不得结婚，并未区分自然血亲还是拟制血亲，对此需要作进一步的法律解释。

此外，我国法律上还存在一类特殊的父母子女关系类型，即继父母与受其抚养教育的继子女，按照《民法典》第1072条第2款的规定，继父或者继母和受其抚养教育的继子女之间的权利义务关系，适用《民法典》关于父母子女关系的规定，那么法律关于禁止近亲属结婚的规定是否也适用于他们呢？在法理上无疑应当适用，但在司法实践中实际上毫无限制。

（二）互负扶养义务的效力

血亲关系在法律上的另一重要效力是法律强行对特定的血亲按照法定的顺序规定了扶养义务，但是各国对负有扶养义务的亲属范围规定不一，例如，在德国，《德国民法典》第1601条规定："直系血亲互负扶养义务。"至于受扶养权利人，按照第1602条的规定，只限于无力自行扶养的人。此外，未成年的未婚子女，即使其拥有财产，以其财产收入和其劳动收益不足以维持生活者，仍可以请求其父母扶养。[1]因此，在德国法上，直系血亲之间有相互给予扶养费的义务，如在孙子不能自行维持生计的情形下，祖父有给付抚养费的义务，反之亦然。[2]

---

〔1〕 台湾大学法律学院、台大法学基金会编译：《德国民法典》，北京大学出版社2017年版，第1186页。

〔2〕 ［德］迪特尔·施瓦布著，王葆莳译：《德国家庭法》，法律出版社2022年版，第330页。

在法国,《法国民法典》第 205 条规定:"子女应当对他们的有需要的父与母或者其他直系尊血亲负赡养义务。"第 207 条第 1 款:"依照上述规定产生的义务为相互义务",因此,在法国法上,父母子女之间互负扶养义务。[1]

在意大利,《意大利民法典》第 433 条规定:"承担给付抚养费、扶养费、赡养费义务人的顺序如下:①配偶;②婚生子女、准正子女、私生子女、养子女,在上述子女死亡的情况下,近卑亲属,近自然血亲卑亲属;③父母,在父母死亡的情况下,近尊亲属,近自然血亲尊亲属;养父母;④女婿和儿媳;⑤公婆和岳父母;⑥同父同母的兄弟姐妹和同父异母、同母异父的兄弟姐妹;同父同母的兄弟姐妹先于同父异母、同母异父的兄弟姐妹承担义务。"[2]因此,在意大利法上,父母子女之间、兄弟姐妹之间存在扶养义务。

在瑞士,《瑞士民法典》第 272 条规定:"父母和子女,应为其共同利益,互负扶助、关心及尊重的义务。"按照第 276 条、第 277 条第 1 款的规定,父母应负担未成年子女的抚养费,包括教育、职业培训和子女保护措施的费用。与此同时,第 277 条第 2 款还规定了父母在特殊情形下对成年子女的抚养义务,即子女在成年时尚未完成合理教育者,父母在其条件许可的限度内,仍须负担子女的抚养费,至其相应的教育依通常情形能结束时止。此外,第 328 条第 1 款还规定一定范围的血亲之间相互承担帮助义务,即生活充裕的人,对于如不能得到其经济帮助就会陷于贫困

---

〔1〕 罗结珍译:《法国民法典》,北京大学出版社 2023 年版,第 135 页。

〔2〕 费安玲、丁玫译:《意大利民法典》,中国政法大学出版社 2023 年版,第 123 页。

的直系血亲尊亲属和直系血亲卑亲属，有帮助义务。[1]

在日本，《日本民法典》第730条规定："直系血亲与同居的亲属，应相互扶助。"按照第877条的规定，直系血亲及兄弟姐妹之间有相互扶养的义务。此外，在特殊情形下，家庭法院有权裁定三亲等内的亲属之间也负有扶养义务。[2]

在俄罗斯，按照《俄罗斯联邦家庭法典》[3]的规定，血亲之间的扶养义务存在以下三种情形：

（1）父母子女之间的抚养与赡养义务。按照法典第80、87条的规定，父母有抚养未成年子女的义务，成年子女有赡养父母的义务；前者义务的履行是无条件的，后者的履行则是有条件的，即父母无劳动能力需要帮助且成年子女有劳动能力。

（2）特定条件下兄弟姐妹之间的扶养义务。法典第93条规定在特定的情形下，成年的兄弟姐妹对于需要帮助的未成年的兄弟姐妹负有扶养的义务，反之亦然："需要帮助的未成年的兄弟姐妹，如果不能得到其父母的抚养，有权依司法程序获得其有劳动能力的有必要的该资金的成年兄弟姐妹的扶养。成年的无劳动能力的需要帮助的兄弟姐妹，如果不能得到自己有劳动能力的成年子女、配偶（原配偶）或者父母的扶养，也享有同样的权利。"

（3）特定情形下，（外）祖父母与（外）孙子女之间互负扶养义务。法典第94条规定："未成年的需要帮助的孙子女和

---

〔1〕　戴永盛译：《瑞士民法典》，中国政法大学出版社2016年版，第103、124页。

〔2〕　王爱群译：《日本民法典》，法律出版社2014年版，第116、141页。

〔3〕　解志国译：《俄罗斯联邦家庭法典》，载梁慧星主编：《民商法论丛》（总第17卷），金桥文化出版（香港）有限公司2000年版，第703—709页。

外孙子女，如果不能得到其父母的抚养，有权依司法程序得到其有必要抚养条件的祖父母和外祖父母的抚养。成年的无劳动能力需要帮助的孙子女和外孙子女，如果不能得到其配偶（原配偶）或者父母的抚养，也享有同样的权利"；第 95 条则规定了特定情形下孙子女、外孙子女赡养祖父母、外祖父母的义务："无劳动能力需要帮助的祖父母和外祖父母，在不能得到自己有劳动能力的成年子女或配偶（原配偶）扶养的情况下，有权依诉讼程序向有能力提供赡养费的有劳动能力的成年孙子女和外孙子女索取赡养费。"

在英国，按照《1989 年儿童法》的规定，父母对未成年子女承担父母责任，即父母对子女及其财产依法享有的权利、权力、权限及其承担的义务和责任。[1]

在美国，抚养子女的法律义务曾一度只由父亲承担，但现在已经废止了这一规定，改由父母双方按照其各自的谋生能力及支付能力、提供服务的能力或其他相关事由分担，有的州还将法定父母的界限扩展至生父或生母的同性伴侣。少数州支持（外）祖父母有责任对其未成年子女所生之子女承担抚养义务。还有一些州要求继父母在其婚姻存续期间承担抚养义务。对于子女抚养义务的执行，各州的法律都规定了一系列救济方式，州成文法通常对父母不按规定履行抚养义务科以刑事责任，但最典型的处理方式是法院判决其藐视法庭。[2]

在我国法律上，血亲之间的扶养义务存在于父母子女之间

─────────

〔1〕 蒋月等译：《英国婚姻家庭制定法选集》，法律出版社 2008 年版，第 138 页。
〔2〕 ［美］哈里·D. 格劳斯、大卫·D. 梅耶著，陈苇等译：《美国家庭法精要》，中国政法大学出版社 2010 年版，第 118—119、124 页。

和特定情形下的祖孙、外祖孙和兄弟姐妹之间，详见下列三种情形：

（1）按照《民法典》第1067、1068条的规定，父母对未成年子女有抚养、教育、保护的义务，成年子女对父母有赡养的义务，但前一义务的履行是无条件的，后一义务的履行则是有条件的，即父母缺乏劳动能力或者生活困难且成年子女有赡养能力。

（2）祖父母、外祖父母与孙子女、外孙子女在特定情形下承担抚养与赡养的义务，此即《民法典》第1074条规定："有负担能力的祖父母、外祖父母，对于父母已经死亡或者父母无力抚养的未成年孙子女、外孙子女，有抚养的义务。有负担能力的孙子女、外孙子女，对于子女已经死亡或者子女无力赡养的祖父母、外祖父母，有赡养的义务。"

（3）兄弟姐妹之间在特定情形下负有扶养义务。《民法典》第1075条规定："有负担能力的兄、姐，对于父母已经死亡或者父母无力抚养的未成年弟、妹，有扶养的义务。由兄、姐扶养长大的有负担能力的弟、妹，对于缺乏劳动能力又缺乏生活来源的兄、姐，有扶养的义务。"

（三）法定继承的效力

1. 作为法定继承主体的血亲类型。就人类社会的历史看，血亲继承是历史尤为悠久的制度，至今也是各国继承法的重要制度。血亲按照一定的顺位享有法定继承权，在比较法上，直系血亲卑亲属和尊亲属以及一定范围内的旁系血亲构成法定继承的不同继承顺序。虽然被继承人可以通过遗嘱或继承契约变更法定继承的规定，但在规定了特留份制度的国家和地区，被继承人不能克减晚辈直系血亲及父母的特留份权利。[1]因此，一定范围内具有血亲关系的人在法律上享有法定继承权，此处的血亲关系，可以是生物学意义上的自然血亲关系，基于出生而形成，也可以是法律意义上的拟制血亲关系，如通过收养形成的养亲关系。

养父母养子女在各国法上均为拟制血亲关系，但彼此之继承权在各国法上存在差异，彼此并非当然享有继承权，如依照德国、法国、意大利、奥地利等国法，养子女对于养父母享有与婚生子女同样的继承权，但对于养父母的亲属没有继承权，如《意大利民法典》第567条第2款规定："养子女对收养人的亲属不享有继承权。"不仅如此，被收养人直系卑血亲取得特留份资格也受到限制，如《法国民法典》第365条规定："被收养人及其直系卑血亲，在收养人的家庭里享有第三卷第一编第三章所规定的继承权。但是，被收养人及其直系卑血亲对收养人的直系尊血亲不享有特留份继承人的资格。"[2]此外，德国、法国、意大利、瑞士等国法规定养父母对于养子女没有继承权。[3]

在我国，按照《民法典》第1111条的规定："自收养关系成立之日起，养父母与养子女间的权利义务关系，适用本法关于父母子女关系的规定；养子女与养父母的近亲属间的权利义务关系，适用本法关于子女与父母的近亲属关系的规定。养子女与生父母以及其他近亲属间的权利义务关系，因收养关系的

---

〔1〕 〔德〕迪特尔·施瓦布著，王葆莳译：《德国家庭法》，法律出版社2022年版，第330页。

〔2〕 罗结珍译：《法国民法典》，北京大学出版社2023年版，第231页。

〔3〕 史尚宽：《亲属法论》，中国政法大学出版社2000年版，第627页。

成立而消除。"据此，养父母与养子女之间的权利义务关系完全同于亲生父母子女，同理，第 1127 条规定："遗产按照下列顺序继承：（一）第一顺序：配偶、子女、父母；（二）第二顺序：兄弟姐妹、祖父母、外祖父母。继承开始后，由第一顺序继承人继承，第二顺序继承人不继承；没有第一顺序继承人继承的，由第二顺序继承人继承。本编所称子女，包括婚生子女、非婚生子女、养子女和有扶养关系的继子女。本编所称父母，包括生父母、养父母和有扶养关系的继父母。本编所称兄弟姐妹，包括同父母的兄弟姐妹、同父异母或者同母异父的兄弟姐妹、养兄弟姐妹、有扶养关系的继兄弟姐妹。"第 1128 条第 1、2 款规定："被继承人的子女先于被继承人死亡的，由被继承人的子女的直系晚辈血亲代位继承。被继承人的兄弟姐妹先于被继承人死亡的，由被继承人的兄弟姐妹的子女代位继承。"由上述条文可知，我国《民法典》对于养父母养子女之间法定继承权的规定与婚生父母子女继承权的规定相同，双向享有继承权，而且延伸至养兄弟姐妹和代位继承的情形。

需要指出的问题是，随着人工生育技术的进步和推广，人工生育子女的法律地位需要明确，对此现行《民法典》没有规定，但最高人民法院的《婚姻家庭编解释（一）》第 40 条规定，"婚姻关系存续期间，夫妻双方一致同意进行人工授精，所生子女应视为婚生子女，父母子女间的权利义务关系适用民法典的有关规定"，据此经由人工授精生育的子女在法律上具有与婚生子女同样的法律地位，父母子女之间享有法定继承权。但有一个存疑的问题，即人工生育子女属于哪一类型的亲属？这涉及人工生育类型的问题。在技术上，人工授精生育子女按照彼此是否具有亲缘关系区分为同质与异质授精。对于同质授精生育子女，鉴于父母子女具有生物学意义上的亲缘关系，笔者赞成宜将其认定为是血亲，但对于异质授精生育的子女，笔者赞成宜将其认定为是拟制血亲，理由是最高人民法院《婚姻家庭编解释（一）》第40条认可人工授精生育的子女与父母之间产生婚生父母子女的法律效力，同时根据《民法典》第1073条第1款的规定，在推定的亲子关系受到否认之前，法律视双方存在父母子女关系的法律效力。

至于非婚生子女的法定继承权，在比较法上，传统亲子法将亲生子女划分为婚生子女与非婚生子女，各国法律基于对婚姻制度的保护考虑，对非婚生子女普遍持歧视态度。进入近代社会以后，随着平权运动的开展，各国法律将父母的过错与子女利益区分开来，纷纷修改法律，赋予婚生子女与非婚生子女完全平等的法律地位，例如，在美国，最初根据普通法，非婚生子女对其生父的财产没有继承权，除非可以推定其父亲的遗嘱包含了非婚生子女。但1971年最高人民法院在审理"雷碧娜案"时认定该条款歧视非婚生子女，违反联邦宪法平等保护的规定而无效。[1] 德国在1969年以前，非婚生子女与夫妻并无亲属关系，相互没有继承权。1969年通过的《非婚生子女法律地位法》明显改善了非婚生子女的法律地位，同时《德国民法典》在第1934a—1934e条赋予非婚生子女遗产补偿请求权而不是物权，旨在避免结婚的家庭与"陌生人"在一个继承人共同体中

---

〔1〕 陈苇主编：《外国婚姻家庭法比较研究》，群众出版社2006年版，第315页。

分配共同财产。1997 年德国颁布《继承权地位平等法》，赋予婚生与非婚生子女相同的法律地位。但正如有些学者指出的，并不是所有的欧盟国家都实施完全的平等对待，比如荷兰，根据其民法典第 1：221，222 条，非婚生子女继承权的获得，必须由父亲承认其具有父亲的身份。[1]但在笔者看来，经父亲承认身份并非法律上的不平等，在传统亲子法上，法律鉴于对非婚生子女的歧视，给其设置了通过认领和准正成为父亲的婚生子女的路径，在法律平等对待婚生与非婚生子女之后，虽然法律上的歧视已经摒弃，但确认是否亲生子女的问题仍然存在，因此，生父的认领和法律上的强制认领仍然是在非婚生子女与其生父之间建立血亲关系的前提，这意味着亲生子女在被生父认领和法律强制认领之前，子女纵然与生父存在生物学上的父子女关系，但在法律上不是血亲，[2]他们要与生父成为法律上的血亲，需要经过法定的程序取得身份。当然，在已经废止婚生与非婚生称谓及制度的国家，如德国，法律已经废止认领制度。我国法律上虽然存在婚生与非婚生子女的划分，但就立法而言，法律对其一视同仁，赋予相同的法律地位，并不存在任何法律地位差别。《民法典》第 1070 条规定："父母和子女有相互继承遗产的权利。"第 1071 条规定："非婚生子女享有与婚生子女同等的权利，任何组织或者个人不得加以危害和歧视。不直接抚养非婚生子女的生父或者生母，应当负担未成年子女或

〔1〕［德］马蒂亚斯·施默克尔著，吴逸越译：《德国继承法》，中国人民大学出版社 2020 年版，第 68—69 页。

〔2〕转引自张学军：《〈中国民法典〉"亲属"法律制度研究》，载《政法论坛》2021 年第 3 期。

者不能独立生活的成年子女的抚养费。"因此就法定继承权而言，非婚生子女与婚生子女享有同样的继承权。但是正如前文所言，在我国现行法上，决定非婚生子女取得法定继承权的前提条件是彼此存在血亲关系，它需要通过法定程序确认或者否定，所以《民法典》第1073条规定："对亲子关系有异议且有正当理由的，父或者母可以向人民法院提起诉讼，请求确认或者否认亲子关系。对亲子关系有异议且有正当理由的，成年子女可以向人民法院提起诉讼，请求确认亲子关系。"

在论及有关血亲继承权的时候，还有一个问题值得关注，这就是继父母继子女之间的继承权问题。在比较法上，继父母与继子女是姻亲，彼此之间通常没有权利义务关系，但是中国《民法典》的特殊之处在于赋予继父母与受其抚养教育的继子女之间拥有与婚生父母子女相同的法律地位，即《民法典》第1072条的规定："继父母与继子女间，不得虐待或者歧视。继父或者继母和受其抚养教育的继子女间的权利义务关系，适用本法关于父母子女关系的规定。"由此彼此享有法定继承权；不仅如此，法定继承权还推广至有扶养关系的继兄弟姐妹以及代位继承中，即前文所述第1127条和第1128条第1、2款的规定。按照《民法典》对存在抚养教育情形的继父母继子女赋予与婚生父母子女同等法律地位的一贯态度，此处代位继承中，无论是直系代位继承还是旁系代位继承都包括了存在抚养教育情形的继父母继子女和有扶养关系的继兄弟姐妹，这样的结果是否距离继承的本质过远了呢？值得我们研究。

2. 作为法定继承人的血亲范围。在确定了血亲关系之后，彼此之间的亲等对继承权的取得就具有重要的意义，在比较法上，许多国家的法律规定在同一继承顺序的法定继承人中，由与被继承人在亲等上具有最近血亲关系的人继承。[1]与此同时，有关享有继承权的亲属范围，在世界范围内存在血亲无限制主义与血亲限制主义两种立法例，前者如《德国民法典》；后者如《法国民法典》，将旁系血亲继承人的范围限制在六亲等以内，对被继承人的直系血亲则无限制，详述如下。

在法国，按照《法国民法典》第 734 条第 1 款的规定，在没有有继承权的配偶的情形下，亲属按照四个法定继承顺序继承遗产：①子女和他们的直系卑血亲；②父和母，兄弟姐妹以及他们的直系卑亲；③父和母以外的直系尊血亲；④兄弟姐妹以及他们的直系卑血亲以外的旁系亲属。第 735 条规定，子女，或者他们的直系卑血亲，不分性别，也不分是否长子身份，即使系出不同婚姻，均得继承其父与母或其他直系尊血亲的遗产。对于代位继承，《法国民法典》第 752 条规定凡直系卑血亲均可以代位继承，并无代数限制；至于旁系亲属代位继承，第 752 - 2 条规定，旁系亲属中，被继承人的兄弟姐妹的子女和他们的直系卑血亲，不论是与叔、伯、姑、舅、姨共同继承，还是被继承人的兄弟姐妹均已先死亡，遗产转归与他们的亲等相同或不同的直系卑血亲，为他们受益，准许代位继承。[2]

在德国，按照《德国民法典》的规定，德国法定继承人的继承顺序有五：第一顺序法定继承人为被继承人的直系血亲卑亲属（第 1924 条）；第二顺序法定继承人为被继承人的父母及

〔1〕［德］安雅·阿门特－特劳特著，李大雪、龚倩倩、龙柯宇译：《德国继承法》，法律出版社 2015 年版，第 32 页。

〔2〕罗结珍译：《法国民法典》，北京大学出版社 2023 年版，第 442 页。

其直系血亲卑亲属（第1925条）；第三顺序法定继承人为被继承人的（外）祖父母及其直系血亲卑亲属（第1926条）；第四顺序法定继承人为被继承人的（外）曾祖父母及其直系血亲卑亲属（第1928条）；远亲等顺序，即第五顺序和更远亲等顺序法定继承人为被继承人的（外）高祖父母及（外）高祖父母以上的直系血亲尊亲属及其直系血亲卑亲属（第1929条）。对于第五顺位及更远顺位的继承人，同样适用亲等继承主义。由于被继承人的第五或以上顺位先祖在世概率很小，一般均由其晚辈直系血亲中与被继承人有最近血统关系的亲属继承。[1]

从上述继承顺序可知，德国民法有关法定继承人的范围采用血亲无限制主义，将（外）曾祖父母的所有直系血亲都规定为法定继承人，因此是血亲继承范围最广的立法。

在意大利，《意大利民法典》对于血亲继承的范围采行血亲限制主义，该法典第565条规定："在法定继承中，遗产按照本章的规定及顺序属于配偶、婚生卑亲属、私生卑亲属、直系尊亲属、旁系亲属、其他亲属和国家。"第467条规定，在尊亲属不能或者不愿意接受遗产或遗赠的情形下，其卑亲属按照尊亲属所在的亲等取得代替尊亲属参加继承的权利。第572条则规定，六亲等以外的亲属无继承权。

在瑞士，按照《瑞士民法典》第457—459条的规定，作为法定继承人的血亲包括：被继承人的直系血亲卑亲属，父母及其直系血亲卑亲属，祖父母、外祖父母及其直系血亲卑亲属，

---

〔1〕［德］雷纳·弗兰克、托比亚斯·海尔姆斯著，王葆莳、林佳业译：《德国继承法》，中国政法大学出版社2015年版，第17页。

曾祖父母、外曾祖父母及其直系血亲卑亲属。第 460 条则规定血亲的继承权止于（外）祖父母系。因此，瑞士法上血亲法定继承的范围，就直系血亲看，远至被继承人的三亲等的直系血亲尊亲属，同时对被继承人的直系血亲卑亲属没有亲等限制；就旁系血亲而言，则包括旁系二亲等及其直系卑亲属。

在日本，《日本民法典》对于血亲继承的范围采行血亲限制主义，该法第 887—889 条规定，被继承人的子女、直系血亲卑亲属、直系血亲尊亲属、兄弟姐妹是其法定继承人，同时按照其民法典第 725 条的规定，六亲等以内的血亲才是法律上的亲属，因此，就血亲继承而言，日本法定继承人的范围，直系血亲最远只到六亲等，旁系血亲最远只到二亲等。[1]

在俄罗斯，按照 2001 年颁布的《俄罗斯联邦民法典·继承法》第 1142—1145 条的规定，下列血亲是被继承人的法定继承人。第一顺序：①被继承人的子女、配偶和父母；②被继承人的孙子女、外孙子女及其后代代位继承。第二顺序：①被继承人的同父同母兄弟姐妹和同父异母（同母异父）兄弟姐妹、被继承人的祖父母和外祖父母；②被继承人同父同母兄弟姐妹和同父异母（同母异父）兄弟姐妹的子女（被继承人的侄子侄女、外甥外甥女）代位继承。第三顺序：①被继承人父母的同父同母兄弟姐妹和同父异母（同母异父）兄弟姐妹（被继承人的伯叔姑舅姨）；②被继承人的堂（表）兄弟姐妹代位继承。第四顺序为第三亲等的亲属——被继承人的曾祖父母和外曾祖父母。第五顺序为第四亲等的亲属——被继承人亲侄子女和亲外甥外

---

〔1〕 王爱群译：《日本民法典》，法律出版社 2014 年版，第 142、116 页。

甥女的子女（侄孙子女和外侄孙子女）、被继承人祖父母和外祖父母的亲兄弟姐妹（堂、表祖父母）。第六顺序为第五亲等的亲属——被继承人侄孙子女和外侄孙子女的子女（侄重孙子女和外侄重孙子女）、被继承人的堂（表）兄弟姐妹的子女（堂、表侄子女）以及被继承人堂（表）祖父母的子女（堂、表叔伯姑舅姨）。在没有前述继承人的情形下，继子、继女、继父、继母为第七顺序的法定继承人。[1]

从上述法律规定看，俄罗斯民法所规定的血亲法定继承的范围，远至五亲等的亲属。

在英国，法定继承人的血亲包括被继承人的直系血亲卑亲属、父母、兄弟姐妹、祖父母、外祖父母、伯叔姑舅姨等亲属。[2]因此，英国法上法定的血亲继承范围，就直系血亲而言包括被继承人的二亲等的直系血亲尊亲属，但对被继承人的直系血亲卑亲属则无亲等限制；旁系血亲则至三亲等的尊亲属。

在美国，法定继承人的血亲包括直系血亲卑亲属、父母、兄弟姐妹及其直系血亲卑亲属、祖父母、外祖父母及其直系血亲卑亲属等。

综上所述，两大法系主要国家的法律所规定的法定继承人的血亲范围大小不一，但都较我国现行法的范围广得多，其中奉行的立法主义是私人的财产尽可能地保留在私人手中，而不是收归国有。

在我国，《民法典》第 1127 条第 1 款规定："遗产按照下列顺序继承：（一）第一顺序：配偶、子女、父母；（二）第二顺

---

〔1〕 黄道秀译：《俄罗斯联邦民法典》，中国民主法制出版社 2020 年版，第 482—483 页。

〔2〕 陈苇主编：《外国婚姻家庭法比较研究》，群众出版社 2006 年版，第 67 页。

序：兄弟姐妹、祖父母、外祖父母。"第 1128 条第 1、2 款规定："被继承人的子女先于被继承人死亡的，由被继承人的子女的直系晚辈血亲代位继承。被继承人的兄弟姐妹先于被继承人死亡的，由被继承人的兄弟姐妹的子女代位继承。"按照上述条文，我国法律关于法定继承人的血亲范围，直系血亲只到二亲等，旁系血亲也只到二亲等，只有在存在代位继承的情形下直系血亲卑亲属不限亲等，而旁系血亲继承的范围才扩展至被继承人的侄子、侄女、外甥、外甥女，即在特殊情形下旁系血亲继承人的范围扩展至部分三亲等的血亲，即便如此，我国也是世界上血亲继承范围最为狭窄的国家之一。

（四）在监护制度上的效力

在大陆法系，监护是指在亲权之外对缺乏行为能力人设立的救济制度，是对缺乏自我保护和自我生活能力人的一种监督或照顾的制度，规定于民事主体、民事权利和亲属制度之中，亲权则是为父母与未成年子女关系而设立，因此，大陆法系采行的是亲权与监护并立的立法例；但在英美法系，法律对亲权与监护并不作区分，即父母担当未成年子女的监护人与其他人担当未成年人的监护人不作区分，统一规定于监护制度中。

在大陆法系，父母是未成年子女的亲权人，与此同时，被监护人的血亲在监护制度中发挥着重要的作用，如《德国民法典》规定，当存在多个合适的监护人时，血亲关系是选择监护人的重要考虑因素（第 1779 条第 2 款）；法院在确定监护人时，应当听取被监护人的血亲或姻亲的意见（第 1779 条第 3 款）；监护过程中有关重要事务的决定也要听取被监护人的血亲或姻亲的意见（第 1847 条第 2 句）。

在我国，《民法典》虽然承袭了大陆法系传统，但有关监护制度的立法例却是采用英美法系亲权与监护不区分的立法模式，这一立法模式一直受到学术界的质疑。按照《民法典》第 27 条的规定："父母是未成年子女的监护人。未成年人的父母已经死亡或者没有监护能力的，由下列有监护能力的人按顺序担任监护人：（一）祖父母、外祖父母；（二）兄、姐；（三）其他愿意担任监护人的个人或者组织，但是须经未成年人住所地的居民委员会、村民委员会或者民政部门同意。"因此，在我国现行法律体系下，血亲是未成年人最重要的监护人，其资格优先于其他组织。至于无行为能力或者限制行为能力的成年人的监护人，《民法典》第 28 条规定："无民事行为能力或者限制民事行为能力的成年人，由下列有监护能力的人按顺序担任监护人：（一）配偶；（二）父母、子女；（三）其他近亲属；（四）其他愿意担任监护人的个人或者组织，但是须经被监护人住所地的居民委员会、村民委员会或者民政部门同意。"因此，对于无行为能力或者限制行为能力的成年人的监护，其血亲处于第二、第三顺序上，是仅次于配偶的法定监护人。

二、血亲在其他法上的效力

除了民法上的法律效果，血亲在刑法、诉讼法、劳动法、行政法、国籍法等法律上也产生一定的法律效果，主要有：

（一）在诉讼法上的效力

1. 回避的义务。一定范围内的亲属在从事司法活动时应当回避是世界上成熟的法律体系共同的选择，就大陆法系和英美法系比较，前者要求回避的亲属范围较广，如德国的《民事诉讼法》第41条第3项和《刑事诉讼法》第22条第3项规定，当案件涉及血亲时，法官必须回避；[1]日本法律则规定法官是或者曾经是当事人的四亲等以内的血亲时，需要回避。

对此，我国《公务员法》《法官法》《检察官法》等均有任职回避的规定。

2. 法律优待——拒绝作证、拒绝告知、拒绝宣誓的权利。在比较法上，两大法系主要国家的法律都规定一定范围内的血亲享有拒绝作证、拒绝告知、拒绝宣誓的权利，如德国《刑事诉讼法》第52条第1款第3项规定，血亲有拒绝作证的权利；第55条规定血亲有拒绝告知的权利；第63条规定血亲有拒绝宣誓的权利；其《民事诉讼法》第383条第1款第3项和第384条第1项也有类似规定。法国法律也规定当事人的直系血亲可以拒绝到庭作证。相比之下，英美法系只是规定配偶享有拒绝作证权，但对其他亲属的拒绝权没有规定。[2]

对上述权利，我国法律也有类似规定，如《刑事诉讼法》第193条第1款："经人民法院通知，证人没有正当理由不出庭作证的，人民法院可以强制其到庭，但是被告人的配偶、父母、子女除外。"

（二）血亲身份的任职回避

可参见我国《法官法》第23条、《检察官法》第24条、《公务员法》第74条，前文已有展开在此不作赘述。

---

〔1〕 ［德］迪特尔·施瓦布著，王葆莳译：《德国家庭法》，法律出版社2022年版，第330页。

〔2〕 陈苇主编：《外国婚姻家庭法比较研究》，群众出版社2006年版，第80、81页。

第三节　姻亲在法律上的效力

在法律上，亲属关系一经法律调整，便会在具有亲属身份的主体之间产生法定的权利与义务，这种法律后果即亲属的效力或称法律效力。由于姻亲是因婚姻而连结，在现实生活中，旁系姻亲的联系相当少，即便是直系姻亲，也仅仅是岳父母与女婿、公婆与儿媳之间往来较为密切，因此本书集中研究岳父母与女婿、公婆与儿媳之间，即一亲等的直系姻亲在法律上的效力，主要集中在是否存在结婚的限制、是否承担扶养义务以及是否相互享有继承权、任职回避等方面。而在本节最后一部分，有关任职回避的内容中，将讨论"近姻亲"在法律层面所应包括的范围。

一、姻亲在民法上的效力

（一）禁婚亲的效力

世界各国关于禁婚亲的法律均是立足于优生与伦理之上。准确地说，笔者在此探讨的是曾经的公公和儿媳、曾经的岳母和女婿能否结婚的问题。就现行《民法典》而言，如果单纯按照法律规范释义，那么离婚就意味着原来处于婚姻中的男女解除了婚姻关系，从而获得了再婚的自由。但是在双方曾经存在姻亲关系特别是直系姻亲关系的情况下，法律是否允许其结婚，不仅涉及伦理的底线应当划在何处，更涉及我们如何看待人的本质，正是后一因素使得各国关于直系姻亲结婚的法律呈现不同的规定。

关于直系姻亲之间能否结婚的规定，国外的立法可以分为三类：

第一，绝对禁止，即使姻亲关系因离婚或配偶一方死亡而消灭之后，也不得结婚。此立法例以日本、意大利、韩国法律为代表，如《日本民法典》第 735 条："直系姻亲之间，不得结婚。即使在姻亲关系按照第七百二十八条[1]或第八百一十七条之九[2]的规定终止后，亦同"；[3]《意大利民法典》第 87 条规定直系姻亲之间禁止结婚，并且直系姻亲之间在婚姻被宣告无效、婚姻关系解除、婚姻的民法效力终止的情形下，仍然禁止结婚；[4]《韩国民法典》第 809 条第 2 款规定："六亲等以内血亲的配偶、配偶六亲等以内的血亲、配偶四亲等以内的血亲的配偶的姻亲，或曾为姻亲者之间不得结婚。"[5]

第二，相对性禁止，即原则上不得结婚，但在特殊情况下经过批准，仍允许结婚，如《法国民法典》规定，禁止结婚的姻亲包括直系姻亲、特定的旁系姻亲如伯叔母与侄子、舅母与外甥等。但法律对此限制规定了免除条款，免除的理由必须是基于"特别重大原因"，免除权由共和国总统行使，免除的情形只能是：①属于直系姻亲，并且原有婚姻关系人死亡；②属于旁系姻亲，并且原有婚姻关系人为己身的三亲等旁系血亲。[6]

---

〔1〕　该条法律规定，姻亲关系因离婚而终止。夫妻一方死亡，生存配偶有终止姻亲关系的意思表示的，适用前款规定。见王爱群译：《日本民法典》，法律出版社 2014 年版，第 116 页。

〔2〕　该条法律规定养子女与生父母及其他血亲的亲属关系，因收养而解除。见王爱群译：《日本民法典》，法律出版社 2014 年版，第 129 页。

〔3〕　王爱群译：《日本民法典》，法律出版社 2014 年版，第 117 页。

〔4〕　费安玲、丁玫译：《意大利民法典》，中国政法大学出版社 1997 年版，第 36 页。

〔5〕　金玉珍译：《韩国民法典 朝鲜民法》，北京大学出版社 2009 年版，第 124 页。

〔6〕　《法国民法典》第 163—164 条，见罗结珍译：《法国民法典》，北京大学出版社 2023 年版，第 114 页。

第三，允许直系姻亲结婚，如德国，关于禁止结婚的血亲亲等范围呈现逐步缩小的趋势，1998 年的《重新规定结婚法的法律》进一步缩小了禁止结婚的亲等，并且废除了姻亲之间的结婚禁止，这意味着在 1998 年结婚法改革以后，德国法中不再禁止姻亲包括直系姻亲结婚。[1]近些年来，在是否允许直系姻亲结婚的问题上，欧洲人权法院曾经推翻了英国的一则法院判决，允许曾经的儿媳与公公结婚。其理由是：禁止他们结婚的法律本是出于维护家庭完整的目的这样做，但并未达到此目的；没有任何法律条款禁止公公与媳妇之间的婚外同居关系，因此不能说禁止两者的婚姻能达到阻止媳妇的小孩在"伦"上陷入混乱。[2]

我国现行《民法典》并未明确规定直系姻亲关系解除后彼此不得结婚，如果从法律文义解释的立场出发，当然应该视为法律未禁止即推定为允许，这也是实践中婚姻登记机构对直系姻亲通婚予以登记的根据。[3]但这样的登记甚至连法官自身都存在困惑，早在 20 世纪 50 年代，一些地方法院就曾请示最高法

---

〔1〕［德］迪特尔·施瓦布著，王葆莳译：《德国家庭法》，法律出版社 2022 年版，第 56 页。

〔2〕参见徐国栋：《优士丁尼〈法学阶梯〉评注》，北京大学出版社 2011 年版，第 84 页。

〔3〕《我与婚姻法》一书曾经记载："实践中曾有公公要求与丧偶儿媳结婚，因有悖伦理道德引起社会舆论哗然，不得不远迁他乡的事例。可见法律与道德冲突之剧烈。而拟制血亲、直系姻亲间通婚所引起的亲属关系混乱也令人瞠目结舌。北京曾发生过这样一件事，母亲甲与女儿乙均为演员，母亲甲离婚后与导演丙结了婚。婚后他们与女儿乙一起生活。在共同生活期间，女儿乙与继父关系很好，致使继父丙与其母亲甲离婚。不久，继父丙要求与女儿乙结婚。婚后，丙与乙的关系由继父女转为配偶，而甲由原来是丙的配偶转为丙的岳母。同时，他们与他们的其他亲属间的辈分及其称谓也要改变。"读来令人感叹。见巫昌祯：《我与婚姻法》，法律出版社 2001 年版，第 185 页。

院直系姻亲能否结婚。对此，最高人民法院的回复是：

"关于没有婚姻关系存在的'公公与媳妇''继母与儿子''叔母与侄''子与父妾''女婿与岳母''养子与养母''养女与养父'等可否结婚问题，经我们拟具初步意见，报请中央司法部以（53）司普民字 12/989 号函复同意。认为婚姻法对于这些人之间虽无禁止结婚的明文规定，为了照顾群众影响，以及防止群众思想不通，因而引起意外事件的发生，最好尽量说服他们不要结婚；但如双方态度异常坚决，经说服无效时，为免发生意外，当地政府也可斟酌具体情况适当处理（如劝令他们迁居等）。

对于这些个别特殊问题，你院并嘱所属法院可多根据实际情况就地加以具体处理。特别是要照顾群众的影响。一般不需作统一规定。"[1]

因此，中华人民共和国成立后我国的立法与司法事实上是允许曾经的直系姻亲结婚的。但是这样的立法究竟是婚姻自由的必然结果还是有违伦理的法律漏洞呢？对此问题学界存在争议。赞成直系姻亲之间能够通婚的理由主要是：其一，婚姻以感情为基础，与身份关系无关，当事人并非不知道自己的行为有悖社会的伦理规范，双方缔结婚姻的后果也主要由当事人自己承担，如果他们自己已经突破了这样的心理束缚并且愿意去面对他们的结合

_____

〔1〕　马原主编：《婚姻法继承法分解适用集成》，人民法院出版社 2001 年版，第 16 页。

所带来的种种非议，那么法律就不应当干涉。其二，早在1953年，那时的社会伦理道德恐怕比现在更加森严，最高人民法院采取的也只是"说服""劝令"的态度，而没有强行禁止，在日益开化的今天实在没有必要开历史的倒车。其三，如果说这样的通婚违背了社会伦理道德，那么这种所谓的伦理道德到底是什么？它是否是社会文明的表现，是否是一种善良风俗？维系这种伦理道德的意义又在什么地方？我们要的不是抽象的道德，而是伦理规范背后体现的实质价值，在对这个问题作出令人信服的解释之前，不得随意借一个空泛的概念就剥夺了公民的结婚自由。[1]

但是，2005年发生在江苏高邮的一则案例为我们认识这一问题提供了更为直观的视角：

丁某仁与占某东本是公公和儿媳。丁某仁的儿子丁某宏1994年经人介绍与占某东结婚，次年生下一子。后因感情破裂，两人于2004年离婚，经法院判决，读小学二年级的男孩随母生活。丁某仁的老伴于2004年5月去世，2005年，丁某仁与占某东在该市民政部门领取了结婚证。

丁某仁的行为受到儿女们的强烈反对。因在家中已无法立足，丁某仁遂与占某东在外租房生活。几个儿女认为丁某仁做出了违背伦理的事情，便决定分割家产（主要是房产），将其排除在外。丁某仁无奈之下，将子女告上法庭，要求法院判给他应有的房产。其儿女们私下表示，不知该如何面对父亲的"新婚妻子"，儿子丁某宏感情上更是无法接受，读小学的孩子也无

---

〔1〕 朱和庆主编：《婚姻家庭法案例与评析》，中山大学出版社2005年版，第21页。

法适应亲人称谓的转变。由此引发人们对婚姻法的立法精神与家庭伦理关系的热议和深思。

曾经的直系姻亲之间如果结婚会导致亲属关系上怎样的改变呢？我们可以上述案例为例：

> 丁某仁与孙子由原来的爷孙关系转变为现在的父子关系。
>
> 丁某宏与其儿子的关系由原来的父子关系转变为父子与继兄弟的双重关系。
>
> 丁某仁曾经的儿媳变成了自己的老婆，占某东过去的公公变成了自己的丈夫。
>
> 丁某仁的儿子丁某宏变成了自己老婆的前夫。
>
> 丁某宏曾经的妻子变成了自己的继母。
>
> 孙子的爷爷变成了自己的继父，自己的妈妈变成了自己的奶奶。
>
> 丁某仁的孙子变成了自己的继子。
>
> 如若生育子女，情形将更复杂。[1]

看到此，相信任何读者都会认可曾经的直系姻亲通婚会带来亲属称谓的混乱。当然，如果仅仅是称谓的混乱并不重要，重要的是如费孝通先生所言的："每一个称谓，当它最初被用来称呼时就包含了与亲密的亲属相应的某种心理态度"。[2]这种心

---

〔1〕　徐国栋：《优士丁尼〈法学阶梯〉评注》，北京大学出版社 2011 年版，第83—84 页。

〔2〕　费孝通：《江村经济——中国农民的生活》，江苏人民出版社 1986 年版，第63 页。

理态度中自然包含了人类对性存在的羞涩之心和禁忌之耻感，这是立法需要尊重的自然法。对于法律而言，存在于直系姻亲通婚上的问题还不在彼此称呼的改变和纠结的心理态度，而是每一种称呼所表达的身份改变都代表着法律上的权利与义务的变更。对此恩格斯说得很清楚："父亲、子女、兄弟、姊妹等称呼，并不是单纯的荣誉称号，而是代表着完全确定的、异常郑重的相互义务，这些义务的总和构成这些民族的社会制度的实质部分。"[1]如果我们认可上述说法，那么当曾经的直系姻亲通婚之后，就必然会出现家庭内部秩序的混乱和相互之间在法律上的权利义务关系的变更与混乱。

在笔者看来，是否允许直系姻亲结婚的问题，归根结底还是我们如何看待"人是什么"的哲学问题，如果我们将生活中的个体看作是彼此毫无关联的生物体，那么顺理成章就会从机械的原子论的立场出发，视已经离婚的直系姻亲之间不存在结婚的障碍，当然可以结婚。但事实上，在中国人的生活和观念中并不存在孤立隔绝的个体，当我们在回答"我是谁"的时候，总是脱离不了与祖先和后代的联系；而在现实生活中，由父母子女组成的核心家庭与祖孙、外祖孙组成的扩展家庭通常也保持着密切的往来。中国社会在经历了近代以来的社会变革之后，大家族主义已经不存在，但小家庭主义仍然存在，每个人都带着自己的亲缘关系生活在当下，进而影响权利的享有与义务的承担。家庭作为中国人的存在来源和归宿，它是我们安全

---

〔1〕〔德〕恩格斯著，中共中央马克思恩格斯列宁斯大林著作编译局译：《家庭、私有制和国家的起源》，人民出版社1999年版，第28页。

感、幸福感的主要来源，其和谐则是仰仗一定的伦理秩序来维系，这是法律必须尊重的价值。

各国法律关于亲属禁止结婚的根据是优生和伦理。前者可以因为科学的进步而影响我们对禁止结婚的血亲范围的确定；而直系姻亲之间能否结婚则与优生无关，只涉及当下伦理的底线问题，正是因为各国、各民族对伦理的理解不同，导致中外法律各异。众所周知，伦理是关于人与人之间道德关系的设计，体现的是人与人之间相互关系的应有之理。在中国文化传统中，伦理秩序是通过人与动物的区别、人与人之间的区别而实现。就婚姻而言，它首先是人类两性结合与动物雌雄结合的区别，在古代是以男系传宗接代为目的、以嫁娶仪式为外在表现形式，由此确立的是人类与禽兽、文明与野蛮的区别；与此同时，性别、长幼形成家庭成员之间的区分即父母子女、兄弟姐妹、夫妇之间的尊卑等差，由此将家内等级秩序推广行之于社会，也就形成了等差有序的社会秩序，所以婚姻成为了一切社会关系的渊源。[1]经历了近代以来社会转型的洗礼，传统家庭伦理中基于性别与年龄而形成的等差已经为男女平等、保护儿童和老人利益的原则所取代，但是传统伦理中人类与禽兽、文明与野蛮区别的理念仍然存在于我们的文化中，结婚需要坚持一定的禁忌即对性行为设一定的界限仍然是中国民众认可的伦理。道理正如费孝通先生所言："若是让性爱自由地在人间活动，尤其在有严格身份规定的社会结构中活动，它扰乱的力量一定很大。

---

〔1〕　对此陈鹏先生一语中的："婚姻基于天地阴阳自然之性，为人伦之本，家始于是，国始于是，社会之一切制度，莫不始于是，是为中国古代婚姻观念之又一特点。"见陈鹏：《中国婚姻史稿》，中华书局1990年版，第16页。

它可以把规定下亲疏、嫌疑、同异、是非的分别全部取消，每对男女都可能成为最亲密的关系，我们所有的就只剩下了一堆构造相似、行为相近的个人集合体，而不成其为社会了，因为社会并不是个人的集合体，而是身份的结构。墨子主张兼爱，孟子骂他无父，意思就是说没有了社会身份，没有了结构的人群是和禽兽一般了。"[1]较之其他文明，中华文明认为人之所以为人的一个根本所在是与动物相区别，这在寻找配偶的问题上表现为强调家庭伦理，即将寻偶对象排除在家庭成员和曾经的家庭成员之外，实则是将寻找生活伴侣的竞争排除在家庭之外，由此避免伤及亲人感情和家庭秩序的混乱。正是基于此理，我们说直系姻亲之间的通婚破坏了亲属之间的情感，它在人类通常感到最安全的地方渗入了性竞争的因素，容易离间亲情，导致亲人之间的难堪和反目，为此法律应当禁止其通婚。在现行《民法典》缺少明确禁止的情形下，可以通过适用公序良俗原则来否定此直系姻亲之间结婚行为的效力。

（二）扶养效力

多数国家没有规定儿媳与公婆、女婿与岳父母之间有扶养的义务，只有少数国家规定相互有扶养义务，如《法国民法典》第 206 条规定："女婿和儿媳也应当在相同情况下对公、婆、岳父、岳母负相同义务，但是，在产生姻亲关系的夫妻一方及其与配偶的婚姻所生子女均已死亡时，此种义务停止。"[2]《意大利民法典》第 433 条则规定了女婿和儿媳对岳父母和公婆作为

---

〔1〕 费孝通：《乡土中国 生育制度》，北京大学出版社 1998 年版，第 143 页。
〔2〕 罗结珍译：《法国民法典》，北京大学出版社 2023 年版，第 135 页。

给付扶养费、赡养费义务人的顺序。[1]我国现行《民法典》对岳父母与女婿、公婆与儿媳之间是否存在扶养义务并没有规定，从法律规范文义解释的角度看，这意味着彼此没有扶养的义务，是否承担扶养之责，听从当事人自己的意愿。但是最高人民法院1993年公布的《关于人民法院审理离婚案件处理财产分割问题的若干具体意见》第17条第1款规定："夫妻为共同生活或为履行抚养、赡养义务等所负债务，应认定为夫妻共同债务，离婚时应当以夫妻共同财产清偿。"从这一规定看，该意见制订者将赡养所负之债视为夫妻共同债务，由此可以推定制订者视儿媳对公婆、女婿对岳父母存在扶养的义务。但是从法律完善的角度看，最高人民法院的规定是不能代替立法的，何况《民法典》颁行后，原司法解释及相关的法律文献已经废止，司法机关需要明确儿媳对公婆、女婿对岳父母是否存在扶养义务；如果存在扶养义务，那么还需要进一步确定扶养的类型与内容。

　　关于儿媳对公婆、女婿对岳父母是否应当承担扶养义务，学术界存在赞成与反对两种观点。赞成的观点认为：①在社会保障制度还未高度发达的情形下，养老扶幼的职责应由家庭及其成员负担，这是尊老爱幼传统的要求；②可以与《民法典》第1129条相呼应，有利于调动直系姻亲履行扶养义务的积极性。反对的观点则认为：①我国法律规定的法定夫妻财产制为婚后所得共同制，履行扶养义务的物质来源是夫妻共同财产，没有必要再规定直系姻亲之间的扶养义务；②规定直系姻亲之间的扶养义务让准备结

_____

〔1〕　费安玲、丁玫译：《意大利民法典》，中国政法大学出版社1997年版，第123页。

婚的男女更现实地需要考虑未来直系姻亲的生活状况，有妨碍婚姻自由之嫌；若夫妻一方死亡，会增加生存一方配偶的再婚难度；③我国处于社会主义初级阶段，大多数人的经济承受能力有限，不能无限制扩大扶养的范围。[1]

笔者并不赞同反对的观点。首先，从扶养义务履行的物质来源看，大多数情形下都是源自夫妻共同财产，从表面上看履行扶养义务似乎没有问题。但事实是，凡是人就都有私心，在共同财产制通行的中国社会，扶养本身就涉及夫妻共同财产的使用与消耗，其间反映的并不只是人们道德水平高低的问题，也包括了儿媳对公婆、女婿对岳父母这类直系姻亲在法律上应不应当具有扶养义务的法律问题，其深处则涉及中国人有关直系姻亲的观念、感情和心态。现实生活中因为扶养双方父母而产生矛盾的夫妻比比皆是，如果没有道德的培育和法律的强制力，人们面对直系姻亲的扶养时就容易表现出疑惑和自私自利。可以想象，法律若是把扶养的义务只由子女承担，而对其配偶则听从自愿，没有一定的扶养义务的要求，那么现实生活中就容易出现厚此薄彼的情形。从历史看，在深受男尊女卑、女子"出嫁从夫"的观念影响的人群中，存在夫妻赡养男方父母是必须的义务而无赡养女方父母义务的观念，在此历史背景下，如果法律对直系姻亲之间的扶养义务不予表态，那么女方的利益就容易受到损害。其次，规定直系姻亲之间的扶养义务会增加结婚当事人的现实顾虑的观点也是不成立的，因为即使没有这样的义务规定，结婚的当事人也会对彼此家庭情况有现实的考

---

[1] 余延满：《亲属法原论》，法律出版社 2007 年版，第 518 页。

虑。至于夫妻一方死亡，在生存的配偶不愿意维持姻亲关系的情形下，姻亲关系便会终止，也不会增加其再婚的经济负担；反之，在生存配偶愿意维持姻亲关系的情形下，自愿继续承担扶养义务的行为是当事人的选择，对此法律不应当干预。最后，以我国处于社会主义初级阶段的基本国情为论据，更是不能让人信服。我国现阶段的社会发展状况经过改革开放的发展，大部分人已经有经济能力承担双方父母的基本养老。从中国养老的传统看，子女承担父母养老的责任，也需要配偶的配合。与之相联的问题是，由于夫妻结构成为核心家庭的主轴，妻子摆脱了依附于夫的从属地位而成为家庭的主人，对公婆的孝敬也就没有了传统社会的当然性。这在法律上就表现为直系姻亲之间有无权利义务关系的问题，如果法律对此缺少回应，那么现实生活中扶养的实现与差异程度就完全取决于夫妻双方的感情甚至地位的强势与否。

以笔者之见，中国城乡目前的实际状况是以两代人的核心家庭和三代人的主干家庭为主要生活单位。在中国人的生活观念中，女婿与岳父母、儿媳与公婆虽然没有血缘联系，但是往往将彼此作为自己家庭的成员看待。在中国，婚姻通常不是单个的个体的结合，每一个小家庭与自己的来源家庭保持着相互联系和依赖关系，这意味着子女成家以后与父母的联系仍然密切，在生育下一代之后，许多父母自愿承担着帮助与资助的责任，核心家庭与父母家庭的联系还会因此增强。当子女家庭存在困难时，有能力的父母通常都会伸出援助之手。不仅如此，在家的传承意义上，女婿与岳父母、儿媳与公婆又是作为一个家庭的核心成员一道生活，通常保持着密切的生活往来。而在实际生活中，子女对父母的扶养也需要配偶一方的配合，而这种配合也是增强彼此感情的纽带。因此从婚姻家庭的长久和睦而言，法律应当确认女婿对岳父母、儿媳对公婆需要承担提供物质条件的义务；至于日常料理和精神安慰，毕竟姻亲不是基于血缘和抚养而形成，姻亲之间与父母子女之间的感情存在客观上的差距，儿媳、女婿也不可能在精神层面深入了解对方父母的生活习惯与秉性，因此法律上不宜为其设定日常料理、精神安慰的义务。

（三）继承效力

在世界范围内，姻亲关系从古至今都不是继承权产生的基础。就世界各国继承法的历史传统看，财产主要是沿着血亲关系向后代传承，因此血亲关系是继承权取得的基础，各国继承法也是依照血亲关系的远近决定继承人的范围和继承顺序。在血亲关系之外，婚姻关系作为血亲形成的源头，出于对生存配偶的保护，各国法律也将配偶身份作为继承权产生的基础。

根据学者的研究，在世界范围内，最早将姻亲关系、扶养关系相联系作为继承权取得根据的是苏联，此后为其他社会主义阵营的国家所效仿。这一立法的背景是新建立的社会主义国家经济落后且缺少社会保障，为此国家充分发挥家庭养老育幼的功能，将扶养关系纳入继承领域，以此减少国家的负担。此立法的目的在于帮助国家应对在经济落后阶段无力承担社会责任的窘迫，只为少数苏联阵营国家采用。我国现行《民法典》第1129条沿袭了原《继承法》第12条的规定，将对公婆或岳父母尽了主要赡养义务的丧偶儿媳或女婿直接列为第一顺序的继承人，赋予其继承权，从源流上看是对苏联法律的部分继受。

从当时的立法说明看，也是基于更好地赡养老人的需要。但是这样的立法在赞同者看来属于中国特色，在反对者看来则是破坏了世界范围内姻亲关系不能成为继承权基础的法律传统，导致继承权产生的基础不统一，也与我国继承法的源流与传统不符。[1]对此笔者赞成将对公婆、岳父母尽了主要赡养义务的丧偶儿媳与女婿列入《民法典》第1131条规定的，继承人以外其他可以取得遗产的人之中，赋予其遗产酌分请求权，如此可以保持法律逻辑上的严密，更重要的是可以避免继承法落入权利与义务对等的陷阱，防止改变继承意义的纯洁。

综上所述，直系姻亲关系的发生、终止及其法律效力具有不同于血亲的特点，特别是作为直系姻亲的儿媳与公婆、女婿与岳父母在是否需要禁止结婚、是否需要承担扶养的义务和是否因为扶养就可以取得继承权等方面都存在学术争议，相关的法律也有待进一步的明确和完善。

二、姻亲身份的任职回避

除各国通例的亲属任职回避外，近姻亲也是我国公法上的一个重要法律概念，但是作为规范亲属关系源头的《民法典·婚姻家庭编》对此却没有规定，由此而来的问题就是近姻亲的范围有多大？即哪些姻亲属于近姻亲？在缺乏法律规范与解释的情形下，是否可以类推适用《民法典》近亲属的规定呢？在比较法上，罗马法对姻亲亲等的计算方法采用姻亲从血亲的计

---

〔1〕　杨立新主编：《继承法修订入典之重点问题》，中国法制出版社2015年版，第53—81页。

算法，为大陆法系许多国家和地区采用，笔者认为对近姻亲的解释可以采用此计算方法，按照《民法典》第1045条第2款的规定，配偶、父母、子女、兄弟姐妹、祖父母、外祖父母、孙子女、外孙子女为近亲属，因此，在我国法上，近亲属包括二亲等的直系血亲和二亲等的旁系血亲。但是，如果我们简单根据罗马法姻亲从血亲的原则，就会得出近姻亲包括二亲系姻亲和二亲等的旁系姻亲的结论，显然，这个范围过大，与现实生活中姻亲之间的生活密切程度不符合，需要加以限缩，但无论如何，一亲等的直系姻亲应当属于近姻亲，其中既包括儿媳与公婆、女婿与岳父母，也包括形成准拟制血亲关系的抚养教育型继父母继子女（后者存在姻亲关系与准拟制血亲关系的叠加，按照亲属法就近原理，有关任职回避应当参照直系拟制血亲的规定，适用父母子女关系法）。

在我国法上，近姻亲作为独立于《民法典》之外的一个法律概念，法律规定旨在设立近姻亲回避以保障公权力和司法公平、独立，相关规定可见于前文所述《法官法》第23条、《检察官法》第24条及《公务员法》第74条。

第六章 比较法视野下的亲等和亲系制度

鉴于世界各国的亲属法律制度纷繁复杂，本书以大陆法系和英美法系的亲等和亲系制度作为主要考察对象。

第一节 大陆法系的亲等和亲系制度

关于大陆法系的亲等和亲系制度，本书选择以法国、德国、意大利、日本、瑞士、俄罗斯为考察对象。

一、法国的亲等和亲系制度

《法国民法典》[1]没有规定亲属的种类，但从其对各种亲属关系的规定看，实际上存在配偶、血亲和姻亲的类别，各自产生一定的法律效力。在法国法上，姻亲关系是指因为婚姻而产生的家庭关系；亲属关系则是基于亲子关系而产生的具有血缘的关系。因此，法国法所谓的"亲属关系"不包括姻亲关系。[2]但事实上，姻亲在法国法上也会产生有限的法律效力，在法律上也存

---

〔1〕 参见罗结珍译：《法国民法典》，北京大学出版社2023年版。
〔2〕 ［法］科琳·雷诺－布拉尹思吉著，石雷译：《法国家庭法精要》，法律出版社2019年版，第2页。

在直系姻亲与旁系姻亲的划分。

（一）亲等

关于亲等的计算方法，《法国民法典》第741条规定："亲属关系的远近按代数确定，间隔一代称为一亲等。"第743条规定："直系血亲，各代人之间间隔几代即有几个亲等：因此，子对父为第一亲等，孙对祖父为第二亲等；反过来，父与祖父对子和孙，分别为第一亲等和第二亲等。旁系血亲，自亲属之一往上数至共同的上辈但不包括共同的上辈在内，再自共同的上辈往下数至相应的亲属，亲等按间隔的代数相加计算。因此，两兄弟为第二亲等；叔伯与侄，舅与甥，为第三亲等；堂、表兄弟为第四亲等，依此类推。"由上述规定可以得知，《法国民法典》采用罗马法的亲等计算法，直系血亲从己身往上或往下计算，每经一代为一亲等，如从己身往上数，与父母为一亲等、与祖父母和外祖父母为二亲等、与曾祖父母和外曾祖父母为三亲等、与高祖父母和外高祖父母为四亲等的直系血亲，往上依此类推；从己身往下数，与子女为一亲等、与孙子女和外孙子女为二亲等、与曾孙子女和外曾孙子女为三等亲、与玄孙子女和外玄孙子女为四亲等的直系血亲，往下依此类推。旁系血亲的亲等计算则是从己身数至同源之直系血亲，再由同源之直系血亲，数至与之计算亲等的血亲，两者相加之和为亲等数，如己身与兄弟姐妹为二亲等、与伯叔姑舅姨和侄甥为三亲等、与堂兄弟姐妹和表兄弟姐妹为四亲等的旁系血亲。

（二）亲系

按照《法国民法典》的规定，法国法上的亲系主要有下列几种类型：

1. 直系血亲与旁系血亲。按照《法国民法典》第 742 条的规定，"亲等的相互连续，形成亲系；一人为另一人所生，此等人相互之间亲等的连续称为直系；一人虽非另一人所生但有一个同源人，此等人相互之间亲等的连续称为旁系。直系血亲分为直系尊血亲与直系卑血亲"。此条文以生育为根据划分直系血亲与旁系血亲，实际上是对直系血亲与旁系血亲的定义。因此，在法国法上，直系血亲是指生育自己和自己生育的血亲，包括父母、祖父母、外祖父母、曾祖父母、外曾祖父母、子女、孙子女、外孙子女、曾孙子女、外曾孙子女等。旁系血亲则是指虽非直系血亲却与自己出于同源的血亲，包括伯叔姑姨舅、兄弟姐妹、堂兄弟姐妹、表兄弟姐妹、甥侄、甥侄女等。按照辈分的不同，我们又可以把直系血亲分为直系血亲尊亲属与直系血亲卑亲属，前者包括父母、祖父母、外祖父母、曾祖父母、外曾祖父母等，后者包括子女、孙子女、外孙子女、曾孙子女、外曾孙子女等；同理，也可以将旁系血亲分为旁系血亲尊亲属与旁系血亲卑亲属。但《法国民法典》对旁系血亲没有按照对直系血亲划分辈分的做法对其作出辈分的划分，这是因为在法国法上，从其有关亲属关系的法律效力看，旁系血亲的辈分并不影响其法律效力，因此《法国民法典》没有必要对其作辈分划分。

从下列血亲身份在《法国民法典》上的效力，我们可以看到法国法上存在直系血亲与旁系血亲、直系尊血亲与直系卑血亲的划分：

（1）禁止结婚与签订紧密关系协议。第 161 条："在直系亲属中，所有的尊血亲与卑血亲之间以及同系的姻亲之间禁止结婚。"第 162 条："旁系亲属，兄弟姐妹之间禁止结婚。"第 163 条："叔、伯与侄女或侄子，舅父与外甥女或外甥，姑母与内侄或内侄女，叔伯母与侄子或侄女，姨母与外甥或外甥女，舅母与外甥或外甥女之间，禁止结婚。"同理，第 515 - 2 条第 1 款规定，直系尊血亲与卑血亲之间、直系姻亲之间以及直至并且包括第三亲等在内的旁系亲属之间禁止订立紧密关系协议。

（2）提起婚姻无效之诉的权利。第 187 条："在按照第 184 条的规定任何于其中有利益的人均得提出婚姻无效之诉的所有情况下，旁系血亲或者前婚所生子女得在夫妻双方生前对其婚姻提出无效之诉……"

（3）直系尊血亲对直系卑血亲结婚提出异议的权利。第 173 条规定："父母，以及无父无母时，祖父母，得对他们的子女和直系卑血亲的婚姻提出异议，即使子女和直系卑血亲已经成年。一直系尊血亲提出的婚姻异议经法院裁决撤销之后，另一直系尊血亲再行提出任何新的异议，不予受理，也不得推迟举行结婚。"

（4）基于一定血亲关系而享有改姓权。第 61 条第 1 款："凡证明有正当利益的人，可申请改姓。为了避免请求人的某一直系尊血亲或旁系亲属直至第四亲等所使用的姓氏湮灭无继，可以申请改姓。"

（5）子女与直系尊血亲保持个人关系的权利。第 371 - 4 条："子女有权与其直系尊血亲保持个人关系，只有子女本身的利益才能妨碍行使这种权利。"

（6）确定继承人的顺序。如第 734 条第 1 款规定："在没有有继承权的配偶的情况下，亲属按照以下顺序继承遗产：1. 子女和他们的直系卑血亲；2. 父和母；兄弟姐妹以及他们的直系卑亲；3. 父和母以外的直系尊血亲；4. 兄弟姐妹以及他们的直系卑血亲以外的旁系亲属。"此等划分也用于代位继承的资格取得与排除，第752条第1款："直系卑血亲均得代位继承，并无代数限制。"第752 – 1条同时规定，直系尊血亲不得代位继承。

（7）被收养人直系卑血亲的继承权以及取得特留份资格的限制。第365条："被收养人及其直系卑血亲，在收养人的家庭里享有第三卷第一编第三章所规定的继承权。但是，被收养人及其直系卑血亲对收养人的直系尊血亲不享有特留份继承人的资格。"

（8）直系卑血亲享有代位继承权，并无代数限制（第752条第1款）。

（9）直系尊血亲不得代位继承（第752 – 1条）。

（10）旁系血亲代位继承。第752 – 2条规定："旁系亲属中，被继承人的兄弟姐妹的子女和他们的直系卑血亲，不论是与叔、伯、姑、舅、姨共同继承，还是被继承人的兄弟姐妹均已先死亡，遗产转归与他们的亲等相同或不同的直系卑血亲，为他们受益，准许代位继承。"

（11）直系卑血亲的优先分配权。第831条："健在配偶，或者任何作为共同所有权人的继承人，均可请求通过遗产分割，优先分配其实际参与或曾经参与经营的农业、商业、工业、手工业或自由职业企业之整体或一部，或者优先分配这种企业的共有份额……对于继承人而言，其配偶或者直系卑血亲对企业经营的参与，也视其可以具备或者曾经具备前述参与经营之条件。"

2. 直系姻亲与旁系姻亲。从下列《法国民法典》规定,我们可以看到姻亲在法国法上产生有限的法律效果,直系姻亲较旁系姻亲具有更多的权利义务。因此,虽然《法国民法典》对亲系的定义不涉及姻亲,但事实上在《法国民法典》中存在直系姻亲和旁系姻亲的划分:

(1)通常情形下,禁止直系姻亲之间结婚;[1]与此同理,直系姻亲之间也不得订立紧密关系协议,否则协议无效(第515-2条)。

(2)继子女有权提起婚姻无效之诉。第187条规定,前婚所生子女得在夫妻双方生前对其婚姻提出无效之诉。

(3)配偶对公婆或者岳父母负有扶养义务。第206条:"女婿和儿媳也应当在相同情况下对公、婆、岳父、岳母负相同义务,但是,在产生姻亲关系的夫妻一方及其与配偶的婚姻所生子女均已死亡时,此种义务停止。"

(4)亲属会议成员的选任。第399条第3款:"未成年人的父母的血亲或姻亲以及居住在法国或国外的对未成年人表示关注的任何人,得为亲属会议的成员。"

(5)监护人与监护监督人的选任。按照第409条第2款的规定,监护人是未成年人的父系或母系的血亲或姻亲可以担当监护人与监护监督人。

---

〔1〕《法国民法典》第161条:"在直系亲属中,所有的尊血亲与卑血亲之间以及同系的姻亲之间禁止结婚。"例外的情形规定于第164条:"但是,共和国总统得基于特别重大理由取消以下条款的限制:1. 在原先建立姻亲关系的人已经死亡的情况下,第161条对直系姻亲之间禁止结婚的规定……"罗结珍译:《法国民法典》,北京大学出版社2023年版,第113、114页。

（6）姻亲有权向法院申请设立监护。第391条第1款："在受司法监督的法定管理中，监护法官得于任何时候，或者依职权，或者应血亲或姻亲的请求，或者应检察院的要求，除紧急情形外，在听取法定管理人的意见或者传唤法定管理人之后，设立监护。"

（7）姻亲可以成为财产管理人或监护人。第449条第2款："在没有按照前款规定任命财产管理人或监护人时，并按照该款之相同保留条件，法官得指定一名血亲或姻亲或者与受保护的成年人住在一起的人或者与其保持紧密而稳定关系的人作为财产管理人或监护人。"

（8）姻亲可以担任财产管理监督人与监护监督人（第454条第2款）。

（9）姻亲可以获得监护账目与证明材料的副本。第510条第4款："此外，如受保护人已达上述年龄并且状况准许，法官在听取其意见并征得其同意之后，可以批准受保护人的配偶、与其订有紧密关系民事协议的伙伴、血亲或姻亲，或者一名近亲属，如他们证明有正当利益，提出请求，并向他们提交账目与证明材料的副本，或者提交这些文件之一部分。"

3. 父系亲与母系亲。按照《法国民法典》第746条[1]的规定，依据亲属是源于父亲还是母亲，将亲属分为父系亲与母系亲两个分支，旨在保障分配相关的权利义务时父母双系亲属权利义务平等，父母双系亲属产生的法律效力主要表现在下列

---

〔1〕　第746条："亲属关系，按其源于父或母，划为两个分支。"见罗结珍译：《法国民法典》，北京大学出版社2023年版，第446页。

方面：

（1）遗产分割时父系亲属与母系亲属平等。第 747 条规定："当遗产转归直系尊血亲继承时，父系尊血亲与母系尊血亲之间对半分割。"第 749 条："如遗产转归除兄弟姐妹或者兄弟姐妹的直系卑血亲以外的旁系亲属继承，遗产在父系分支与母系分支之间对半分割。"

（2）单系亲属的结婚同意生效。第 150 条第 1 款规定："如父母双亡或者处于不能表达意思之状态，由祖父母〔1〕替代之。如同系祖父母之间或者两系祖父母之间意见不一致，此种不一致情形仍可产生同意之效力。"

（3）监护监督人选任的双系平衡。第 409 条第 2 款："如监护人是未成年人的父系或母系的血亲或姻亲，监护监督人应当尽量从另一系成员中挑选。"

（4）财产管理监督人与监护监督人选任的双系平衡。第 454 条第 2 款："如财产管理人或监护人是受保护人的一亲系中的血亲或姻亲，应尽量从另一亲系中选任财产管理监督人或监护监督人。"

4. 房（支）。房是法国法上需要平衡的利益单位，从下列《法国民法典》规定可以看到法国法上存在房的划分：

（1）向不同亲等的直系卑血亲进行"赠与－分割"。如第 1078－6 条规定，"在不同继承顺序的直系卑血亲参与同一次'赠与－分割'时，按房数进行分割。在不同顺序的直系卑血亲进行

---

〔1〕 此处的祖父母是祖父母和外祖父母的统称。转引自罗结珍译：《法国民法典》，北京大学出版社 2023 年版，第 110 页。

财产分配时,可以仅给予特定房数以财产,而不给予其他的房数";第1078-8条第4款:"如果某一房的直系卑血亲在'赠与-分割'中没有得到份额或者仅得到少于其特留份的份额,应按照第1077-1条与第1077-2条所定规则满足他们的权利。"

(2)代位继承中按房分配遗产原则。第753条规定:"在准许代位继承的所有情况下,如同是被代位人本人继承一样,遗产按房数分配;如有必要,按同一房亲属的次分支进行分配。在每一房亲属或者每一房亲属的次分支内,遗产按人头等份分配。"

除了上述亲系的类型之外,《法国民法典》还存在近亲属的概念,可见之于第456条第2款、462条、第510条等,但其在法律上的效力较弱,如为法官提供参考意见和审阅监护人提供的账目与证明材料的副本,在此不赘述。

二、德国的亲等和亲系制度

《德国民法典》[1]并未将配偶列为亲属,因此,亲属只有血亲和姻亲两类。在德国法上,血亲是确定禁止结婚、扶养义务与法定继承权的根据。血亲可以基于婚生与非婚生育形成,也可以基于人工生育形成。借助人工生育技术生育的子女,原则上在子女和提供生殖细胞的人(基因父母)及其血亲之间形成血统关系。同时,通过收养也可以建立与基因出身无关的血亲关系。至于姻亲,按照《德国民法典》第1590条第1款第1句

---

〔1〕 参见台湾大学法律学院、台大法学基金会编译:《德国民法典》,北京大学出版社2017年版。

的规定，夫妻一方的血亲，与另一方为姻亲关系。通过登记形成的生活伴侣关系，也可以成立姻亲关系。但通常情形下，姻亲系因婚姻而成立。但需要注意的是，按照《德国民法典》，即使建立姻亲关系的婚姻已经解除，姻亲关系仍然继续存在。

（一）亲等

《德国民法典》关于血亲和姻亲的亲等计算法采用罗马法的血亲亲等计算方法和姻亲从血亲的法则，第 1589 条第 1 款第 3 句规定："亲等按联系亲属出生之世数定之。"按此计算方法，爷爷与孙子为二亲等的直系血亲；兄弟姐妹为二亲等的旁系血亲；己身与伯叔姑舅姨和侄甥为三亲等的旁系血亲；己身与堂兄弟姐妹和表兄弟姐妹为四亲等的旁系血亲。[1]

至于姻亲的亲等，第 1590 条第 1 款规定，"姻亲之亲系及亲等，依姻亲关系所由而生之血亲亲系及亲等定之。"按此计算方法，姻亲属于哪一亲系、亲等，要按照形成姻亲关系的血亲关系的亲系和亲等确定，即姻亲从血亲的亲等，具体如下：

（1）血亲的配偶，从其配偶的亲等。如子女的配偶，依自己与子女的亲等（一亲等）和亲系（直系血亲）计算，为一亲等的直系姻亲；又如姐妹的丈夫，依自己与姐妹的亲等（二亲等）和亲系（旁系血亲）计算，则自己与姐夫、妹夫为二亲等旁系姻亲。

（2）配偶的血亲，从其与配偶的亲等。如妻子的父母（岳父母），依岳父母与妻子的亲等（一亲等）和亲系（直系血亲）

---

〔1〕［德］迪特尔·施瓦布著，王葆莳译：《德国家庭法》，法律出版社 2022 年版，第 329 页。

计算，则丈夫与岳父母为一亲等直系姻亲；同理，妻子与公婆为一亲等直系姻亲。

（3）配偶之血亲之配偶，从其与配偶的亲等。如丈夫或妻子的兄弟姐妹之配偶，依丈夫或妻子与其亲等（二亲等）和亲系（旁系血亲）计算，为二亲等的旁系姻亲。

（二）亲系

德国法上的亲系分为下列几种类型：

1. 直系血亲与旁系血亲，直系尊血亲与直系卑血亲。《德国民法典》第 1589 条第 1、2 句规定："从己身所出与己身所从出者，互为直系血亲。非直系血亲，但出于同源者，为旁系血亲。"法律作此划分的一个重要目的是在直系血亲之间设立相互给予扶养的义务、亲权与监护、继承权以及禁止结婚的义务。与此同时，法律又根据辈分的不同将直系血亲划分为直系尊血亲与直系卑血亲。从下列亲属在法律上的效果可以看到德国法上存在直系血亲与旁系血亲、直系尊血亲与直系卑血亲的划分：

（1）直系血亲以及二亲等的旁系血亲之间禁止结婚：《德国民法典》第 1307 条规定："直系血亲之间或全血缘及半血缘之兄弟姊妹之间，不得结婚。前款亲属关系，因收养子女而消灭者，亦同。"

（2）直系血亲负有相互给予扶养的义务（第 1601 条）。

（3）确定扶养顺序人的先后：第 1606 条第 1、2 款规定："I. 直系血亲卑亲属先于直系血亲尊亲属，负扶养义务。II. 直系血亲卑亲属间与直系血亲尊亲属间，亲等近者先于亲等远者，负扶养义务。"第 1609 条第 1 项："扶养权利人有数人，而扶养义务人不能为全部扶养时，依下列规定，决定其扶养之顺序：1. 未成年且未结婚之子女与依第一千六百零三条第二款第二段所定之子女。"

（4）直系血亲相互告知财产收入的义务。第 1605 条第 1 款第 1 句："为确定扶养权利或扶养义务之必要范围内，直系血亲彼此负有义务，于他方请求时，应告知其财产及收入之状况。"

（5）血亲的扶养替代义务。第 1607 条第 1 款规定："依第一千六百零三条规定，血亲中有不负扶养义务者，其负有义务之次顺序血亲，应负担扶养。"

（6）（外）祖父母、兄弟姐妹与子女的交往权。第 1685 条第 1 款："祖父母及兄弟姊妹于符合子女利益者，得享有与子女会面交往之权利。"

（7）规定收养成立所产生的法律效果。第 1755 条第 1 款第 1 句规定："养子女及其直系血亲卑亲属，其原已成立之血亲关系及由此所生之权利及义务，因收养关系之成立而消灭。"第 1756 条第 1 款规定："收养人与养子女为二亲等或三亲等之血亲或姻亲者，子女与其直系血亲卑亲属，仅消灭其与本生父母之关系及由此所生之权利及义务。"第 1770 条第 2、3 款："Ⅱ. 被收养人及其直系血亲卑亲属与其血亲关系间所生之权利及义务，不因收养而受影响，但以法律无其他规定者为限。Ⅲ. 收养人对被收养人及其直系血亲卑亲属所负之扶养义务，应先于被收养人之血亲。"

（8）确定法定继承人的顺序。第 1924 条第 1 款："第一顺序之法定继承人为被继承人之直系血亲卑亲属。"第 1925 条第 1 款："第二顺序之法定继承人为被继承人之父母及其直系血亲卑亲属。"第 1926 条第 1 款："第三顺序之法定继承人为被继承人之祖父母及其直系血亲卑亲属。"第 1928 条第 1 款："第四顺序之法定继承人为被继承人之曾祖父母及其直系血亲卑亲属。"

（9）特定亲属的继承补偿义务。法律分别规定了直系血亲卑亲属为法定继承人、遗嘱继承人时的补偿义务（第 2050、2052 条）以及直系血亲卑亲属丧失继承权时的补偿义务（第 2051 条）、直系血亲卑亲属进行特别的共同工作或照顾活动时的补偿义务（第 2057 条之一）。

（10）确定特留份权利人。第 2303 条规定，被继承人的直系血亲卑亲属、父母和配偶是特留份权利人。

2. 远亲等与近亲等亲属。远亲等亲属规定于《德国民法典》第 1929 条中，它在德国法上的效力主要集中于确立法定继承人的范围和顺位、向远亲等的直系血亲卑亲属进行的给与（第 2053 条）和远亲等的直系血亲卑亲属的特留份权利（第 2309 条）。按照该法的规定，第一顺序法定继承人是被继承人的直系血亲卑亲属，第二顺序法定继承人是被继承人的父母及其直系血亲卑亲属，第三顺序法定继承人是被继承人的（外）祖父母及其直系血亲卑亲属，第四顺序法定继承人是被继承人的（外）曾祖父母及其直系血亲卑亲属，在此范围内的亲属被视为近亲等亲属；而在上述亲属之外，则被视为远亲等亲属。按照第 1929 条第 1 款的规定："第五顺序及更远之法定继承人为被继承人之高祖父母及高祖父母以上之直系血亲尊亲属及其直系血亲卑亲属。"德国法上法定继承人的范围甚至超过了同一（外）高祖父母的直系后代的范围。

3. 直系姻亲与旁系姻亲。《德国民法典》第 1590 条第 1 款第 2 句规定，姻亲的亲系和亲等，依姻亲关系所由而生之血亲亲属及亲等确定。按照此规定可以推导出德国法上存在直系姻亲与旁系姻亲，此推论也可以从姻亲在其他法律上的法律效果得到印证：

（1）对法官司法的限制。《德国民事诉讼法》第41条规定，当法官与当事人是配偶关系或曾经是配偶关系、或者案件的当事人之一是法官的直系血亲或直系姻亲，或三亲等以内的旁系血亲，或二亲等内的旁系姻亲，法官依法不得执行职务。

（2）民事诉讼中拒绝作证的权利。按照《德国民事诉讼法》第383条的规定，曾为一方的未婚配偶、配偶、前配偶的，现在或者过去曾是直系血亲或直系姻亲、三亲等以内的旁系血亲或二亲等以内的旁系姻亲的，可以拒绝作证。

（3）对法官执行刑事案件审判职务的限制。《德国刑事诉讼法典》第22条规定："法官是或者曾经是被指控人或者被害人的配偶、监护人或者照管人；法官与被指控人或者被害人是直系亲属或者直系姻亲，现在或者曾经在旁系三亲等内有血缘关系或者在二亲等内有姻亲关系的，法官依法不得执行审判职务。"

（4）直系姻亲与二亲等内的旁系姻亲在刑事诉讼中拒绝作证的权利。按照《德国刑事诉讼法典》第52条的规定，与被指控人现在或者曾经是直系亲属或者直系姻亲，现在或者曾经在旁系三亲等内有血缘关系或者在二亲等内有姻亲关系的人员，在刑事诉讼中有权拒绝作证。[1]

4. 家系（房）。在德国法上，继承法将被继承人的亲属分

---

〔1〕 转引自陈苇主编：《外国婚姻家庭法比较研究》，群众出版社2006年版，第46、47页。

为若干继承顺序，采用低顺序优先于高顺序的原则，这被称为亲系继承原则。[1]与此同时，法律将那些通过被继承人的某一直系血亲卑亲属而与被继承人建立血亲关系的所有直系血亲卑亲属都归为一个家系，[2]适用代表原则和代位继承原则，即一个家系中与被继承人有最近血亲关系的直系血亲卑亲属将其他人排除在继承之外（代表原则）；若其已不在世，则由其直系血亲卑亲属代替其位置继承遗产（代位继承原则）。

三、意大利的亲等和亲系制度

《意大利民法典》[3]将亲属分为血亲和姻亲，配偶只是作为亲属关系形成的源泉，但不被视为亲属。血亲是源于同一祖先的人们之间的关系（第74条），超出七亲等以上的血亲就不是法律上的亲属，但某些法律特别规定的效力不在此限（第77条）；姻亲则是配偶一方与另一配偶的血亲之间的关系。因此，在意大利民法上，姻亲采用的是狭义的定义，仅仅指配偶的血亲，如丈夫的父母（公婆）、（外）祖父母、伯叔姑舅姨、兄弟姐妹等，妻子的父母（岳父母）、（外）祖父母、伯叔姑舅姨、兄弟姐妹等，但不包括血亲的配偶与配偶的血亲的配偶；与此同时，法律规定姻亲关系不因一方配偶的死亡而消灭（第78条）。

（一）亲等

《意大利民法典》采用罗马法的亲等计算方法，其第76条规

---

〔1〕　［德］安雅·阿门特－特劳特著，李大雪、龚倩倩、龙柯宇译：《德国继承法》，法律出版社2015年版，第34页。

〔2〕　笔者理解为，此即中国观念中的"房"。

〔3〕　参见费安玲、丁玫译：《意大利民法典》，中国政法大学出版社1997年版。

定:"直系血亲以代为计算单位,一代为一亲等,共同祖先不计算在内。旁系血亲同样以代为计算单位,从一方血亲开始按代向上数至共同祖先,再由共同祖先向下数至他方血亲,一代为一亲等,代数的总和即为亲等数,共同祖先亦不计算在内。"

至于姻亲亲等的计算方法,法律规定,配偶一方某一亲系某一亲等的血亲为另一方配偶该亲系该亲等的姻亲(第78条),此规则沿用了罗马法姻亲从血亲的规则,如丈夫的父母为配偶之直系姻亲,依公婆与丈夫的亲系、亲等(一亲等),则妻子与公婆为一亲等的直系姻亲;妻子的父母(岳父母),依岳父母与妻子的亲系、亲等(一亲等)计算,则丈夫与岳父母为一亲等的直系姻亲。同理,丈夫的兄弟姐妹为丈夫二亲等的旁系血亲,则妻子与丈夫的兄弟姐妹为二亲等的旁系姻亲;妻子的兄弟姐妹为妻子二亲等的旁系血亲,则丈夫与妻子的兄弟姐妹为二亲等的旁系姻亲。

(二)亲系

从亲属在法律上的效果,我们可以看到意大利法上亲系分为下列类型:

1. 直系血亲与旁系血亲。意大利法律上的亲系以直系血亲和旁系血亲为本,《意大利民法典》第75条规定:"直系血亲是那些生育自己的和自己所生育的上下各代人们之间的关系;旁系血亲是那些不是生育自己的也不是自己所生育的、但是拥有同一祖先的人们之间的关系。"虽然《意大利民法典》明确规定法律认定的亲系是直系血亲与旁系血亲,但事实上,法律又进一步按照辈分的不同将直系血亲分为直系尊血亲与直系卑血亲,体现在下列法律效果中:

（1）一定范围内的血亲禁止结婚。按照《意大利民法典》第87条的规定，法定直系尊卑亲属之间、直系尊卑血亲之间禁止结婚；同父同母、同父异母、同母异父的兄弟姐妹之间禁止结婚；伯、叔与侄女之间，舅、姨父与外甥女之间，姑、伯母、婶与侄子之间，姨、舅母与外甥之间禁止结婚。

（2）特定情形下，尊亲属或三亲等以内的旁系血亲有权提起婚姻异议。第102条第1款规定："婚姻异议可以由父母根据任一妨碍结婚的事由提起；在父母死亡的情况下，由其他尊亲属或三亲等以内的旁系血亲提起。"

（3）监护人的选任。按照第348条的规定，在父母未指定监护人或者因重大事由不能任命被指定的人为监护人的情况下，负责监护事务的法官应当在未成年人的尊亲属或者在其他最近血亲、姻亲中挑选监护人。

（4）亲属承担抚养费、扶养费、赡养费的顺序。第433条规定："承担给付抚养费、扶养费、赡养费义务人的顺序如下：1）配偶；2）婚生子女、准正子女、私生子女、养子女，在上述子女死亡的情况下，近卑亲属，近自然血亲卑亲属；3）父母，在父母死亡的情况下，近尊亲属，近自然血亲尊亲属；养父母；4）女婿和儿媳；5）公婆和岳父母；6）同父同母的兄弟姐妹和同父异母、同母异父的兄弟姐妹；同父同母的兄弟姐妹先于同父异母、同母异父的兄弟姐妹承担义务。"

（5）法定继承人的范围。包括：配偶、婚生卑血亲、私生卑血亲、直系尊亲属、旁系亲属、其他亲属和国家（第565条）。

2. 直系姻亲与旁系姻亲。从亲属在意大利法律上的下列效果，我们可以看到意大利法存在直系姻亲与旁系姻亲之分，其效力主要体现在一定范围内的姻亲禁止结婚。按照《意大利民法典》第 87 条的规定，直系姻亲之间禁止结婚，即使在婚姻被宣告无效、婚姻关系解除、婚姻的民事效力终止的情形下，这一禁止性规定仍然有效。此外，法律还规定二亲等旁系姻亲之间禁止结婚。但此禁止性规定也有例外，即法院可以根据当事人的请求，在听取检察机关的意见之后，根据本院议事室作出的决定，准许二亲等旁系姻亲的结婚申请；在产生姻亲关系的婚姻被宣告无效后，法院也可以准许直系姻亲的结婚申请。

3. 尊亲属与卑亲属。亲属关系的尊与卑是基于辈分和年龄长幼划分，尊亲属与卑亲属之分在《意大利民法典》上具有重要的意义，法律对其分配了诸多的权利与义务。由于配偶不是意大利法律上的亲属，因此其法律所称"尊亲属"与"卑亲属"应当是对包括血亲和姻亲在内的亲属的系统划分。尊亲属与卑亲属之分表现在下列法律效果中：

（1）法定直系尊卑亲属之间、直系尊卑血亲之间禁止结婚（第 87 条）。

（2）在父母死亡的情形下，其他尊亲属有权提起婚姻异议（第 102 条）。

（3）尊亲属享有结婚异议免除赔偿权。第 104 条第 2 款："在（结婚）异议被驳回的情况下，除尊亲属和检察机关外，可以判处其他提起异议之人赔偿损失。"

（4）最近尊亲属有权提起撤销婚姻之诉（第 117 条）。

（5）卑亲属、尊亲属享有诉权的可转让。按照第 267 条的规定，在因胁迫提起的否认认领之诉和因禁治产提起的否认认领之诉中，如果认领人在尚未提起否认认领之诉的情况下去世了，则在诉讼期限届满之前，可以由他的卑亲属、尊亲属提起这一诉讼。

（6）确认之诉中卑亲属对原告地位的继受。第270条规定："对子女而言，请求以判决确认生父或者生母身份的诉讼不因时效而消灭。如果子女在尚未提起诉讼的情况下去世了，则可以由他的婚生卑亲属、准正的卑亲属、认领的卑亲属在他去世后2年内提起。在子女提起诉讼以后去世的情况下，他的婚生卑亲属、准正的卑亲属、认领的卑亲属可以继续该诉讼。"

（7）尊亲属有权申请准正。按照第286条的规定，在生父或生母没有表达相反愿望的情况下，在生父或生母去世以后，生父或生母的尊亲属可以提出对已经进行了认领的私生子女实行准正的申请。

（8）尊亲属的义务。第148条规定："夫妻双方应当根据各自的财产状况、工作能力或持家能力承担履行本法第147条〔1〕规定的义务的责任。在父母的能力无法达到履行规定义务的需要时，由其他法定尊亲属或自然血亲尊亲属，按照亲属关系的远近顺序，向能力有限的父母提供必要的帮助使他们能够履行对子女承担的义务。"

（9）卑亲属代位继承。第468条第1款规定："可以进行代位继承的人：直系亲属中的婚生卑亲属、准正的卑亲属、收养的卑亲属以及私生卑亲属；旁系亲属中被继承人兄弟姐妹的卑亲属。"

---

〔1〕 指父母对子女承担的义务。

（10）直系尊亲属享有特留份。特留份人是指由法律规定为他们的利益保留一部分遗产或者其他权利的人，包括配偶、子女和直系尊亲属（第536条）。

（11）直系尊亲属的份额。按照第544条的规定，在被继承人未留有子女但留有直系尊亲属和配偶的情况下，配偶可以获得遗产的1/2，直系尊亲属可以获得遗产的1/4。

（12）尊亲属、卑亲属对失踪人财产的全部收益享有使用权（第53条）。

4. 父系亲属与母系亲属。父系亲属与母系亲属也是《意大利民法典》的一种亲属划分，它规定于涉及尊亲属继承的情形，旨在兼顾父系亲属与母系亲属的利益平衡，如第569条第1款规定："在某人死亡时即未留有子女、父母也未留有兄弟姐妹及其卑亲属的情况下，遗产的1/2由父系尊亲属继承，另外1/2由母系尊亲属继承。"但当尊亲属分别属于不同的亲等时，遗产不分亲系地由最近亲等的尊亲属继承。

四、日本的亲等和亲系制度

《日本民法典》[1]中《亲属编》用专章规定亲属关系通则，内容包括亲属的范围、亲等的计算等。按照该法第725条的规定，日本法律上的亲属包括六亲等以内的血亲、配偶、三亲等以内的姻亲。与欧陆国家民法典不同，《日本民法典》明确将配偶视为亲属。同时需要指出的是，虽然《日本民法典》规定的血亲范围远至六亲等，但随着亲属关系在现代社会的式

---

〔1〕 参见王爱群译：《日本民法典》，法律出版社2014年版。

微，事实上法律在分配亲属之间的权利义务时，其范围常常以远至四亲等内的亲属为多，如《日本民法典》第 7 条[1]、第 14—15 条[2]、第 18 条[3]、第 974 条等。[4]此外，在旁系血亲中，全血缘的兄弟姐妹与半血缘的兄弟姐妹在法律上的效果存在差别，如《日本民法典》第 900 条第 4 项规定，法定继承的份额，同父异母或同母异父的兄弟姐妹的继承份额为同父同母的兄弟姐妹继承份额的 1/2。

（一）亲等

关于日本的亲等制度，《日本民法典》规定采用罗马法的亲等计算法，姻亲的亲等亦是采用罗马法姻亲从血亲的规则。第 726 条规定："亲等按照亲属间的世代数计算确定。旁系亲属的亲等，由计算亲等的一人或配偶开始，溯至同一祖先，再由该祖先开始，退至计算亲等的另一人，依其世代数而定。"

---

〔1〕《日本民法典》第 7 条："对于因精神上的缺陷而缺乏对事物的判断能力却处于常态的人，家庭法院可以因本人、配偶、四亲等内的亲属、监护人、保佐人或检察官的请求，对其作出开始监护的裁定。"

〔2〕《日本民法典》第 14 条第 1 款："第十一条规定的原因已经消灭时，家庭法院可以根据本人、配偶、四亲等内的亲属、未成年人的监护人、未成年人监护人的监督人、保佐人、保佐监督人或检察官的请求，撤销开始保佐的裁定。"第 15 条："对于因精神上的缺陷不具有完全判断事物的能力之人，家庭法院可以根据本人、配偶、四亲等内的亲属、监护人、监护监督人、保佐人、保佐监督人或检察官的请求，对其作出开始辅助的裁定……"

〔3〕《日本民法典》第 18 条第 1 款："第十五条规定的原因已经消灭时，家庭法院可以根据本人、配偶、四亲等内的亲属、未成年人监护人、未成年监护的监督人、辅助人、辅助监督人或检察官的请求，撤销开始辅助的裁定。"

〔4〕《日本民法典》第 974 条："下列人不得成为遗赠的证人或在场人：（一）未成年人；（二）推定继承人、受遗嘱人及其配偶、直系血亲；（三）公证人的配偶、四亲等内的亲属、书记员及被雇佣的人。"

（二）亲系

从亲属在日本民法上的法律效果看，其亲系分为下列类型：

1. 直系血亲与旁系血亲。亲属在法律上的下列效果表明《日本民法典》存在直系血亲与旁系血亲之分：

（1）禁止近亲结婚。第734条规定："直系血亲或三亲等内的旁系血亲之间，不得结婚。但是，养子女与养方的旁系血亲之间，不在此限。"

（2）监护监督人资格的排除。按照第850条的规定，监护人的配偶、直系血亲及兄弟姐妹，不得担任监护监督人。

（3）互负扶养义务。第877条第1款规定，直系血亲及兄弟姐妹之间，有相互扶养的义务。

（4）互负扶助义务。第730条规定。"直系血亲与同居的亲属，应相互扶助。"

2. 直系尊亲属与直系卑亲属。从亲属在法律上的下列效果可以看到日本民法上的亲系存在直系尊亲属与直系卑亲属之分：

（1）尊卑养亲之间禁止结婚。第736条规定："养子女及其配偶、养子女的直系卑亲属及其配偶，与养父母及其直系尊亲属之间，即使在亲属关系按照第七百二十九条规定终止后，亦不得结婚。"

（2）有关收养的禁止性规定。按照第793条的规定，日本法律禁止把尊亲属或年长者收养为子女。

（3）收养条件的放宽。按照第798条的规定，收养自己或配偶的直系卑亲属为子女的，无须经过家庭法院的许可。

（4）收养形成的亲属关系的终止。第729条规定："养子女及其配偶，养子女的直系卑亲属及其配偶，与养父母及其血亲间的亲属关系，因收养终止而终止。"

（5）直系尊亲属的继承权。按照第889条第1款的规定，在没有子女及其代位人的情形下，直系尊亲属是第一顺序的继承人，但亲等不同者，以亲等近者优先。

（6）法定继承中直系尊亲属的继承份额。第900条规定："同一顺序的继承人为数人的，依下列规定确定其继承份额：（一）子女及配偶为继承人的，子女的继承份额及配偶的继承份额为各二分之一；（二）配偶及直系尊亲属为继承人的，配偶的继承份额为三分之二，直系尊亲属的继承份额为三分之一；（三）配偶及兄弟姐妹为继承人的，配偶的继承份额为四分之三，兄弟姐妹的继承份额为四分之一；（四）子女、直系尊亲属或兄弟姐妹为数人的，其各自的继承份额相等。但是，同父异母或同母异父的兄弟姐妹的继承份额为同父同母的兄弟姐妹继承份额的二分之一。"

（7）代位继承人的继承份额。第901条第1款规定："根据第八百八十七条第二款或第三款的规定成为继承人的直系卑亲属的继承份额，与其直系尊亲属的应得份额相同。但是，直系卑亲属为数人的，就其各自的直系卑亲属应得份额，按照前条的规定确定其继承份额。"

（8）对被监护人遗嘱效力的限制。第966条第1款规定："被监护人在监护计算完结前，做出监护人或其配偶、直系卑亲属可得利益的遗嘱的，该遗嘱无效。"

（9）特留份权利。第1028条规定："兄弟姐妹以外的继承人，按下列规定取得特留份：（一）只有直系尊亲属为继承人的，为被继承人财产的三分之一；（二）前款的规定以外的情形，为被继承人财产的二分之一。"

除了上述亲系，日本民法事实上也存在直系姻亲与旁系姻亲之分，意在禁止直系姻亲之间结婚，规定于第735条中："直系姻亲之间，不得结婚。即使在姻亲关系按照第七百二十八条或第八百一十七条之九的规定终止后，亦同。"

五、瑞士的亲等和亲系制度

《瑞士民法典》[1]将配偶排除在亲属之外，即亲属只包括血亲和姻亲。姻亲只是就一方配偶与他方血亲之间的关系而言，即仅限于血亲的配偶，并不包括配偶的血亲与配偶的血亲的配偶在内。

（一）亲等

与法国、德国、意大利等国民法规定相同，《瑞士民法典》规定采用罗马法的亲等计算法，第20条第1款规定："血亲的亲等，依表现其相互间出生关系的间隔数，确定之。"姻亲的亲系与亲等采取从血亲的计算方法，第21条规定："与他人有血亲关系者，其与该他人的配偶、该他人的已登记的同性伴侣，在同亲系和同亲等上，互为姻亲。因婚姻或已登记的同性伴侣关系而成立的姻亲关系，不因婚姻或已登记的同性伴侣关系的解销而废止。"由此规定看，《瑞士民法典》所认可的姻亲只是血亲的配偶，比如直系血亲与旁系血亲的配偶，如儿媳、女婿、嫂子、弟媳、姐夫、妹夫、伯母、婶母、姑父、舅母、姨父等，并不包括配偶的血亲、配偶的血亲的配偶。

---

〔1〕 参见戴永盛译：《瑞士民法典》，中国政法大学出版社2016年版。

（二）亲系

从《瑞士民法典》的规定看，亲系主要分为：

1. 直系血亲与旁系血亲。第 20 条第 2 款规定："一人为另一人所生者，该两人互为直系血亲；两人为同一第三人所生育且该两人相互间非为直系血亲者，该两人互为旁系血亲。"从《瑞士民法典》有关亲属的法律效力看，直系血亲又进一步分为直系血亲尊亲属与直系血亲卑亲属，可见之于下列法律规定：

（1）禁止近亲结婚。第 95 条规定："直系血亲之间，全血缘或半血缘的兄弟姐妹之间，不论其亲属关系基于出生或基于收养而形成，均不得结婚。养子女或其直系血亲卑亲属，与养子女所由出生之家庭的亲属之间，在血亲关系上的障碍，不因收养而消除。"

（2）认领的撤销人。第 259 条第 2 款规定："认领，得由下列人，撤销之：1. 母；2. 子女；子女已死亡者，由其直系血亲卑亲属撤销之，但限于在子女未成年期间夫妻共同生活已停止，或者在子女满十二岁后始为认领者。"

（3）对认领的撤销诉权。第 260a 条第 1 款规定："任何有利害关系的人，特别是母、子女，子女已死亡者其直系血亲卑亲属，以及认领人原籍地或住所地的乡镇，均得就认领，向法院提出撤销之诉。"

（4）对父提起确认之诉的诉权。第 261 条第 2 款规定："确认之诉，得对父提出，父已死亡时，对父之直系血亲卑亲属、父之父母或兄弟姐妹均得提出，父已死亡且无直系卑亲属、父母和兄弟姐妹时，得对父之最后住所地的主管机关提出。"

（5）收养成年人。按照第 266 条的规定，无直系血亲卑亲属的成年人，在符合法定条件的情形下，可以被收养。

（6）直系血亲卑亲属对收养调查的作用。第 268a 条第 3 款规定："养父母有直系血亲卑亲属者，该直系血亲卑亲属对收养的意见，应考虑之。"

（7）帮助义务的义务人。第 328 条规定："生活充裕的人，对于如不能得到其经济帮助就会陷于贫困的直系血亲尊亲属和直系血亲卑亲属，有帮助的义务。"

（8）法定继承人的范围和代位继承。第 457 条规定："被继承人的直系血亲卑亲属，为最先顺位的继承人。子女按均等份额继承。子女先于被继承人死亡者，由其直系血亲卑亲属，按亲系和亲等，代位继承。"

（9）影响配偶、登记同性伴侣继承的份额。第 462 条规定："生存配偶、登记的同性伴侣中的生存一方，1. 与被继承人的直系血亲卑亲属共同继承时，取得全部遗产的二分之一。2. 与被继承人的父母系的继承人共同继承时，取得全部遗产的四分之三。3. 在被继承人无直系血亲卑亲属及父母系的继承人时，取得全部遗产。"

（10）特留份。第 471 条规定："特留份，依下列方法，计算其数额：1. 直系血亲卑亲属，为法定继承权的四分之三；2. 父母，各为法定继承权的二分之一；3. 生存配偶、登记的同性伴侣，为法定继承权的二分之一。"

（11）在共同直系血亲卑亲属所继承遗产上，为生存配偶设立用益权。第 473 条规定："1. 被继承人，得为其生存配偶，以应由其共同的直系血亲卑亲属继承的遗产的全部，依死因处分，设定用益权。2. 前款用益权，应代替配偶与直系血亲卑亲属共同继承时所享有的法定继承权。除该用益权外，得处分之部分，为遗产的四分之一。3. 生存配偶再婚者，对于——依关于直系血亲卑亲属特留份的一般规定，在继承时不得设定用益权的——遗产部分，不再享有用益权。"

（12）继承权被剥夺时其直系血亲卑亲属的特留份权。第478条第3款规定："继承权被剥夺之人的直系血亲卑亲属，与继承权被剥夺之人在继承开始时已死亡相同，享有其本人的特留份权。"

（13）对无支付能力直系血亲卑亲属继承份额的剥夺。第480条第1款规定："被继承人，对其直系血亲卑亲属持有清偿不足证书者，得剥夺其特留份的二分之一，并将其归属于该直系血亲卑亲属的现有的和将要出生的子女。"

（14）后位继承人的指定。第492a条第1款规定："直系血亲卑亲属继续性无判断能力，且其既无直系血亲卑亲属，亦无配偶者，被继承人得就剩余遗产指定后位继承人。"

（15）公证官与见证人的资格排除。第503条规定："无行为能力人、因刑事判决而被剥夺公民权的人、不能写读文字的人、被继承人的直系血亲和兄弟姐妹及其配偶、被继承人的配偶，不得作为公证官或见证人参与公证遗嘱的订立。公证官和见证人、公证官和见证人的直系血亲和兄弟姐妹，以及其配偶，不得在遗嘱中被指定为受益人。"

（16）丧失继承资格对直系血亲卑亲属的效力。第541条规定："继承资格的丧失，仅及于继承资格丧失人本人。继承资格丧失人的直系血亲卑亲属，视如继承资格丧失人先于被继承人死亡，继承被继承人的遗产。"

（17）直系血亲卑亲属继承人的归扣义务。第626条第2款规定："被继承人对其直系血亲卑亲属，以婚产嫁资、生计资本、财产让与或债务免除的方式而给与财产时，该直系血亲卑亲属负有归扣义务，但被继承人在其处分中有明示之反对意思者，不在此限。"第 627 条第 2 款规定："继承人因被继承人的给与而取得的财产，虽未移转于继承人的直系血亲卑亲属，该直系血亲卑亲属，仍有归扣义务。"

2. 父母系与（外）祖父母系。

（1）父母系继承。第 458 条规定："被继承人无直系血亲卑亲属者，由其父母系取得遗产。父和母各继承遗产的二分之一。父或母先于被继承人死亡者，由其直系血亲卑亲属，按亲系和亲等，代位继承。父母中一方无直系血亲卑亲属者，由他方的继承人取得全部遗产。"

（2）（外）祖父母系继承。第 459 条规定："被继承人无直系血亲卑亲属，亦无父母系继承人者，由其祖父母系取得遗产。被继承人死亡时，其父系的祖父母和母系的祖父母均尚生存者，各系的祖父母，按均等份额继承。祖父或祖母先于被继承人死亡者，由其直系血亲卑亲属，按亲系和亲等，代位继承。母系或父系的祖父或祖母先于被继承人死亡，且其无直系血亲卑亲属者，由同一系中尚生存的继承人取得二分之一遗产的全部。母系或父系无继承人者，由他系的继承人取得全部遗产。"

（3）血亲的继承权，止于（外）祖父母系（第 460 条）。

六、俄罗斯的亲等和亲系制度

《俄罗斯联邦家庭法典》[1]没有亲属关系通则的规定，有关

---

〔1〕 参见解志国译：《俄罗斯联邦家庭法典》，载梁慧星主编：《民商法论丛》（总第 17 卷），金桥文化出版（香港）有限公司 2000 年版，第 678—709 页。

亲属的权利义务基本上是在二亲等的直系血亲和旁系血亲的范围内分配，法律没有规定姻亲，较之前述大陆法系各国，俄罗斯法律对法律上的亲属范围的规定是极为狭窄的。

（一）亲等

关于亲属关系亲疏远近的计算方法，由于《俄罗斯联邦家庭法典》以及其他法律所涉及的亲属范围十分有限，该法典通常是以二亲等的直系血亲和二亲等的旁系血亲为界分配亲属间的权利义务，因此法律没有规定亲等计算法，而是在涉及具体的亲属时列举其成员，规定其具体的权利义务。

（二）亲系

与此同时，《俄罗斯联邦家庭法典》等法律对亲系也没有明确的划分，但我们可以从下列条文有关亲属身份在法律上的效果推导出其亲系分为直系亲与旁系亲，在直系亲之下又有长辈直系亲属和晚辈直系亲属之分，且在家属中会区分近亲属范围：

（1）近亲属禁止结婚。《俄罗斯联邦家庭法典》第 14 条第 2、3 项规定，长辈直系亲属与晚辈直系亲属，如父母和子女、（外）祖父母和（外）孙子女之间，同胞兄弟姐妹和同母异父、同父异母（有共同的父亲或母亲）兄弟姐妹之间，收养人与被收养人之间禁止结婚。

（2）一定范围内的亲属有扶养义务。按照《俄罗斯联邦家庭法典》第 80 条、第 87 条的规定，父母对未成年子女承担抚养义务，成年子女对无劳动能力需要帮助的父母负有赡养义务。按照第 93、94、95 条，第 97 条的规定，祖父母、外祖父母与孙子女、外孙子女之间，成年的兄弟姐妹与未成年的兄弟姐妹之间在特定情形下负有扶养义务。

（3）一定范围内的亲属有交往的权利。《俄罗斯联邦家庭法典》第 55 条规定，子女有与父母双方、祖父母、外祖父母、兄弟、姐妹和其他亲属交往的权利。第 67 条规定，祖父母、外祖父母、兄弟、姐妹和其他亲属有与未成年孩子交往的权利；如果未成年孩子的父母（父母一方）拒绝向近亲属提供与孩子交往的机会，监护和保护机关可责成父母（父母一方）不得妨碍该交往；如果父母（父母一方）不服从监护和保护机关的决定，孩子的近亲属或监护和保护机关有权向法院提起排除该妨碍的诉讼。法院应从孩子的利益出发并考虑孩子的意见解决争议。

（4）一定范围内的亲属为法定继承人。按照《俄罗斯联邦民法典》第 1142 至第 1145 条的规定，法定继承人的范围远至第五亲等的亲属。[1]

（5）在刑事诉讼中，一定范围内的亲属有权拒绝作证。按照《俄罗斯联邦刑事诉讼法典》第 56 条的规定，证人有权拒绝作对自己的配偶、父母、子女、收养人、被收养人、亲兄弟姐妹、祖父母外祖父母、孙子女外孙子女等近亲属不利的证明。

（6）一定范围内的亲属构成刑事审判回避的原因。《俄罗斯联邦刑事诉讼法典》第 61 条规定，法官、检察长、侦查员、调查人员，如果是刑事案件任何参加人的近亲属或其他亲属的，不得参加刑事案件的办理。

（7）在刑事诉讼中，一定范围内的亲属不得作为见证人。

---

〔1〕 黄道秀译：《俄罗斯联邦民法典》，中国民主法制出版社 2020 年版，第 482—483 页。

按照《俄罗斯联邦刑事诉讼法典》第 60 条的规定，刑事诉讼参加人的近亲属和亲属不得作为见证人。

第二节　英美法系的亲等和亲系制度

首先需要说明的是，由于受文献资料的限制，本书关于英美法系亲等和亲系制度的研究较为浅显，读者朋友可于其他相关研究成果中作深入了解。

一、英国的亲等和亲系制度

英国法没有关于亲属种类的明确划分，但我们可以从法律有关具有权利义务的亲属的规定推导出，英国法上的亲属包括配偶、血亲和姻亲。[1]一个人的亲属"是指相互具有下列关系之人员：（a）一个人或者其配偶或其原配偶之父母、继父母、子女、继子女、祖父母或外祖父母、孙子女或外孙子女；（b）一个人或者其配偶或原配偶之兄、弟、姐、妹、叔、姨、姑、舅、甥、侄子女、外甥外甥女及其配偶（无论全血缘或者半血缘或姻亲）。此外还包括一个人与他人同如夫妻一般共同生活时，如果他们结婚即符合第（a）项或第（b）项规定情形的人。"[2]因此，如果按照罗马法的亲等计算，英国法上的亲属除了配偶，还包括三亲等内的直系血亲、四亲等内的旁系血亲和三亲等内的直系姻亲。

---

〔1〕《1996 年住宅法》补充第 140 条规定，婚姻关系应视同血亲关系。见蒋月等译：《英国婚姻家庭制定法选集》，法律出版社 2008 年版，第 266 页。

〔2〕《1996 年住宅法》第 178 条，见蒋月等译：《英国婚姻家庭制定法选集》，法律出版社 2008 年版，第 270 页。

（一）亲等

关于英国法计算亲属关系亲疏远近的方法，国内学者通常认为英国采用的是寺院法的亲等计算方法，[1]其具体计算方法详见本书第一章第二节。

（二）亲系

英国法上的亲系有其独特的含义："在继承法中，指特定的人的所有继承人都在其中的亲缘群体系谱。第一亲群是死者及其后裔，第二亲群是死者的父亲及其后裔，第三亲群是死者的祖父及其后裔，等等。"[2]但我们还是可以按照通行的亲系划分标准，将英国法上的亲系分为直系亲属与旁系亲属、尊亲属与卑亲属。

1. 直系亲属与旁系亲属。在有关禁止结婚的亲属和继承法中，我们可以看到英国法上的亲属事实上存在直系亲属与旁系亲属的划分。

2. 尊亲属与卑亲属。如《1837 年遗嘱法》第 33 条对遗赠的生效要件规定，"遗嘱包含把不动产或者动产遗赠给立遗嘱人的子女或者较远房的晚辈血亲组成的一类人"；[3]《1925 年遗产管理法》规定，当继承人没有留下卑亲属、父母及兄弟姐妹时，遗产由配偶全部继承；当被继承人留有卑亲属时，配偶可以得到个人动产的所有权及 5000 英镑的款项；当被继承人没有留下卑亲属，但有父母及兄弟姐妹时，配偶可以得到个人动

---

〔1〕 陈苇主编：《当代外国婚姻家庭法律制度研究》，中国人民公安大学出版社 2022 年版，第 422 页。

〔2〕 ［英］戴维·M. 沃克著，北京社会与科技发展研究所组织翻译：《牛津法律大辞典》，光明日报出版社 1988 年版，第 664 页。

〔3〕 蒋月等译：《英国婚姻家庭制定法选集》，法律出版社 2008 年版，第 2 页。

产及 20000 英镑及半数遗产的所有权。[1]

二、美国的亲等和亲系制度

(一) 亲等

关于美国亲属法中亲等的计算方法，目前国内缺乏相关的资料，有学者认为美国大多数州采用罗马法的亲等计算法，少数州则采用寺院法的亲等计算法。[2]

(二) 亲系

美国没有一部统一的、全国性的家庭法，因此规范家庭法律关系主要由各州行使司法权。[3]美国的统一继承法，由联邦统一州法律委员会和美国律师协会批准，1981 年以前，已有 15 个州采用。从各州有关亲属之间权利义务的规定看，亲系可以划分为直系亲与旁系亲、直系血亲尊亲属与直系血亲卑亲属。如《美国统一继承法》第 2—103 条规定，配偶的继承权置于首位，可与下列任何一顺序的血亲亲属一同继承遗产，所得的份额视血亲亲属所属的继承顺序而定。血亲亲属的继承顺序是：第一继承顺序，直系血亲卑亲属。第二继承顺序，父母。第三继承顺序，兄弟姐妹及其直系血亲卑亲属。第四继承顺序，祖父母、外祖父母及其直系血亲卑亲属。第五继承顺序，其他亲属。[4]

---

〔1〕　陈苇主编：《外国婚姻家庭法比较研究》，群众出版社 2006 年版，第 65 页。

〔2〕　陈苇主编：《外国婚姻家庭法比较研究》，群众出版社 2006 年版，第 69 页。

〔3〕　[美] 哈里·D. 格劳斯、大卫·D. 梅耶著，陈苇等译：《美国家庭法精要》，中国政法大学出版社 2010 年版，第 5 页。

〔4〕　转引自刘文编著：《继承法比较研究》，中国人民公安大学出版社 2004 年版，第 106 页。

第三节　亲等和亲系制度评析

从世界各国亲属法的发展考察，大陆法系代表性的法典中，《法国民法典》没有对亲属关系作专门的规定，《德国民法典》在血亲关系一章用专节规定亲属通则，内容包括亲系和亲等制度。《意大利民法典》则在第一编"人与家庭"中用专章规定血亲和姻亲，内容包括血亲与姻亲的定义、范围、亲系和亲等制度。《日本民法典》在其亲属编第一章总则规定了亲属的范围、亲等的计算等内容。与大陆法系不同，英美法系中具有代表性的英国法和美国法都没有对亲属关系作专门的规定，有关亲属的概念、范围、亲等和亲系的内容散见于相关法律中。

就世界各国的亲等制度看，亲等计算的方法，世界上主要存在罗马法和寺院法两种亲等计算法。由于罗马法的亲等计算法较寺院法的亲等计算法更为科学，目前被世界上绝大多数国家所采用，只有极少数受寺院法影响较深的国家如英国采用寺院法的亲等计算法。

至于亲系制度，历史上的亲系存在男系亲与女系亲、父系亲与母系亲等类型划分。现代各国的亲系，无论是大陆法系还是英美法系都按照亲属之间的婚姻、血缘纵横联系划分，以直系亲与旁系亲为普适的亲系，其下又分直系血亲与旁系血亲、直系姻亲与旁系姻亲，在此基础上，鉴于直系血亲之间的亲缘紧密联系，一些国家和地区的法律又根据辈分的不同将直系血亲进一步划分为直系血亲尊亲属与直系血亲卑亲属。至于旁系血亲，鉴于其辈分并不影响亲属之间的法律效力，因此除《日本民法典》之外，上述诸国均未对旁系血亲作辈分划分。

　　除此之外，法国、意大利、瑞士等国民法典还有父系亲与母系亲的划分，法律对父母双系作出区分旨在确保父母双系在继承与有关监护人和监护监督人选任上的平等，在此基础上有的国家法律还进一步区分父系尊亲属与母系尊亲属，《法国民法典》在代位继承中保留了房（支）的划分。德国法则有远亲等与近亲等亲属的划分，它在德国法上的效力主要集中于确立法定继承人的范围和顺位、向远亲等的直系卑亲属进行的给与（《德国民法典》第 2053 条）和远亲等的直系卑亲属的特留份权利（《德国民法典》第 2309 条）。例如，按照《德国民法典》第 1929 条第 1 款的规定，第五顺序和更远亲等顺序法定继承人为被继承人的远亲等尊亲属和远亲等尊亲属的直系卑亲属，由此产生的法律效果就是德国法上法定继承人的范围甚至超过了同一（外）高祖父母的直系后代的范围。

　　综上所述，亲等和亲系制度属于固有法的范畴，具有强烈的民族性，它在各国特有的历史与文化条件下形成、发展，受本民族历史文化传统、宗教、道德伦理、风俗习惯和生活方式的制约。进入现代社会以来，虽然各国的亲属制度表现出趋同的一面，但受制于各自历史文化传统和现实婚姻家庭生活的影响，各国的亲等和亲系制度仍存在差异性。

第七章　中国亲等和亲系制度的变迁

第一节　中国古代的亲等和亲系制度

一、中国古代的亲等

在古代中国，表示亲属关系远近的制度是服制，它用服丧时着衣的规格式样和穿着期限长短来表示。丧服分为斩衰、齐衰、大功、小功、缌麻五等，与之对应的亲属也分为五等。由斩衰至缌麻，丧服的衣料由粗劣渐次精细，制作也由粗放渐次讲究，穿着的时间由长趋短，所代表的亲属关系也由近趋远，由亲渐疏。服制实行尊尊、亲亲、长幼和男女有别的宗法伦理原则，这就使得自然血缘同等的亲属在亲等上居于不同的等级：尊卑不同服、夫妻不同服、妻妾不同服、父母不同服、嫡庶不同服、在室与出嫁不同服、宗亲外亲不同服。奉行宗法精神的结果使得宗亲严格局限在男系血亲的范围，女性婚后可以因配偶的身份进入夫系宗族，成为夫族的一员，但同时也因结婚而与自己的本宗疏远，表现为服制上的减等，对其本宗而言，女子一旦出嫁就不再是本宗的成员，只有在离异而返后才重新成

180

为本宗的一员。

二、中国古代的亲系

亲系是指亲属之间联络的系别，中国古代社会具有宗法性，礼教与法律按照亲属的性别将亲属划分为宗亲和外亲两大类。宗亲是源自同一男性祖先的血亲，包括同一宗族内的男性成员及其配偶，以及未嫁或因离异而返的女性。外亲则是与女性相关的亲属，广义的外亲包括母亲方面的亲属和本宗女系亲属的子女以及妻子的本宗亲属。宗亲与外亲不仅在称谓上繁简不同，更为重要的是在亲等上轻重大不一样。标"外"的称谓无非是要表明这一亲属是源自女性系统，当然，它同时也代表着疏远和隔膜。宗亲是全部亲属体系的中心，男性子嗣是这一体系的筋骨，它的范围从直系看，由己身上推至父母、祖父母、曾祖父母、高祖父母，向下推至子、孙、曾孙、玄孙，上下共九代；从旁系看，从己身推至兄弟、姐妹、从父兄弟（堂兄弟）、从父姐妹（堂姐妹）、再从兄弟（从祖兄弟）、再从姐妹（从祖姐妹）、三从兄弟（族兄弟）、三从姐妹（族姐妹）。于是以己身为中心，上下为九，左右为九，称为九族宗亲。据研究，九族宗亲的说法至迟在《仪礼》成书时即成熟。魏晋以后，历代礼典或法典中均录有本宗九族五服图，作为确定亲属之间权利义务的准则。相对于宗亲，外亲的范围要狭窄得多。母亲的亲属仅推及上下两世，且同样远近的血亲，其亲等远不及宗亲，例如，祖父母为二等亲，外祖父母为四等亲；伯叔姑为二等亲，舅姨则为四等亲。妻亲的范围更为窄小，亲属关系也更为疏远，如夫与妻的父母为五等亲，与妻的祖父母、伯叔父母则无服。

第二节 近代以来的亲等和亲系制度

一、清末《大清民律草案》中的亲等和亲系制度

清末之时，一切的变革都是围绕着破解中国被动的国际处境而展开，这种源于外部压力而转生改革动力的改革，决定了清末将改良作为帝国自我转化的途径，也决定了法律改革的不彻底性。在经历了朝臣多年激烈的争议后，清末民律的立法指导思想最后被立法者确定为四大要旨：①注重世界最普通之法则；②原本后出最精之法理；③求最适于中国民情之法则；④期于改进上最有利益之法则。其中就亲属、婚姻、继承领域而言，对应适用的是"除与立宪相背酌量变通外，或取诸现行法制，或本诸经义，或参诸道德，务期整饬风纪，以维持数千年民彝于不敝。"[1]很显然，在民律所调整的社会关系中，亲属和继承法律被界定为承载传统礼教伦理的领域。从当时的世界看，可以仿效的亲属法立法，一是个人主义亲族法，它以 1804 年《法国民法典》、1900 年《德国民法典》和 1907 年《瑞士民法典》为代表；二是家属主义亲属法，以日本亲属法为代表。前者以个人为本位，后者则是以家为社会的基本单位。由于清末改制定性为改良，这决定了修律要尽可能地保留帝制时代形成的文化认同，因此立法者在亲属、继承编的起草中没有采纳欧陆个

---

〔1〕 宣统三年（1911 年）元月，修订法律大臣俞廉三等在进呈《大清民律草案》前三编时，曾奏称本次法律编辑要旨有四，见故宫博物院明清档案部编：《清末筹备立宪档案史料》，中华书局 1979 年版，第 912—913 页。

人主义立法例，而是选择了日本法为蓝本。

《大清民律草案》[1]的前三编为日本民法专家起草，接受了近代民法的基本精神和原则，以革新旧制，顺应世界潮流为目标，为个人本位的立法；而后两编亲属法和继承法则由我国自主起草，以符合传统礼教为目标，为家族本位的立法。这种体系结构上的分裂，大大超过了当时既有的《法国民法典》《德国民法典》和《瑞士民法典》。其《亲属编》共分七章，采用总分的编纂方法，各章依次为：通则、家制、婚姻、亲子、监护、亲属会、扶养之义务。其间废除了一些封建婚姻家庭制度，如废除了良贱不婚、"七出三不去"等传统制度，采用了当时近代西方法的夫妻联合财产制和结婚离婚登记制，但是具有纲领作用的通则（内容实为亲属制度）规定的亲属的类别和亲疏远近的确定仍然建立在重男轻女、内亲外亲有别的宗法基础上，夫妻之间、父母子女之间在法律上仍然存在身份和财产关系上的不平等，由此可以说该《亲属编》中法律设置的个人不是具有平等独立地位的个人，相反，他们仍然是具有宗法血缘身份的个人，宗法仍然是法律规定权利义务的出发点。因此，相对于当时已经存在的《法国民法典》《德国民法典》和《瑞士民法典》，《大清民律草案·亲属编》的立法基础仍然是血缘宗法伦理，从这一意义上讲，尽管它在形式上已经采取了西方法的公私法划分，在亲属法中也取消了社会等级对婚姻制度的影响，[2]但仍保留了基于性别和年龄而形成的男女、长幼身份等级差别，实质上仍

---

〔1〕 参见杨立新主编：《中国百年民法典汇编》，中国法制出版社2011年版。
〔2〕 如《大清民律草案·亲属编》废除了传统法中良贱不婚的规定。

是封建宗法意义上的婚姻家庭制度，称其为旧法内部的革新更为恰当。

因此，《大清民律草案》仍同古代中国法律一致，其亲属是立足于宗法的意义而建立亲属体系，依据六大原则确定是否属于亲属以及彼此的亲疏远近，即《礼记·大传》所言的："服术有六：一曰亲亲，二曰尊尊，三曰名，四曰出入，五曰长幼，六曰从服。"[1]亲属则分为宗亲和外亲两大类。《大清民律草案》第1317条规定："本律称亲属者如下：一、四亲等内之宗亲；二、夫妻；三、三亲等内之外亲；四、二亲等内之妻亲。父族为宗亲，母族及姑与女之夫族为外亲，妻族为妻亲。"由此规定可以看出，虽然该法仿外国民法典较旧法缩小了亲属的范围，但对亲属种类的划分沿袭了古代礼教法律传统，仍然奉行男尊女卑的法律原则，以宗亲作为亲属体系的中心划分亲属的类别，且宗亲的范围明显广于外亲和妻亲。

亲属亲疏远近的计算方法规定于《大清民律草案》第1318条第1款："亲等者，直系亲从己身上下数，以一世为一亲等，旁系亲从己身或妻，数至同源之祖若父，并从所指之亲属，数至同源之祖若父，其世数相同，即用一方之世数；世数不相同，从其多者以定亲等。"此规定显然摒弃了中国古代以服制计算亲疏远近的方法，但从其内容看没有采用世界上广为采用的罗马亲等计算法，而是采用了寺院法的亲等计算法。但值得关注的是第1318条第3款给这一法律改革续了一个旧法的尾巴，"亲等应持之服，仍依服制图所定"，使得《大清民律草案》中的亲

---

〔1〕　陈戌国点校：《四书五经》，岳麓书社2003年版，第557页。

等制度成为西法与中国旧法的混合产物。[1]

至于亲系，存在于《大清民律草案·亲属编》中的亲系可以划分为：

1. 直系亲与旁系亲。从《大清民律草案》第 1318 条的规定看，法律将亲属划分为直系亲与旁系亲，该法第 2 款规定直系亲是指从己身或妻所从出或从己所出者；旁系亲则是指与己身或妻出于同源之祖若父者。由此条款可知，《大清民律草案》所称的直系亲，包括直系血亲和直系姻亲，旁系亲则包括旁系血亲和旁系姻亲。对于直系亲，法律又按辈分不同将其分为直系尊亲属（直系尊属）与直系卑亲属（直系卑属），前者包括直系血亲尊亲属与直系姻亲尊亲属，后者包括直系血亲卑亲属与直系姻亲卑亲属。直系亲与旁系亲在《大清民律草案》上的效力如下：

（1）尊长管理家政的顺序。第 1325 条规定："最尊长者，于不能或不愿管家政时，由次尊长者代理之。"

（2）成年卑亲属的代理权。第 1326 条规定："一家中尊辈尚未成年时，由成年人卑辈代理之。"

（3）构成离婚的事由。按照第 1362 条的规定，妻虐待夫直系尊属或构成重大侮辱、妻受夫直系尊属之虐待或重大侮辱的，夫妻一方有权提起离婚诉讼。

（4）直系尊属享有立嗣权。按照第 1395 条的规定，为无子而死亡者立嗣时，若死亡者无妻，则立嗣由其直系尊属或家长

---

[1] 杨立新主编：《中国百年民法典汇编》，中国法制出版社 2011 年版，第192 页。

或亲属会进行。

（5）直系尊属的立嗣撤销权。按照第 1397 条的规定，在违反独子不得出为嗣子、嫡母与继母不得未经亲属会同意为出嗣子允许的情形下，嗣子的生父母或直系尊属有权撤销。

（6）亲属的扶养义务。按照第 1450 条的规定，凡直系宗亲及兄弟姐妹，互负扶养义务；妻之父母及女婿亦同。

（7）确定扶养义务人履行义务的顺序。第 1451 条规定："负扶养义务者有数人时，须依下列之次序而履行义务：一、宗亲直系卑属；二、夫或妻；三、家长；四、宗亲直系尊属；五、兄弟姊妹；六、家属；七、妻之父母及婿。同系直系尊属或直系卑属者，以亲等最近者为先。"

（8）确定扶养权利人的顺序。第 1453 条第 1 款规定："受扶养权利者有数人时，负扶养义务者，须依下列次序扶养之：一、宗亲直系尊属；二、夫或妻；三、宗亲直系卑属；四、家长或家属；五、兄弟姊妹；六、妻之父母及婿。第一千四百五十一条第二项之规定，于前项情形准用之。"

（9）直系卑属为法定继承人（第 1466 条）。

（10）直系卑属享有代位继承权（第 1467 条）。

（11）特定情形下继承人的顺序。按照第 1468 条的规定，在无直系卑属和代位继承人的情形下，继承人的顺序按下列顺序确定：①夫或妻；②直系尊属；③亲兄弟；④家长；⑤亲女。直系亲属应承受遗产时，以亲等近者为先。

（12）证人的资格排除。按照第 1499 条的规定，遗嘱人的夫或妻、遗嘱人的直系亲属或家长亲兄弟及其妻、受遗人及其夫或妻或其直系亲属、公证人的同居人或其直系亲属，不得作证人。

（13）特留财产的权利人。第 1542 条规定："所继人，以其财产之半，作为特留财产，给与继承人。无继承人者，给与夫或妻，或直系尊属。"

2. 父族、母族与妻族。按照第 1317 条第 2 款的规定，父族为宗亲，母族及姑与姑夫族为外亲，妻族为妻亲。三者在《大清民律草案》上的效力如下：

（1）同宗亲属之间禁止结婚（第 1334 条）。

（2）法律范围内的亲属禁止结婚，但外亲或妻族中辈分相同的旁系亲除外（第 1334 条）。

（3）父族亲属（宗亲）特有的权利与义务。如对未成年人的监护，监护人的顺序确定与母族、妻族亲属无关，第 1412 条规定："监护人须依下列次序充之：一、祖父；二、祖母；三、家长；四、最后行亲权之父或母以遗嘱指定之人。"同理，对成年人的监护中，监护人的顺序亦如此，第 1433 条规定："监护人须依下列之顺序充之：一、夫或妻；二、祖父；三、祖母；四、家长。"

综上所述，《大清民律草案·亲属编》关于亲系的规定依旧建立在重男轻女、内亲外亲有别的宗法基础上，宗法仍然是法律规定权利义务的出发点。但我们也要充分肯定这一草案关于亲等计算法的规定是一个重要的历史进步，它对西方法律亲等计算方法的采用，意味着对行用悠久的中国古代服制的放弃。但如前文所述，法律在改革的同时也在相当程度上保留了旧制，使其成为不彻底的法律改革。该草案尽管因清王朝的覆灭而未及施行，但对此后民国北洋政府和南京政府民法典的编纂产生了重要的影响。

二、南京国民政府《中华民国民法典》中的亲等和亲系制度

南京国民政府民法典的编纂更多地体现了三民主义的原旨，有关三民主义与民国政府具体立法结合的共同基础是迎头赶上世界一切新学理、新事业，以求得中华民族在世界民族中的生存地位。因此，对不合时宜的传统法从体系到结构直至条文进行根本性的改造是民国政府立法的既定目标，而赶上与否的参考标本是外国法。由于三民主义是其立法精神，其革命的特质就决定了民国民法典对西方私法精神的接受，即自由、平等和博爱的精神成为其民法典的法律精神，也就为立法者树立了取舍的价值评判标准。而三民主义与民法典立法的成功结合，形成了统一的法律精神，那就是自由、平等的私法精神贯穿于财产法和身份法中，成为民法的普遍原则，这就在民法典的结构上彻底消除了《大清民律草案》与北洋政府《民国民律草案》在体系和法律精神上的断裂，[1]实现了财产法和身份法在法律精神上的统一，从而也在根本上决定了南京国民政府的民法典能够跻身于当时世界的前列。其民法典的革命性首先表现在对宗法家族主义的否定。传统法律对亲属之间权利与义务的设定是依照长幼有序、男尊女卑的宗法精神建构，亲属按宗法划分为宗亲、外亲和妻亲，宗亲为本，范围广及九代，而非宗亲不

---

〔1〕《大清民律草案》、北洋政府《民国民律草案》的前三编以自由、平等原则为主导，但亲属、继承编则仍然保留了传统宗法的精神，因而在结构和精神上造成了西法与传统中法的分裂。

仅在范围上较宗亲窄小得多，而且同样的血亲只是因为男女、内外的宗法划分而亲等不同，由此承担的权利义务也不同。但是南京国民政府的民法典废除了依照宗法划分亲属和计算亲等的做法，采用西方国家通行的男女双系计算法，以亲属产生的来源为标准将亲属划分为配偶、血亲和姻亲三类，同时采用基于父母双系亲属平等的罗马法亲等计算法来计算亲属的亲疏远近。亲属关系的重新定义完全改变了继承中的宗法世代继承秩序，继之废除了宗祧继承，实行单一财产继承制。中国传统法律以及近代以来的历次民律草案，皆称妻所生之子为嫡子，非妻所生之子为庶子，此外还有法律拟制继承宗祧的嗣子、非婚所生私生子等，南京国民政府民法典与上述法律不同，以是否由婚姻所生为标准，将由婚姻关系受胎所生子女称为婚生子女，相反则为非婚生子女，由此在法律上废除了有关嫡子、庶子、嗣子一类的宗法亲属类别，从而消除了父母子女关系和继承关系中的宗法因素。

　　值得注意的是，南京国民政府的民法典保留了家制，按照《中华民国民法典》第1122条的规定，法律上的家是指以永久共同之生活为目的而同居的亲属团体。家设家长，除家长之外，同家之人为家属，与此同时，法律规定虽非亲属，但以永久共同生活为目的、同居一家者，在法律上也被视为亲属。与传统社会家长独揽大权不同，该民法典规定的家长权力已大为缩减，只涉及家务管理的权限，对家属并不拥有人身支配权。除此之外，该民法典还用专章规定亲属会议，其在法律上的效力主要限于有关亲权滥用的限制与监护事宜。

　　《中华民国民法典》以直系血亲、旁系血亲、姻亲、家长、家属、直系血亲尊亲属、直系血亲卑亲属、旁系血亲尊亲属、旁系血亲卑亲属等近代以来各国民法典通行的法律术语取代了过去的宗法亲属术语，可以说是建立了一个全新的亲属法律概念体系。按照立法院编纂其《亲属编》的"先决意见"："我国旧律分宗亲、外亲、妻亲三类，系渊源于宗法制度，揆诸现在情形，有根本改革之必要。查亲属之发生，或基于血缘，或基于婚姻，故亲属之分类，应定为配偶、血亲、姻亲三类，而于血亲、姻亲更分直系、旁系，如此分类，不独出于自然，且与世界法制相合。"因此，民国法律上亲属分为配偶、血亲和姻亲三类，但法律没有规定亲属的范围，对此，"先决意见"说明"亲属不规定范围，而规定亲属之定义，及亲等之计算方法"的理由是："人类发生亲属之关系，有血亲、姻亲之别，而血亲姻亲之范围，原难确定。以血亲言，由父母而祖推而上之，由子女而孙推而下之，既有血统相联络，虽辈数辽远，谓之非亲属不可得也。直系如此，旁系亦然。以姻亲言，其无确定之范围，犹如血亲。然则法律所以定亲属者，乃因亲属相互间有时发生一种法律关系，在事实上不可漫无限制，故规定之以资适用耳。然而各种法律关系，其情形各有不同，即规定之范围亦应随之而异，则虽强为概括之规定，而遇有特种法律关系，例如民事上之亲属禁止结婚，亲属间之扶养义务及继承权利，刑事上之亲属加重及亲属免刑等类，仍以分别规定其范围为合于适用，故亲属之范围，毋庸为概括之规定。惟亲属之分类，既改用血亲、姻亲之名称，则其定义如何，自非以明文定之不易明了。且血亲、姻亲关于特种法律关系，既须分别以其亲疏为据，则关于亲疏自须以亲等计之，故应规定亲属之定义，及亲等之计算方法。"[1]

《中华民国民法典》关于亲等计算的方法规定于第968条："血亲亲等之计算，直系血亲，从己身上下数，以一世为一亲等；旁系血亲，从己身数至同源之直系血亲，再由同源之直系血亲，数至与之计算亲等之血亲，以其总世数为亲等之数。"显然这是罗马法的亲等计算法。在此之前，无论是清末《大清民律草案》还是北洋政府编纂的《民国民律草案》，其亲等计算法皆是采用寺院法的亲等计算法。[2]该民法典采用罗马亲等计算法的立法理由有二：①"世界各国用罗马法者居多，罗马法之计算，依血统之远近定亲等之多寡，合于情理。寺院法源于欧西宗教遗规，其计算亲等不尽依亲疏之比例，如两系辈数不同，从其多者定亲等之多寡，则辈数较少之系，往往不分尊卑同一亲等，于理不合，试为图以明之：依下图己身与甲或乙之亲等，如以寺院法计算，均以辈数较多之一系定之，即从己身至同源之人为三亲等，因之己身与甲及乙同为三亲等。如以罗马法计算，则己身与同源之人为三亲等，与甲为四亲等，与乙为五亲等。两相比较，自以依罗马法之计算为合理。"②"我国从前所以采用寺院法者，以其与昔日之宗亲服制图相对勘，凡五等服制以内之宗亲，可以寺院法四亲等包举之而无遗，故自前清民律草案，以迄最近各种草案，均以寺院法计算亲等。今亲属之

_____

〔1〕　谢振民编著：《中华民国立法史》（下册），中国政法大学出版社2000年版，第779—781页。

〔2〕　《民国民律草案》第1056条第1款："亲等者，直系亲从己身上下数，以一世为一亲等；旁系亲从己身或妻，数至同源之祖若父，并从所指之亲属，数至同源之祖若父，其世数相同，即用一方之世数；不相同，从其多者定等。"见杨立新主编：《中国百年民法典汇编》，中国法制出版社2011年版，第334页。

分类，既然从根本上改革，分为血亲与姻亲两大类别，已与所谓服制图者不生关系，自应择善而从，改用罗马法。"〔1〕

作为近代以来法律改革的一个重要成果，罗马法亲等计算方法自南京国民政府的民法典颁行后即推行于全国，至今行用于我国台湾地区。

按照《中华民国民法典》〔2〕第四编第一章亲属通则的规定以及亲属在法律上的效力，该法上的亲属存在下列亲系划分：

1. 直系血亲与旁系血亲。《中华民国民法典》第 967 条规定："称直系血亲者，谓己身所从出或从己身所出之血亲。称旁系血亲者，谓非直系血亲，而与己身出于同源之血亲。"由于没有亲等的限制，此条款的直系血亲可以理解为上下一贯而可成一直线的血亲，即溯至父母、祖父母、曾祖父母、高祖父母以上，降至子、孙、曾孙、玄孙以下者，皆为直系血亲；同理，旁系血亲也至广，包括同源于父母的兄弟姐妹、同源于（外）祖父母的伯叔姑舅姨、侄子（女）、外甥（女）、堂兄弟姐妹、表兄弟姐妹，且不限于这些旁系血亲。

需要指出的是，第 967 条虽然没有明确规定亲属的范围，但在具体确立亲属之间的权利义务时，该民法典对亲属的范围均有限定，比如涉及禁止结婚的亲属范围、扶养权利与义务认定范围、监护人的确定等，该法对亲属的范围皆有明确的规定。以笔者之见，此立法技术颇值得肯定，因为具体的法律关系不同，其权利义务的主体就应当不同，因此，针对不同类型的具

---

〔1〕 谢振民编著：《中华民国立法史》（下册），中国政法大学出版社 2000 年版，第 781—782 页。

〔2〕 参见杨立新主编：《中国百年民法典汇编》，中国法制出版社 2011 年版。

体法律关系确定亲属的范围更能反映特定法律关系的本质，也使得立法具有灵便性。

在确立了直系血亲与旁系血亲的基本划分后，民国民法典按照辈分又将直系血亲和旁系血亲进一步划分为直系血亲尊亲属、直系血亲卑亲属与旁系血亲尊亲属、旁系血亲卑亲属，[1] 其意在确立亲属内部的抚养与赡养义务而减少法律用语的繁复。

直系血亲与旁系血亲在法律上的效力为：

（1）近亲属禁止结婚。按照第 983 条的规定，直系血亲、八亲等以内辈分不相同的旁系血亲以及八亲等以内辈分相同的旁系血亲，除表兄弟姐妹外，不得结婚。

（2）最近尊亲属有权纠正父母滥用权利。第 1090 条规定："父母滥用其对于子女之权利时，其最近尊亲属或亲属会议，得纠正之；纠正无效时，得请求法院宣告停止其权利之全部或一部。"

（3）监护人顺序的确定。按照第 1094 条的规定，在父母均不能行使、负担对于未成年子女的权利义务，或父母死亡而无遗嘱指定监护时，按下列顺序确定监护人：①与未成年人同居的祖父母；②家长；③不与未成年人同居的祖父母；④伯父或叔父；⑤由亲属会议选定之人。

（4）禁治产人之监护人顺序的确定。按照第 1111 条的规定，

---

〔1〕　可见于《中华民国民法典》第 1116 条："受扶养权利者有数人，而负扶养义务者之经济能力，不足扶养其全体时，依左列顺序，定其受扶养之人：一、直系血亲尊亲属。二、直系血亲卑亲属。三、家属。四、兄弟姊妹。五、家长。六、夫妻之父母。七、子妇、女婿。同系直系尊亲属或直系卑亲属者，以亲等近者为先。受扶养权利者有数人而其亲等同一时，应按其需要之状况，酌为扶养。"第 1117 条："受扶养权利者，以不能维持生活而无谋生能力者为限。前项无谋生能力之限制，于直系血亲尊亲属，不适用之。"

禁治产人的监护人按下列顺序确定：①配偶；②父母；③与禁治产人同居的祖父母；④家长；⑤后死之父或母以遗嘱指定之人。

（5）亲属的扶养义务。按照第 1114 条的规定，下列亲属互负扶养义务：①直系血亲之间；②夫妻之一方与他方之父母同居者之间；③兄弟姐妹之间；④家长、亲属之间。

（6）亲属履行扶养义务的顺序。第 1115 条规定，负扶养义务有数人时，按照下列顺序确定履行义务之人：①直系血亲卑亲属；②直系血亲尊亲属；③家长；④兄弟姐妹；⑤家属；⑥子妇、女婿；⑦夫妻之父母。同系直系尊亲属或直系卑亲属者，以亲等近者为先。负扶养义务者有数人而其亲等同一时，应各依其经济能力，分担义务。

（7）特定情形下受扶养权利人的顺序。第 1116 条规定，受扶养权利人有数人，而负扶养义务者之经济能力不足扶养其全体时，按照下列顺序确定受扶养之人：①直系血亲尊亲属；②直系血亲卑亲属；③家属；④兄弟姐妹；⑤家长；⑥夫妻之父母；⑦子妇、女婿。同系直系尊亲属或直系卑亲属者，以亲等近者为先。受扶养权利者有数人而其亲等同一人时，应按其需要之状况，酌为扶养。

（8）家长的人选。第 1124 条规定："家长由亲属团体中推定之；无推定时，以家中之最尊辈者为之；尊辈同者，以年长者为之；最尊或最长者不能或不愿管理家务时，由其指定家属一人代理之。"

（9）亲属会议会员的人选确定。按照第 1131 条的规定，亲属会议会员，应当在未成年人、禁治产人或被继承人的下列亲属中确定：①直系血亲尊亲属；②三亲等内旁系血亲尊亲属；③四亲等内之同辈血亲。上述同一顺序之人，以亲等近者为先；亲等同者，以父系之亲属为先；同系而亲等同者，以年长者为先。

（10）法定继承人的顺序。按照第1138条的规定，遗产继承人，除配偶外，按照下列顺序确定：①直系血亲卑亲属；②父母；③兄弟姐妹；④祖父母。

（11）直系血亲卑亲属的代位继承权。按照第1140条的规定，法定第一顺序的继承人于继承开始前死亡或丧失继承权的，由其直系血亲卑亲属代位继承其应继份。

（12）养子女应继份。第1142条规定，养子女的继承顺序与婚生子女相同，但养子女的应继份为婚生子女的1/2。若养父母无直系血亲卑亲属为继承人时，养子女的应继份与婚生子女相同。

（13）第1143条规定，被继承人无直系血亲卑亲属的，在不违反特留份规定的情形下，可以遗嘱就其财产的全部或一部指定继承人。

（14）对配偶的继承权和应继份。第1144条的规定，配偶有相互继承遗产的权利，配偶的应继份则按下列情形确定：①与直系血亲卑亲属同为继承时，其应继份与其他继承人均分；②与父母、兄弟姐妹同为继承时，其应继份为遗产的1/2；③与祖父母同为继承人时，其应继份为遗产的2/3；无上述继承人时，其应继份为遗产全部。

（15）关于特留份的规定。第1223条规定，继承人的特留份，按照下列规定确定：①直系血亲卑亲属的特留份，为其应继份的1/2；②父母的特留份，为其应继份的1/2；③配偶的特留份，为其应继份的 1/2；④兄弟姐妹的特留份，为其应继份的 1/3；⑤祖父母的特留份，为其应继份的 1/3。

2. 直系姻亲与旁系姻亲。南京国民政府的民法典废除了宗亲、妻亲和外亲的亲属传统分类，由婚姻关系所形成的亲属统称姻亲，其民法典第 969 条规定："称姻亲者，谓血亲之配偶、配偶之血亲及配偶之血亲之配偶"，具体包括下列亲属：①血亲的配偶，如兄弟之妻、姐妹之夫、伯叔舅父之妻、姑姨之夫等；②配偶的血亲，就夫言，如妻之父母、祖父母、外祖父母、兄弟姐妹及其子女、伯叔姑舅姨、堂兄弟姐妹、表兄弟姐妹等；就妻言，亦如此；③配偶的血亲的配偶，就夫言，如妻兄弟之妻、妻兄弟之子之妻、妻堂兄弟之妻、妻堂姐妹之夫等，于夫亦如此。姻亲关系因结婚而形成，至于姻亲关系的消灭事由，第 971 条规定姻亲关系因离婚而消灭、在夫死妻再婚或妻死赘夫再婚时消灭。

上述姻亲，以配偶或与配偶的亲系为中心，又可以分为直系姻亲与旁系姻亲，《中华民国民法典》第 970 条规定："姻亲之亲系及亲等之计算如左：一、血亲之配偶，从其配偶之亲系及亲等。二、配偶之血亲，从其与配偶之亲系及亲等。三、配偶之血亲之配偶，从其与配偶之亲系及亲等。"

因此，该民法典采用的是三分法的姻亲种类，以配偶或与配偶之亲系为中心而定亲系是直系姻亲还是旁系姻亲。具体而言：①血亲的配偶从其配偶的亲系，如儿子与其父母为直系血亲，则儿媳与公婆属于直系姻亲；己身与兄弟姐妹为旁系血亲，则己身与兄弟姐妹的配偶为旁系姻亲。②配偶之血亲从其与配偶的亲系，如妻之父母、祖父母与妻之间为直系血亲，则为夫之直系姻亲；妻之兄弟姐妹与妻为旁系血亲，则夫与其为旁系姻亲；反之，夫之父母、祖父母、兄弟姐妹与妻的亲系亦然。③配偶之血亲之配偶，从其与配偶之亲系：如妻之继母为妻之直系姻亲，则为己之直系姻亲；妻之伯叔母、妻之兄弟之妻，为妻之旁系姻亲，则为己之旁系姻亲，反之，夫之继母、伯叔母、夫之兄弟之妻与妻的亲系亦然。[1]

至于姻亲亲等的计算方法，该民法典第970条采用罗马法"姻亲从血亲"的规则，具体如下：①血亲的配偶从其配偶的亲等，如儿子与父母为一亲等的直系血亲，则儿媳与公婆则为一亲等的直系姻亲；己身与兄弟姐妹为二亲等的旁系血亲，则己身与兄弟姐妹的配偶为二亲等的旁系姻亲。②配偶之血亲从其与配偶之亲等，如妻与其父母、祖父母分别为一亲等和二亲等的直系血亲，夫与妻之父母、祖父母分别为一亲等和二亲等的直系姻亲；妻与其兄弟姐妹为二亲等的旁系血亲，则夫与妻之兄弟姐妹为二亲等的旁系姻亲；反之，夫与妻之父母、祖父母、兄弟姐妹与妻的亲等亦然。③配偶之血亲之配偶，从其与配偶之亲等：如妻之继母为妻之一亲等的直系姻亲，则为己之一亲等直系姻亲；妻之兄弟之妻，为妻之二亲等旁系姻亲，则为己之二亲等旁系姻亲，反之，夫之继母、夫之兄弟之妻与妻的亲等亦然。

直系姻亲与旁系姻亲在《中华民国民法典》上的效力主要为：

（1）直系姻亲之间、五亲等以内辈分不同的旁系姻亲之间

---

〔1〕　参见史尚宽：《亲属法论》，中国政法大学出版社2000年版，第56页。

禁止结婚。该民法典第 983 条规定:"与左列亲属,不得结婚:一、直系血亲及直系姻亲。二、旁系血亲及旁系姻亲之辈分不相同者。但旁系血亲在八亲等之外、旁系姻亲在五亲等之外者不在此限。三、旁系血亲之辈分相同,而在八亲等以内者。但表兄弟姊妹,不在此限。前项姻亲结婚之限制,于姻亲关系消灭后,亦适用之。"

(2)一亲等直系姻亲之间负有扶养义务。按照第 1115 条、1116 条的规定,公婆、岳父母、儿媳、女婿在一定情形下负有扶养义务。

3. 父系亲属与母系亲属。该民法典中,亲属还可以分为父系亲属与母系亲属,由父方血统联络的亲属为父系亲属,由母方血统联络的亲属为母系亲属。[1]就南京国民政府的民法典而言,男女平等原则的确立使得这一划分基本没有意义,其价值只存留于两处:一是确定亲属会议会员资格时,父系亲属优先于母系亲属,这一优先权规定于该民法典第 1131 条:"亲属会议之会员,应就未成年人、禁治产人或被继承人之左列亲属与顺序定之:一、直系血亲尊亲属;二、三亲等内旁系血亲尊亲属;三、四亲等内之同辈血亲。前项同一顺序之人,以亲等近者为先;亲等同者,以父系之亲属为先;同系而亲等同者,以年长者为先";二是法律禁止堂兄弟姐妹而不禁止表兄弟姐妹结婚,可见于该民法典第 983 条第 3 项之规定,前者显现出法律遗留的男权主义色彩,后者则表现为法律对民间习惯的妥协。

---

〔1〕 史尚宽:《亲属法论》,中国政法大学出版社 2000 年版,第 56 页。

三、革命根据地时期法律中的亲等和亲系制度

20 世纪 30 年代革命根据地时期的婚姻家庭法律常常是以条例、法令的形式表现，条文大多在一二十条左右，内容极为简单，在很大程度上更像是政治宣言书，它的目标是要改造中国的婚姻家庭制度，将新的婚姻家庭生活方式推广于民众，因此相关条文最初是为接受其理想价值的群体而设。从结构上看，这些法令大致由三大部分组成：第一部分为总则，规定立法宗旨和基本原则；第二部分主要规定结婚、夫妻的权利义务、离婚及离婚后的子女抚养与财产的处理以及非婚生子女的基本权利等；第三部分为附则，规定本法的解释权和修改权，或通过的机关，以及实施日期。[1]这些婚姻条例、法令是以夫妻关系为中心来建构，并不涉及其他亲属关系，只有在规定禁止结婚的亲属时才会出现五代以内、三代以内亲属的概念。[2]抗日战争时期，各根据地婚姻条例中的亲属概念较过去要丰富，有关亲系的规定开始有直系血亲与旁系血亲、直系姻亲与旁系姻亲的划分，[3]与此同时，受抗日统一战线和南京国民政府方面

---

〔1〕　参见韩延龙、常兆儒编：《中国新民主主义革命时期根据地法制文献选编》（第四卷），中国社会科学出版社 1984 年版，第 788—890 页。

〔2〕　如 1931 年《中华苏维埃共和国婚姻条例》第 5 条："禁止男女在五代以内亲族血统的结婚"；1934 年《中华苏维埃共和国婚姻法》第 5 条："禁止男女在三代以内亲族血统的结婚"，见韩延龙、常兆儒编：《中国新民主主义革命时期根据地法制文献选编》（第四卷），中国社会科学出版社 1984 年版，第 789、793 页。

〔3〕　如《陕甘宁边区婚姻条例》第 8 条："有下列情形之一者，禁止结婚：（一）直接血统关系者……"《晋察冀边区婚姻条例草案》第 6 条："有下列情形之一者，禁止结婚：一、男女系直系血亲、直系姻亲和八亲等以内的旁系血亲者……"见韩延龙、常兆儒编：《中国新民主主义革命时期根据地法制文献选编》（第四册），中国社会科学出版社 1984 年版，第 805、812 页。

表 7 – 1　1950 年《婚姻法》直系血亲亲等计算法

高祖父母、外高祖父母——5 代
|
曾祖父母、外曾祖父母——4 代
|
祖父母、外祖父母——3 代
|
父母——2 代
|
己身——1 代
|
子女——2 代
|
孙子女、外孙子女——3 代
|
曾孙子女、外曾孙子女——4 代
|
玄孙子女、外玄孙子女——5 代

表 7 – 2　1950 年《婚姻法》旁系血亲亲等计算法
（两边之中取多者为亲等数）

父母
己身————兄弟姐妹—— 2 代
|
兄弟姐妹之子女 — 3 代

《中华民国民法典》的影响，在抗日根据地的婚姻条例中出现了以亲等计算亲属亲疏远近方法的规定。但是总的来说，在战争年代，亲属并非革命所迫切需调整的社会关系，它被暂时搁置在法律调整的范围之外。这样的立法是对当时简单的亲属关系的反映，适用于革命政权的地方区域，但在我党取得全国政权，社会趋于稳定、家庭结构趋于稳定以后，其缺点就显露出来。

四、中华人民共和国成立后《婚姻法》中的亲等和亲系制度

1950 年《婚姻法》是中华人民共和国成立后制定的第一部有关婚姻家庭领域的立法，这部旨在改造旧婚姻家庭关系、建立新型婚姻家庭制度的法律在有关亲属制度的建设上延续了近代以来法律改变亲属宗法制度的革命性，甚至更进一步，否定了姻亲在法律上的地位。1950 年《婚姻法》本身并没有对亲属通则作出规定，只是在有关禁止结婚的亲属条文中出现了直系血亲和旁系血亲的法律术语，如该法第 5 条规定："男女有下列情形之一者，禁止结婚：一、为直系血亲，或为同胞的兄弟姊妹和同父异母或同母异父的兄弟姊妹者；其他五代以内的旁系血亲间禁止结婚的问题，从习惯……"[1]可以说直系血亲与旁系血亲是这部法律最重要和唯一的亲系划分，除此之外，既无直系姻亲与旁系姻亲之分，也无父系亲属与母系亲属之分。此外，这部法律没有明确规定计算亲属关系远近的亲等计算法，但在其法

---

〔1〕　张培田主编：《新中国法制研究史料通鉴》，中国政法大学出版社 2003 年版，第 725—728 页。

律条文中又直接使用代数，说明法律在计算亲等时采用的是代数计算法，进一步的计算方法规定于最高人民法院、司法部1953年《关于"五代内"的解释的复函》中，即所谓旁系血亲，是指直系血亲之外在血统上和自己出于同源之人。例如，自己的叔伯、姑母、兄弟姊妹等。所谓"五代"，是指从己身往上数，己身为一代，父母为一代，祖父母为一代，曾祖父母为一代，高祖父母为一代，旁系血亲如从高祖父母同源而出的，即为五代以内。

《婚姻法》适用的代数亲等计算方法是一个既不同于传统服制、也不同于罗马法和寺院法的计算方法，它实际上是在对传统服制作去宗法性的改造后增加男女双系亲属的一种亲属计算方法，我们可以将其与我国传统社会的亲系与亲等制度作一比较，其对传统亲属制度的改造和创新便可明瞭。

我们首先可以就直系血亲的范围分别列表如表7－3、表7－4[1]：

从上述直系血亲的范围看，中华人民共和国成立后所称"五代以内直系血亲"的说法是不准确的，"五代"的说法只是对上溯至高祖或下延至玄孙上下各五代的表达，并不是从高祖到玄孙世代的总和，从最高人民法院和司法部关于"五代内"的解释所附的图表[2]看，实际上应该是包括自己在内上下九代，这与古代"本宗九族五服图"所包含的直系血亲的世代范围相同。但二者的根本不同是，中华人民共和国成立后对宗法亲系中的男尊女卑属性作了改造，这集中体现为在同一世代中

---

[1] 可参照本书图1–1"本宗九族五服正服之图"及表2–1"五代以内直系及旁系血亲表"对比。

[2] 即表2–1"五代以内直系及旁系血亲表"。

表 7 – 3　古代五服直系血亲

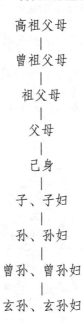

高祖父母
|
曾祖父母
|
祖父母
|
父母
|
己身
|
子、子妇
|
孙、孙妇
|
曾孙、曾孙妇
|
玄孙、玄孙妇

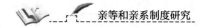

表7-4　中华人民共和国成立后五代以内直系血亲

高祖父母、外高祖父母
|
曾祖父母、外曾祖父母
|
祖父母、外祖父母
|
父母
|
己身
|
子女
|
孙子女、外孙子女
|
曾孙子女、外曾孙子女
|
玄孙子女、外玄孙子女

增加母系和后代女系亲属，同时将子妇、孙妇、曾孙妇、玄孙妇这类配偶排除在直系血亲之外，不过对宗法性的改造似乎还不彻底，我们从表2－1可以看到，当世代往下延续时，缺少了一部分女系亲属，只是将儿子的后代包括在内，而没有将女儿的后代包括在内。[1]

其次，我们可以根据前面的亲系图，将五服所包含的旁系亲属与中华人民共和国成立后五代以内的旁系血亲作一比较，就会发现二者在对世系的追溯上相同，都追溯到了高祖父母，但有一个根本的改变，即中华人民共和国成立后的法律解释对宗法亲系作了深刻的改造，否定了亲属制度中的男尊女卑精神，在保持原宗亲亲属的同时，增加母系亲属和后代女系亲属，同时将与自己无血缘联系的亲属配偶排除在旁系血亲之外。这样的结果无疑大大扩展了亲属的范围。但无论怎样改造，中华人民共和国成立后所确认的五代以内旁系血亲的范围，仍是以同源于同一高祖的亲属为界的。按照最高人民法院、司法部1953年《关于"五代内"的解释的复函》的解释，"五代以内旁系血亲"的范围不论高祖父母亲系还是外高祖父母亲系，旁系血亲的范围都远至族兄弟姐妹，这与古代中国五服的边界相同。如果撇开性别因素，那么在古今亲属的范围上，我们可以看到一个不变的原理，那就是《礼记·丧服小记》中所言的："亲亲，以三为五，以五为九。上杀、下杀、旁杀，而亲毕矣。"[2]按照这一礼制，以己身为中心，上至父母，下至子女，就是"三"，由

---

[1]　也许这只是图表草拟人的一个疏忽，但至少反映了一种习惯观念。
[2]　陈成国点校：《四书五经》，岳麓书社2003年版，第552页。

父母上推至祖父母，由子女而下推至孙子女，就是"五"，进而由祖父母上推至曾祖父母、高祖父母，由孙子女而下推至曾孙、玄孙，就是"九"。旁系亲属的范围也是"以三为五，以五为九"，即以己身为中心，右至兄弟，左至姊妹，就是"三"。然后由兄弟旁推至从父兄弟（也称"堂兄弟"），由姊妹而旁推至从父姊妹（也称"堂姊妹"），就是"五"，进而由从父兄弟而旁推至再从兄弟（也称"从祖兄弟"）、三从兄弟（也称"祖兄弟"），由从父姊妹而旁推至再从姊妹（从祖姊妹）、三从姊妹（祖姊妹），就为"九"。右至三从兄弟，左至三从姊妹，左右为"九"，就是旁系亲属的范围。[1]如果我们将上述《礼记》所言的原则也适用于外高祖父母亲系，就构成了中华人民共和国成立后所确认的五代以内旁系血亲的完整范围。这里所谓的"五代"即"五世"，是指五个世代，将其定为旁系血亲的边界，并不是当今的立法者的发明，作为一种观念和制度，它至迟在西周就已确立。《礼记·大传》就有详细记载："别子为祖，继别为宗，继祢者为小宗。有百世不迁之宗，有五世则迁之宗。百世不迁者，别子之后也，宗其继别子之所自出者，百世不迁者也；宗其继高祖者，五世则迁者也。"其中的"百世不迁"是大宗宗法，其特点是设定某一男性始祖，从诸子分家开始，各自形成宗支，代代嫡承庶分，形成百代不迁的宗族。大宗宗法的实行以西周王位宗法制为典型，在秦汉以后大多采行于帝王、王侯之家。

"五世则迁"是小宗宗法，原理与大宗宗法相同，只是世代

---

〔1〕 丁凌华：《中国丧服制度史》，上海人民出版社2000年版，第116页。

的计算以五世一次迁祖易宗为一个宗族，强调同一个高祖所出
子孙后代之间五世以内（高、曾、祖、父、己身）的三从兄弟
关系，从纵的方面讲，包括高、曾、祖、父、己身；从横的方
面讲，就是己身、兄弟、从兄弟、再从兄弟、三从兄弟。各三
从兄弟之间，若上溯五世同出一个高祖，就属于同宗同族，属
于具有权利义务关系的有服亲属，过此就不是我国古代礼教和
法律意义上的亲属。[1]这就是《礼记·大传》所讲的："四世而
缌，服之穷也，五世祖免，杀同姓也，六世亲属竭矣。"中国社
会自先秦以来就有大小宗法并存的家族组织原则，春秋战国以
后，宗法社会解体，郡县官僚制取代血缘宗法制成为国家行政
组织制度，但是作为与"国"相对应的概念，"家"的活动和
组织仍然是按照先前的宗法观念运行。历史上，小宗宗法因其
简便易行和容易识别，具有限断世代迁延、识别血缘亲疏递减
作用而行用普遍，其中蕴涵的源自同一高祖的定性既是划分同
一宗族的标准，也是族人团结、扶持的根据所在。事实上，魏
晋以后，历代礼典或法典采行本宗九族五服图，用以作为确定
亲属之间权利义务的准则，内中贯彻的就是小宗宗法原理。可
以说，中华人民共和国成立后的法律对宗法亲系作了性别平等
的改造，但中国历史上行用已久的"五世"观念仍然是支撑立
法者解释、界定亲属范围的历史根据。

　　事实上，这样的历史渊源还表现在中华人民共和国成立后
制度所用的亲属称谓上，我们的法律仍然沿用了传统的划分内

---

　　〔1〕　参见杨际平、郭锋、张和平：《五——十世纪敦煌的家庭与家族关系》，
岳麓书社1997年版，第155—157页。

外亲属的称谓,[1]如《婚姻法》（2001 年修正）第 28 条规定：
"有负担能力的祖父母、外祖父母，对于父母已经死亡或父母无力
抚养的未成年的孙子女、外孙子女，有抚养的义务。有负担能力
的孙子女、外孙子女，对于子女已经死亡或子女无力赡养的祖父
母、外祖父母，有赡养的义务。"显然，区分祖父母、外祖父母不
是立法者的创造，而是来自对传统亲属称谓习惯的沿用。但需要
指出的是，新时代的法律在沿用传统亲属称谓的同时已经对旧制
作了彻底的改造，摈弃了它对女性亲属的歧视，在中华人民共和
国成立后的婚姻立法史上，男性亲属与女性亲属已经处于完全平
等的法律地位，享有同等的权利和承担同等的义务。

除了法律仍然沿用了传统的划分内外亲属的称谓，辈分有
时也是法律考量的一个标准，虽然传统意义上的尊卑秩序已经
为平等的亲属地位取代，但今天的法律仍认可辈分在立法和适
用上具有一定的价值，比如《继承法》第 11 条规定："被继承
人的子女先于被继承人死亡的，由被继承人的子女的晚辈直系
血亲代位继承……"（《民法典》第 1128 条第 1 款同）；《收养
法》第 7 条规定："收养三代以内同辈旁系血亲的子女，可以不
受本法第四条第三项、第五条第三项、第九条和被收养人不满
十四周岁的限制。华侨收养三代以内同辈旁系血亲的子女，还
可以不受收养人无子女的限制。"

---

〔1〕 已有学者指出法律上应该改革亲属称谓，舍弃冠以"外"字的旧称，见
杨大文、龙翼飞主编：《婚姻家庭法学》，中国人民大学出版社 2006 年版，第 85 页。
对此笔者是赞同的。但也有学者认为当今社会上述称谓仅存称谓的功能，已无其他
意义，且此种称谓已为人民所普遍接受，故改革此等称谓实无必要，见余延满：《亲
属法原论》，法律出版社 2007 年版，第 95 页。

五、《民法典》时代的亲等和亲系制度

如前文所言，自解放区革命根据地的婚姻条例到中华人民共和国成立后的第一部《婚姻法》直至《民法典》颁行之前，我们的法律体系中一直缺乏规范亲属关系的法律，有关亲属制度的一般性问题，如亲属的范围、种类、亲系、亲等以及计算方法等，法律都未涉及，从中华人民共和国成立至《民法典》编纂，法律上和司法实践中行用较多的是"五代内的旁系血亲""三代以内的旁系血亲"和"近亲属"之类的法律用语。[1]《婚姻法》选择以世代计算法来计算亲属关系的远近，这种计算法显然具有了现代法律个人本位和男女平权的属性，但它与中国历史上行用的传统五服仍有着难以割舍的渊源，它迎合了民众的习惯意识，简便易行，但存在能否准确反映亲属间的亲疏远近关系的疑问，进而影响立法者分配权利和义务，在适用不同部门法律时可能造成冲突。如此前关于近亲属的范围，民事法律与刑事法律的规定就存在范围上的差别，关于姻亲的范围也无统一规定，而一些应当由法律调整的亲属关系又委诸道德调整，则难以达到约束和规范的目的。[2]2020 年颁布的《民法典》可谓是对这一情况的纠正，这部法典虽然没有明确规定亲系和亲等，但《民法典》第 1045 条在一定程度上弥补了此前立法的不足，它首先将亲属的种类界定为配偶、血亲和姻亲，这是立

---

〔1〕 如 1950 年《婚姻法》规定，"其他五代内的旁系血亲间禁止结婚的问题，从习惯。"1980 年《婚姻法》及其修正案规定，禁止三代以内的旁系血亲结婚。

〔2〕 例如，若不通过完善法律以对直系姻亲间权利义务进行调整，将其完全委诸道德，则不能有效回应当下的婚姻家庭生活现状。

法上的一个进步。在比较法上，是否将配偶认定为是亲属的一类，存在着两种立法例，一种是以法国、德国、意大利等国法律为代表，并不将配偶视为亲属的一类；[1]另一种是以日本、韩国等国法律为代表，将配偶视为亲属的一类，如《日本民法典》第725条规定六亲等内的血亲、配偶和三亲等内的姻亲是亲属，《韩国民法典》第767条规定配偶、血亲和姻亲是亲属。在我国《民法典》颁行之前，《婚姻法》虽然是以夫妻权利义务为轴心编制，夫妻之间享有广泛的权利义务，但法律并没有明确配偶是否属于亲属。在现实生活中，男女因结婚而成为夫妻，互为配偶，彼此之间既不存在血缘联系，也不存在拟制血亲关系，自然不属于血亲，而在学理上，姻亲是指除配偶之外，以婚姻关系为中介而形成的亲属，配偶也不在其中。事实上，将配偶列为亲属的一个障碍是配偶虽然是亲属关系的源泉，但配偶无亲系、亲等可言。但即便如此，在中国传统法律文化中，配偶无疑是重要的亲属，在现代亲属法上，配偶之间享有广泛的权利义务，在特殊情形下，配偶甚至较父母子女更优先地分配法律效力，如成年人第一顺位的监护人是配偶，对此《民法典》第1045条承认配偶是亲属可谓是对中国传统亲属文化的尊重。此外，还值得肯定的是第1045条将姻亲列为亲属的一类，对于亲属制度的建设而言，这是弥补法律漏洞之举，具有重要意义。一个值得关注的现象是，长期以来，在我国婚姻家庭法上，姻亲之间的法律效力稀少，主要表现在形成抚养教育关系

---

〔1〕 张学军：《〈中国民法典〉"亲属"法律制度研究》，载《政法论坛》2021年第3期。

的继父母继子女与法律上的父母子女法律地位等同，对公婆、岳父母尽了主要赡养义务的丧偶儿媳、女婿享有继承权等方面，但现有规定可能难以对现实生活充分地回应，比如曾经的直系姻亲之间是否应当禁止结婚、一亲等的直系姻亲之间是否应当设立有限的扶养义务，皆是法律需要面对的问题。事实上，除了私法领域，在公法领域，姻亲之间也存在一定的法律效果，比如《法官法》第 23 条、《检察官法》第 24 条、《公务员法》第 74 条皆规定了任职回避。此外，在《民法典》第 1045 条第 1 款规定了姻亲属于亲属的基础上，本书建议可以进一步对姻亲的范围作规定——鉴于公法领域长期存在近姻亲的概念，在《民法典》已经将姻亲列入亲属范围的情形下，我们需要进一步对姻亲和近姻亲的范围作法律解释。

　　关于亲等计算法，现行《民法典》一如既往地延续了中华人民共和国成立以来婚姻立法的传统，对此没有予以规定，这在未来法律修订时值得思考。《民法典》只是在规定禁止结婚的亲属时采用了世代计算，相关的规定见于第 1048 条："直系血亲或者三代以内的旁系血亲禁止结婚。"但此条文本身并非是对亲等计算法的规定，如果从法律解释的角度言，包括《民法典》在内的所有现行法都没有规定代数如何计算，而 20 世纪 50 年代的法律解释文献已经成为历史不再具有法律效力，于是关于亲等如何计算在当前需要补充相关的法律解释。

　　至于亲系，从《民法典》第 1045 条规定近亲属的范围、第 1048 条规定"直系血亲或者三代以内的旁系血亲禁止结婚"、第 1099 条规定收养三代以内旁系同辈血亲的子女从宽、第 1121

条第 2 款、第 1128 条第 1 款的规定看，在我国现行《民法典》中，有关亲系实际上存在直系血亲与旁系血亲、旁系同辈血亲与旁系非同辈血亲、直系长辈血亲与直系晚辈血亲、近亲属与远亲属的划分。详述如下：

1. 直系血亲与旁系血亲。在《民法典》上，划分直系血亲与旁系血亲的目的是用于确定禁止结婚的亲属、扶养义务、监护和继承权的法定取得根据，可见之于《民法典》下列条文：

第 1048 条规定，"直系血亲或者三代以内的旁系血亲禁止结婚。"在解释论上，有关禁止结婚的亲属，法律对直系血亲没有代数的范围限制，即只要彼此是直系血亲关系，不论代数，在法律上一律禁止结婚；但旁系血亲只是在三代以内才有禁婚义务。

第 1067 条、第 1074、1075 条规定，抚养与赡养义务通常只存在于父母子女关系中，范围限制在一亲等的直系血亲内（二代直系血亲）；只有在特殊情形下，抚养与赡养才存在于（外）祖孙和兄弟姐妹关系中，即特殊情形下抚养、扶养与赡养的义务范围扩展至二亲等的直系血亲（三代直系血亲）和二亲等的旁系血亲内（二代旁系血亲）。

第 1127 条规定，法定继承人的范围与近亲属范围基本一致，第一顺序继承人的范围包括配偶、子女、父母，即血亲的范围为一亲等（二代直系血亲）；姻亲通常被排除在法定继承人之外，只有在尽了主要赡养义务后，丧偶的儿媳、女婿才能成为第一顺序继承人。

第 1128 条第 2 款规定，在旁系血亲代位继承中，存在亲属范围拓宽的可能，但最远也只是到了旁系三代血亲。

2. 同辈血亲、长辈血亲与晚辈血亲。按照辈分划分亲属也存在于我国《民法典》中，可见于下列条文：

第 1099 条规定，收养三代以内旁系同辈血亲的子女从宽；第 1121 条第 2 款规定，相互有继承关系的数人在同一事件中死亡、难以确定死亡时间时，辈分是用于确定死亡先后顺序的根据；按照第 1128 条第 1 款的规定，辈分是确定代位继承的重要要素，"被继承人的子女先于被继承人死亡的，由被继承人的子女的直系晚辈血亲代位继承。"

3. 近亲属与远亲属。虽然《民法典》第 1045 条只规定了近亲属的范围，用于确立法律上的权利义务，但与之相对应的就是远亲属，通常并未对远亲属设立权利义务，但按照《民法典》的规定，在中国法上，远亲属也存在彼此具有权利义务的情形：

（1）法律禁止结婚的亲属对直系血亲没有代数的范围限制，因此超过祖父母、外祖父母一代就不属于近亲属的范围而属于远亲属，彼此仍存在限制结婚的义务。

（2）在旁系血亲代位继承中，侄子、侄女、外甥、外甥女也不属于近亲属的范围，但在直系血亲缺乏继承人的情形下，他们可以作为旁系血亲代位继承。

此外，需要指出的是，《民法典》所用的近亲属概念要推广于其他部门法恐怕存在一定的障碍，因为它没有包括姻亲，而在《公务员法》、《法官法》和《检察官法》等其他部门法中，近姻亲是一个重要的法律概念，但相关的法律对其范围也均未作规定，对此需要立法机关进一步的解释。

第三节　中华人民共和国成立后亲等和亲系制度评述

一、历史溯源

　　毋庸置疑，在中华人民共和国成立后至《民法典》颁行前的婚姻立法中，以亲等和亲系为核心的亲属通则长期处于缺失的状态，其成因与婚姻家庭立法的历史相关。1950 年《婚姻法》只是对以夫妻关系为轴心的核心家庭的调整，兄弟姐妹、祖孙、外祖孙关系都被排除在法律调整的范围之外。1980 年《婚姻法》及其修正案是 1950 年《婚姻法》的延续，夫妻关系仍然是法律结构的轴心，但增加了特殊情况下祖孙、外祖孙、兄弟姐妹之间相互的扶养与被扶养的内容。我们不能简单将亲属关系在《婚姻法》上的规范不充分归因于传统家族结构的瓦解和核心家庭的普遍存在。要解答这一问题也许我们要追溯至问题的源头。中国现行婚姻家庭法的历史可以追溯至 20 世纪 30 年代红色根据地时期，革命政权颁布的婚姻条例是以夫妻关系为中心来建构，并不涉及其他亲属关系，子女的权利也是依附于离婚制度而规定。这是一个以夫妻关系为主轴的法律，革命年代需要和倾向的是简单的婚姻关系，父母子女关系因其附属性而被规定于离婚法条中，亲属则是革命暂时不作重心发展的社会关系，彼时它未被纳入法律调整的范围之内，如此一来，婚姻家庭关系变得简单起来，而宗法家族的纽带在法律上则被彻底割断。可能导致亲等和亲系制度不够健全的另一个历史原因是中华人民共和国成立后组织的异常强大取代家族成为了人们工作和生活的基本单位，从宗法血缘中解放出来的个人不再隶属于家族亲属关系，但被纳入各种类型的组织之中，由这些组织满足他们的各种需求，维护他们的利益，同时也在一定程度上管控他们的行为，对组织的依恋取代了对亲属关系的依恋；与此同时，从摆脱旧宗法制的革命立场出发，人们容易对亲属关系持消极态度，最终导致彼时立法对亲属关系的忽视。这种缺少亲属关系调整内容的立法体例成了革命政权的立法传统，也影响了中华人民共和国成立后制定的《婚姻法》。

　　从立法传统考察，亲等和亲系制度在前《民法典》时代的法律中实际上处于不够健全的状态，这样的立法既没有移植西方欧陆国家普遍存在的亲属法律传统，也没有继承中国古代法的传统，而是直接借鉴了苏俄法律的社会主义传统，部分规定可能较苏俄法律更为激进。从历年制定和修改的《苏俄婚姻、家庭和监护法典》看，法律承认在父母子女之外还有其他亲属存在，当然，这种存在仅仅是在两种法律场景才有意义：一是在规定亲属之间的权利和义务时，承认父母子女、兄弟姐妹、祖孙、外祖孙为亲属，[1]二是在有关禁婚亲的规定时，禁止直系血亲、同胞兄弟姐妹、同父异母或者同母异父的兄弟姐妹之间结婚，除了这两种法律场景，这部法律不再涉及其他亲属关系。20 世纪 30 年代我国红色根据地制定的《中华苏维埃共和国婚姻条例》（1931 年）和《中华苏维埃共和国婚姻法》（1934

---

〔1〕　可见郑华译：《苏俄婚姻、家庭和监护法典》，法律出版社 1956 年版；中央人民政府法制委员会编，王增润译：《苏俄婚姻、家庭及监护法典》，新华书店 1950 年版；解志国译：《俄罗斯联邦家庭法典》，载梁慧星主编：《民商法论丛》（总第 17 卷），金桥文化出版（香港）有限公司 2000 年版，第 678—709 页。

年）借鉴了苏俄法典欠缺亲属关系法的做法，都仅仅是在划定亲属之间的权利和义务以及禁婚亲两种法律场景涉及亲属，所不同的是，根据地婚姻法在结构上没有采用苏俄法典以专章规定亲属间的权利义务的立法体例，整部法律的结构只是围绕结婚、离婚以及离婚后的财产分割与子女抚养等内容建构，并不涉及其他亲属关系。

中华人民共和国成立后作为专门调整婚姻家庭关系的《婚姻法》并没有系统的关于亲属关系通则的规定，有关亲属之间权利义务的规定基本上只是在三种语境场合使用：一是关于夫妻、父母子女（1980 年《婚姻法》及其修正案增加了兄弟姐妹、祖孙和外祖孙）的权利义务；二是有关禁婚亲的规定；三是关于近亲属的规定。作为亲属关系法基本内容的亲属的范围、种类、亲系、亲等以及计算方法等，《婚姻法》尚未涉及。

二、《婚姻法》时代存在的法律问题

我国历次制定和修正的《婚姻法》都没有明确的法律条文规定如何计算亲等，但是根据相关的法律可以推论出我国亲等计算采用的是世代计算法，1950 年《婚姻法》规定，"其他五代内的旁系血亲间禁止结婚的问题，从习惯"；1980 年《婚姻法》及其修正案规定："有下列情形之一的，禁止结婚：……三代以内的旁系血亲"，这些规定的共同特点是以血亲之间的世代来计算亲属关系的远近。即在计算直系血亲时，以己身为一代，从己身往上或往下数，上至父母为两代，至祖父母、外祖父母为三代，其余依此类推。

至于旁系血亲的计算方法，学术界存在歧义：一种观点是首先找到自己与所要计算的旁系血亲的血缘同源人，然后从两边分别往上数至血缘同源人。如果两边代数相同，取相同数；如果两边代数不相同，则取多者一方的数字。采用这种解释法的学者举例说，要计算己身与姨表侄子女（即姨表兄弟的子女）的代数，首先找出同源直系血亲外祖父母，己身为一世代，往上数至母亲为二世代，外祖父母为三世代；再从外祖父母往下数至姨表侄子女为四世代，因此，己身与姨表侄子女为四代的旁系血亲。[1]另一种观点是，在计算旁系血亲时，须以旁系血亲之间的同源关系为依据来判断，同源于父母的，为两代以内的旁系血亲；同源于祖父母、外祖父母的为三代以内的旁系血亲，其余依此类推。[2]以笔者之见，中央法制委员会1952年以及最高人民法院、司法部1953年的解释，仅仅是解释了五代以内的旁系血亲如何确定而已，当时以及后来的法律与司法解释都没有对如何计算彼此之间亲属关系的远近作出规定。[3]

同时，《民法典》颁行以前，相关法律关于近亲属范围的规定很不统一，《民法通则》虽然使用了近亲属的概念，[4]但没有具体规定近亲属的概念和范围，1988年最高人民法院《关于贯彻执行〈中华人民共和国民法通则〉若干问题的意见（试行)》

----

〔1〕　夏吟兰主编：《婚姻家庭继承法》，中国政法大学出版社2021年版，第42页；宋豫、陈苇主编：《中国大陆与港、澳、台婚姻家庭法比较研究》，重庆出版社2002年版，第47页。

〔2〕　余延满：《亲属法原论》，法律出版社2007年版，第99页。

〔3〕　中央法制委员会1952年的解释以及最高人民法院、司法部1953年的解释，均界定旁系血亲是指直系血亲之外在血统上和自己出于同源之人。所谓"五代"，是指从己身往上数，己身为一代，父母为一代，祖父母为一代，曾祖父母为一代，高祖父母为一代，旁系血亲如从高祖父母同源而出的，即为五代以内。见马原主编：《婚姻法继承法分解适用集成》，人民法院出版社2001年版，第14页。

〔4〕　《民法通则》第16、17条。

第12条对此做出解释："民法通则中规定的近亲属，包括配偶、父母、子女、兄弟姐妹、祖父母、外祖父母、孙子女、外孙子女。"这样的范围界定与《婚姻法》"家庭关系"一章规定家庭成员相互之间的权利与义务时所确定的夫妻、父母子女、兄弟姐妹、祖孙外祖孙的范围一致，因此我们可以认为《民法通则》与《婚姻法》关于近亲属范围的认定是统一的。但是《刑事诉讼法》第108条第6项的规定明显不同于前述二法："'近亲属'是指夫、妻、父、母、子、女、同胞兄弟姊妹"，不包括祖父母、外祖父母、孙子女、外孙子女。近亲属的概念也为许多其他部门法所使用，如《刑法》，但法律没有对近亲属的范围作出解释。诸如此类，如果不同的部门法不能就近亲属的范围达成共识，就会造成司法的混乱。

除了近亲属概念的使用，《民法通则》等法律还使用了"其他亲属"的概念，[1]但立法和司法解释同样没有给予明确的范围界定。如果仅从字面意义理解，那应该是除去"近亲属"之外的所有亲属都在这一范围之内。但这样的望文理解显然是存在问题的，因为这是一个范围广阔的人群，"其他亲属"与"近亲属"之间、"其他亲属"内部的人群之间客观上都存在着亲疏远近之分，在行使权利和承担义务上也都存在差异，不加区别而模糊地使用"其他亲属"的概念显然是有欠严谨的。

与亲属通则在法律上的缺位相随的问题是道德取代了法律成为调整亲属关系的主要手段，但是将亲属关系全部委诸道德的做法是值得怀疑的，因为亲属关系尽管从本质上讲是一种伦

----

〔1〕 见《民法通则》第16条、第17条。

理关系，但它常常又与财产关系相联系，在许多情形下亲属之间权利的行使与义务的承担又都具有经济关系的内容，很显然，对这样的社会关系仅仅采用道德调整的方法是苍白而乏力的，结果必然使一部分本该由法律调整的亲属关系游离于法律调整之外，而一旦法律不能提供有效的规制时，道德的威严也是有限的。日常生活中人们面对直系姻亲的扶养时表现出的疑惑和自私自利就是明证。2007 年自贡市自流区民政局婚姻登记机关规定，从 4 月起，凡结婚的新人登记结婚要先签一份《敬老保证书》，对有赡养纠纷的家庭要签订《赡养保证书》。我们暂且不论这样的规定是否合法，其本身所反映的背景就是现实生活中存在太多不养老的现象，而同时反映的法律问题就是：儿媳与公婆、女婿与岳父母之间应不应当有扶养义务？以笔者所观外国法看，法国法和意大利法均规定儿媳与公婆、女婿与岳父母为直系姻亲，有扶养义务，但配偶一方死亡后，义务终止。中国现行法律对此没有规定，《民法典》虽然在法定义务中规定了子女赡养的义务，但事实上，现实生活中因为赡养双方父母而产生矛盾的夫妻比比皆是，在共同财产制通行的中国社会，赡养本身就涉及夫妻财产的使用与消耗，其间反映的并不只是人们道德水平高低的问题，也包括了儿媳与公婆、女婿与岳父母这类直系姻亲在法律上应不应当具有扶养义务的法律问题，同时也涉及中国人有关直系姻亲的传统观念、感情和心态。显而易见，在一个传统道德已经式微、新道德还在形成中的转型社会，寄希望于单一的道德规范来调整亲属关系的想法是幼稚的，特别是在国家还无力为每个人提供全面的社会保障时，建立一个符合国情民心而又具有国家权威保障的亲属制度无疑有助于亲属关系的和谐和社会亲缘伦理的纯正。因此可以说，《民法典》第 1045 条的规定在一定程度上弥补了此前法律上的漏洞。更进一步的，它还应当对亲属制度中的基础性核心制度——亲系和亲等制度作更精细的规定。

第四节　健全我国亲等和亲系制度需要考虑的因素

在当今中国，建立当代中国的亲等和亲系制度已经成为学界的共识。在建构具体的制度之前，我们首先需要解决的一个问题就是如何在保持现代法律理性的同时与自己民族的传统和现实生活协调的问题，即制度在具有普适的现代法律精神的同时还要合乎国情、民心的问题。近代以来的中国一直受到两大问题的困扰：一是与外部世界的关系问题，二是与自己历史的关系问题。前一问题随着中国的崛起已经由过去的被动转为主动，而后一问题则还未完全明晰。在成功地接受了近代世界普世的婚姻家庭法则之后，中国人需要回过头来正视自己民族在几千年的婚姻家庭生活中凝聚的价值、智慧和伦理传统。以笔者之见，有两个因素是立法者需要考虑的：

一、传统在现代的价值和意义

如果从传统形成的不同源流来划分，法律传统在今天的中国包含了古代传统、西方欧陆传统和革命传统三个方面的内涵。古代传统是指近代以前以儒家思想为正统的中国法律传统；西方欧陆传统是指清末变法修律以来对中国产生影响的西方资本主义法律的传统；革命传统则是指共产党及其政权借鉴苏俄社会主义法律以及政权自身法治建设发展的传统。在三个传统之中，西方欧陆传统与源自苏俄的社会主义革命传统在某些方面又存在混同的现象。如今建设有中国特色的社会主义法律制度已经不只是执政党的主张，对于亲属制度而言，其中的"中国特色"特在何处呢？这恐怕只能取资于我国自己的传统和实践。

　　首先是古代传统的资源。每个时代都是过往的延续，这种历史的连续性正如伟大的历史法学派代表人物萨维尼所说："或许有人意欲藉由切断一切历史联系，开始一个全新的生活，而取消这一问题。但是，此举实建立在一个错觉之上。因为，不可能将刻下依然在世的法学家们的各种影响和思想模式全然泯灭、消除，也不可能完全改变现有的各种法律关系，因而，代际与时代间的不可斩断的有机联系，正是基于此双重不可能新性之上。在此代际与时代之间，可以想象，既非决定的终结，亦非决定的开始，而仅仅是连续不断的发展。"[1]正是从这一意义上说，传统永远有它存在的价值。不同的民族有着不同的传统，它在本质上表现为不同的民族精神，它不仅决定了民族法律的形成，也表现在当下的法律生活中。历史上为中国人所拥有的传统亲属精神在遵循宗法规则的同时也包含着凝聚亲属、团结互助、生生不息的内容。家庭和亲属团体在民族的历史上先于国家承担了主要的救危济难、扶助贫困弱小的责任。建立在宗法血缘基础上的凝聚情结曾经沿着由家庭到宗族而后推广至国家的路径建构了古代中国人的家国秩序和情怀。这种精神

---

　　〔1〕　〔德〕弗里德尼希·卡尔·冯·萨维尼著，许章润译：《论立法与法学的当代使命》，中国法制出版社2001年版，第84页。

在祛除宗法属性之后，应该成为今天中国人珍视的历史遗产。现实一点说，现阶段的我国，公共物质基础还没有能力为所有的国民提供足够完善的社会保障系统，对于未成年人、老年人、丧失劳动能力者的扶养还只能由家庭来主要完成。赋予一定范围内的亲属相互享有权利和承担义务，可以减轻国家和政府的负担也是为古代和现代我国的实践所证明了的中国经验。[1]此外，在有关亲属争议的解决中强调彼此之间的谦让、团结、互助从而实现相互之间关系的和睦也是符合现代生活理性的传统。近代以来，中国社会经历了多次政治运动的洗涤，但作为传统伦理核心价值的孝道仍是存留于人们心中受到肯定的传统伦理。可以想象，在我国，如果没有传统的孝道思想的支持，子女赡养父母的动因将是何等的苍白。

与西方欧陆传统相联的一个问题是如何对待近代以来我国亲属法律改革所积累的立法成果，特别是南京国民政府私法已经取得的成就。与清末民律仍然采行宗法亲属制度不同，南京国民政府制定的《中华民国民法典·亲属编》更多地继受了西方私法精神，它在总则中确立了男女平等的原则，规定男女权利能力与行为能力平等，夫妻互为配偶，人格平等，取消妾制，亲属分类和亲等计算男女双系平等，亲权以父母共同行使为基本原则。与此同时，法律废除依照宗法划分亲属和计算亲等的做法，采用西方国家通行的男女双系计算法，以亲属产生的来源为标准将亲属划分为配偶、血亲和姻亲三类，依照罗马法亲等计算

---

〔1〕 在西方高福利国家，国家承担了全部的社会保障，但也存在国家负担过重、民众容易滋生依赖与懒惰的问题。

法来计算亲属的亲疏远近。《中华民国民法典·亲属编》对亲属关系的重新定义完全改变了继承中的宗法世代继承秩序，继之废除了宗祧继承，实行单一财产继承制，女子与男子享有同等的继承权，这不仅表现在女子不论已婚未婚，与男子享有同等的继承权，也表现在配偶有相互继承权，寡妇鳏夫对于配偶的遗产享有同等的权利，还表现在各类亲属与被继承人的亲等的远近不因性别而有所差异。同时，法律废除有关嫡子、庶子、嗣子一类的宗法称谓，统一按照婚姻生育的标准，将子女划分为婚生和非婚生，从而消除了父母子女关系和继承关系中的宗法因素。

南京国民政府《中华民国民法典·亲属编》所确立的新型亲属制度可谓是对封建旧法的颠覆，它与共产党政权所推行的婚姻家庭改革共同构成了近代以来政党主导的中国社会革命的一部分，只是前者所遵从的是以德日为代表的西方资本主义法统，后者遵从的则是苏俄社会主义法统。但若略去意识形态的差异，我们会看到不论共产党还是国民党的法律实践，其实都是近代西方思想在中国大地的辩证吸收和演绎，都是中国人改革旧社会的一种努力。但原《婚姻法》只继受社会主义法统而未能充分体现历史上所有的人类法律遗产，可能会减损法律发展所具有的连续性和继承性，给我国亲属制度带来的一个影响就是亲属关系法略显单薄。长期的法律实践已经证明，人类所有优秀的法律文明与遗产都应该是我国法治建设的资源。同理，近代以来中国数代法律人为之努力而取得的成果也应该是今日中国亲属制度完善的重要渊源。以亲等计算法为例，最初，1911 年的《大清民律草案》和 1915 年的北洋政府《民律亲属编草案》采用的都是寺院法亲等计算法，但是我们知道寺院法的计算方法是不够准确的，20 世纪 30 年代《中华民国民法典·亲属编》的制定者在充分了解并比较世界各国亲属法律制度的基础上作出了采用罗马法亲等计算法的理性选择。今天，当我们完善亲属制度时，秉承中国法律改革的历史成就，采用罗马法亲等计算法应是符合法律理性的。

而所谓的革命法律传统，如果从具体内容而言，指的是借鉴苏俄社会主义法律以及我国共产党政权法制自身建设发展的传统，其间既有对苏俄法律的继受，也有革命政权的创新。以苏俄为代表的社会主义婚姻家庭法具有一些共同的特征，诸如男女两性在法律上的地位完全平等；在立法上设置许多特别保护妇女、儿童和老人的条款等。这样的法律特征不仅为我国共产党早期政权的婚姻立法所继受，也为中华人民共和国成立后的立法所沿袭，并形成了今天《民法典》仍奉行的主要法律原则：男女婚姻自由、一夫一妻、男女权利平等、保护妇女和未成年子女合法利益。

与之相联的一个新传统是政党和政府成为婚姻家庭革命的主导者和发动者。在私人生活领域，党和政府在中华人民共和国成立后曾经动用了几乎全部的国家权威用以摧毁旧宗法制度，建立了立足于个人本位的婚姻家庭法律制度。近代以来我国的历史已经多次证明，政党和政府在推动中国社会变革方面发挥了巨大的作用。今天，作为国家权威和资源最强有力的拥有者，共产党和政府仍然有作为的空间，只不过作为的形式在新的时代有了新的方式和内容。

一个值得关注的现象是，在我国现代婚姻家庭法律的形成历史中，共产革命并不是机械地对旧制废止或放弃。事实上，革命政权的法律有时又是借助于对古代传统的现代改造而实现政党的理想追求，从而形成中国特色的法律传统。如前所述，《婚姻法》所采用的世代计算法借用了我国历史上行用已久的"五世"观念，在对五服制进行去宗法性的改造和保留源自（外）高祖父母的"五代"观念后，世代计算法成功地担当了革命与传统之间调和的工具。甚至在某些时候，古代传统直接就是革命法治建设的正当性根据。例如，我们的法律在规定禁止结婚的血亲时，没有采用苏俄法典极为狭窄的禁婚亲范围，而是承袭了我国的传统，规定五代或者三代以内具有亲族血统的男女禁止结婚，这显然是制定者更多地顾及了中国社会不同于西方亲属伦理的现实。

如果我们将革命理解为一种精神、一种状态的话，革命就是一个无尽的变易过程，它追求的是一种公平、正义的理想状态。今天，法律上的个人本位和男女平权已经确立，革命所承担的破旧立新的任务基本完成，但国家推动法律进步和完善的任务仍在继续，对于法律制度而言，它永恒的生命力恰恰在于能够回应时代的问题，从这一意义上讲，立新是恒久的，如此说来，革命又是法律应该保持的一种属性。

二、家庭结构变迁对当下和未来亲属制度的影响

20世纪中国家庭结构的变化有两个关键的阶段：一是50年代伴随着社会革命而带来的旧社会宗族的瓦解。50年代国家实行土地改革，族产被分到个人，宗族仪式被放弃，随后的集体化运动结束了家庭拥有土地和其他生产资料的历史，生产由生

产队组织的方式直接导致了父家长权威的衰落。而城市工资制
和农村工分制的实行，使得男女并肩工作，同工同酬，男女平
等具有了经济基础，直接导致了在现实婚姻家庭生活中，夫妻
关系逐渐成为家庭关系的主轴，核心家庭成为社会的普遍形式。
二是 70 年代以后国家实行计划生育政策，中国城市涌现出一大
批结构简单、规模很小的独生子女家庭。可以说，现今以一对
夫妻及其未婚子女组成的核心家庭已经成为当前我国城乡占据
主流的家庭形态，可以预见，它也是今后相当长时期内中国人
普遍的家庭形态。在我国，核心家庭的普遍存在并不意味着家
庭成员只是在父母子女的范围内才保持亲缘往来，研究发现，
"家庭成员间虽然各自组织核心家庭，但并没有减低其与扩展式
家庭成员的联系，而且更涉及相互的协助、一同娱乐、经济上
的支援、一同解决问题及在节日及喜事和丧事时出席活动以显
现他们属于同一个家庭。"[1]这表明，在传统宗族解构的同时，
核心家庭仍然保持着与原来的扩展家庭的联系，保持着一定范
围的团聚、互助。这种对扩展家庭的情感和彼此往来的紧密程
度，也是我们对近亲属、家庭成员、姻亲等作范围界定时需要
面对的现实。

与此同时，人类生育技术的进步和普及在增加亲属形成路径
的同时，也给传统的亲属制度带来了挑战；而婚姻家庭观念和生
活方式的转变和两性结合模式的多元化也给亲属制度带来了机遇
和挑战，现代亲属制度的完善应当跟上时代发展的步伐。

---

〔1〕 郭康健：《社会转变下的家庭》，见刘锡霖、郭康健主编：《蜕变中的中国
家庭》，广角镜出版社有限公司 1997 年版，第 61 页。

第八章　当代中国的亲等和亲系制度

第一节　当代中国的婚姻家庭法域

从宏观的角度看当代中国法的亲等与亲系制度，可以从不同的法域考察，在一个中国之下，存在大陆（内地）、台湾地区、香港特区和澳门特区四个法域，因为特殊的历史原因，它们虽然同属一个中国，但两岸三地实行不同的法律制度，存在不同的法律体系。从法系的类型而言，大陆（内地）的法律与我国台湾地区、澳门特区法律虽同属于成文法传统，但也各自表现出不同的特殊性。就上述法域而言，香港和澳门依据"一国两制"的原则和《香港特别行政区基本法》《澳门特别行政区基本法》《香港特别行政区维护国家安全法》的规定，实行"港人治港"和"澳人治澳"，并保有原有的法律。香港原有的法律是属于英美法系的英国法，澳门原有的法律是属于大陆法系的葡萄牙法。

具体而言，大陆法系是成文法传统，通过制定法来规范亲属关系，近代以来，大陆法系皆以民法典调整亲属关系，其中尤以《德国民法典》《意大利民法典》为代表，在民法典中设亲属编，并对亲属关系作出通则性规定，我国台湾地区和澳门特区的立法深受此立法模式影响。

英美法系则是采判例法传统，其有关亲属关系的法律是以判例和单行法规为主要形式，通常没有关于亲属关系通则性的规定，调整亲属关系的规范散见于各个单行法规，我国香港特区历史上受英国殖民影响，其有关亲属关系的立法受英国法影响，没有统一的调整亲属关系的法典，相关的规则散见于《婚姻条例》《婚姻制度改革条例》等法律文件中。

一、大陆（内地）的婚姻家庭法律体系

大陆（内地）的法律体系以奉行马克思主义及其中国化的毛泽东思想和中国特色社会主义理论的国家学说和法律思想为宗旨，体现了中国特色社会主义的本质要求、改革开放和社会主义现代化建设的时代要求、结构内在统一而又多层次的国情要求、继承中国法制文化优秀传统和借鉴人类法制文明成果的文化要求，以及动态、开放、与时俱进的发展要求。从我国法律发展的历史看，1949 年中华人民共和国的成立标志着中国实现了从封建专制制度向现代民主制度的跨越，也标志着旧中国半封建半殖民地历史的结束。此后 70 多年来特别是改革开放 40 多年来，已经形成一个立足中国国情和实际，适应改革开放和社会主义现代化建设需要、集中体现中国共产党和中国人民意志，以宪法为统帅，以宪法相关法、民法商法等多个法律部门的法律为主干，由法律、行政法规、地方性法规等多个层次法律规范构成的中国特色社会主义法律体系，国家经济建设、政治建设、文化建设、社会建设以及生态文明建设的各个方面实

现有法可依。就婚姻家庭法的法律体系而言，包括下列法律渊源：

1. 宪法。宪法是国家的根本大法，在国家法律体系中居于统帅地位，其效力高于其他任何法律。宪法的有关规定是其他部门法立法的根据和必须遵循的原则，也是婚姻家庭法的法律渊源。同时，宪法有关婚姻、家庭的规定也是婚姻家庭法必须遵循的原则，比如《宪法》第49条规定："婚姻、家庭、母亲和儿童受国家的保护。夫妻双方有实行计划生育的义务。父母有抚养教育未成年子女的义务，成年子女有赡养扶助父母的义务。禁止破坏婚姻自由，禁止虐待老人、妇女和儿童。"第48条第1款规定："中华人民共和国妇女在政治的、经济的、文化的、社会的和家庭的生活等各方面享有同男子平等的权利。"这些条款都是我国婚姻家庭立法的根据和基本原则，婚姻家庭立法与司法均不得违反。

2. 法律。此处所谓的法律是指除宪法之外、由全国人大及其常委会制定的规范性文件，包括基本法律和基本法律以外的法律（一般法律）。作为基本法律的民法、刑法、行政法、诉讼法等涉及婚姻家庭关系的规范是婚姻家庭法的法律渊源；一般法律如《妇女权益保障法》《老年人权益保障法》《未成年人保护法》《反家庭暴力法》等涉及婚姻家庭关系的规定，也是我国婚姻家庭法的法律渊源。

3. 行政法规。行政法规是国务院根据并为实施宪法和法律而制定的关于国家行政管理活动的规范性文件，是一种重要的法律渊源。其中有关婚姻家庭的规定，比如国务院颁发的《婚姻登记条例》《中国公民收养子女登记办法》等规范性文件，也是婚姻家庭法的法律渊源。

4. 地方性法规和民族自治法规。地方国家机关可以根据本行政区域内的婚姻家庭的实际情况,在不与宪法、法律、行政法规相抵触的前提下,制定地方性法规,以保障婚姻家庭法的贯彻执行。这些地方性法规内容涉及婚姻登记,保护妇女、儿童和老人的合法权益等,也是婚姻家庭法的法律渊源。此外,根据《宪法》第 116 条的规定,民族自治地方的人大有权依照当地民族的实际情况,制定有关贯彻执行婚姻家庭法的变通规定文件。根据"一国两制"的原则,香港特别行政区和澳门特别行政区有其独立的法律制度,特别行政区有关婚姻家庭的法律和条例等法律文件,是该行政区婚姻家庭法的法律渊源,也是我国婚姻家庭法的组成部分。

5. 最高人民法院的司法解释。按照《人民法院组织法》第 18 条的规定,"最高人民法院可以对属于审判工作中具体应用法律的问题进行解释。最高人民法院可以发布指导性案例。"最高人民法院在总结审判实践经验的基础上,根据调整婚姻家庭关系法律的基本精神制定的法律解释,也是婚姻家庭法重要的法律渊源,在司法实践中发挥着裁判规范的作用。为了正确审理婚姻家庭纠纷案件,最高人民法院结合《民法典》的适用和多年审判实践,对有关婚姻家庭领域的司法解释作了系统清理,于 2020 年 12 月颁布了《婚姻家庭编解释(一)》,是审理婚姻家庭纠纷案件的重要法律文献。

6. 我国缔结和参加的国际条约。我国批准加入的有关婚姻家庭内容的国际条约也是婚姻家庭法的法律渊源,例如,1980年全国人大常委会批准加入的联合国《消除对妇女一切形式歧视公约》中有关消除在婚姻和家庭领域对妇女歧视的规定；1991 年全国人大常委会批准加入的联合国《儿童权利公约》中有关儿童在接受父母、法定监护人等照料时，身心不受伤害、摧残、虐待等规定，均是婚姻家庭法的法律渊源。为了更好地维护被收养的未成年人的合法权益，《民法典·婚姻家庭编》吸收了联合国《儿童权利公约》中关于儿童利益最大化的原则，在《婚姻家庭编》的一般规定中确立了收养的原则，即《民法典》第 1044 条："收养应当遵循最有利于被收养人的原则，保障被收养人和收养人的合法权益。禁止借收养名义买卖未成年人。"这是将我国参加的国际公约的内容转换成为国内法的规定，也是婚姻家庭法的法律渊源。

7. 习惯。与其他社会关系有所不同，婚姻家庭关系的一个特点是习俗性，其规则也具有本民族自我形成和发展的特点，各民族在此过程中也形成了诸多的婚姻家庭习惯。中国法律的历史是，现代婚姻家庭法是建立在对西方法律移植的基础上，无论其形式、内容、精神都与传统中国法有很大的背离，但是法律传统虽已中断，内存于民众生活之中的联系却依然存在，它常常以习惯的形态表现出来。事实上，每个人从出生伊始，就会受到习惯的熏陶和教育，人们的衣食住行、婚丧嫁娶，无不存在本民族、本区域、本群体的习惯；与此同时，随着社会的发展，人们又会在日常行为中形成新的习惯，用以满足生活所需。这不仅是因为法律带有保守性，也因为法律不可能包罗万象，每个社会中，由于社会生活的需要，总是会形成一些习惯，为人们普遍接受和遵从，实际上起到法律的作用。这些习惯在生活中长期存在，用于解决纠纷。为此，《民法典》第 10

条规定："处理民事纠纷，应当依照法律；法律没有规定的，可以适用习惯，但是不得违背公序良俗。"这一条款实际上承认了习惯作为法源的法律地位（这里的"法律"应采广义，包括制定法和法律解释）。在习惯作为民法法源的地位确立之后，按照总则统摄分则的原理，习惯当然是婚姻家庭法的法律渊源。

上述法律部门中，特别需要指出的是2020年5月28日，第十三届全国人大第三次会议通过的《中华人民共和国民法典》由总则、物权、合同、人格权、婚姻家庭、继承、侵权责任等七编构成，其中第五编《婚姻家庭编》共5章、79条，标志着婚姻家庭法改变了过去单行立法的法律地位，回归至民法典成为其组成部分。其基本立法指导思想和精神并没有改变，它总结了中华人民共和国成立70多年以来在长期的司法实践中形成的民事法律规范，吸收了近现代以来人类法治文明建设有益成果和中华民族优秀法律文化传统。《婚姻家庭编》第1043条增加了家风、家庭文明建设的条款，代表着立法者对中国传统婚姻家庭文化中仍然具有现代价值部分的一种认可、一种回归、一种传承，与此同时，《婚姻家庭编》的条文是在原婚姻法、收养法的基础上，在坚持婚姻自由、一夫一妻等基本原则的前提下，结合中国社会现阶段和未来发展的需要，修改完善了部分规定，并增加了新的规定，成为今后调整婚姻家庭领域民事关系最重要的法律。

二、香港特区的婚姻家庭法律体系

我国香港特区婚姻家庭法律的历史[1]可以追溯至1840年鸦

---

〔1〕 详见陈苇主编：《当代中国内地与港、澳、台婚姻家庭法比较研究》，群众出版社2012年版，第19—23页。

片战争后香港沦为英国殖民地的时期。在英国长期的殖民统治过程中，港英当局按照其海外法律模式将英国的法律体系和法律传统移植到香港，同时在一定范围内保留了香港地区的中国传统法律制度和社会习俗，二者逐渐融合形成了香港地区特有的法律制度。1984 年中英两国政府发表联合声明，确认中国政府于 1997 年7 月 1 日恢复对香港行使主权，同时香港特别行政区保持原有的资本主义制度和生活方式 50 年不变；实行高度自治，享有行政管理权、立法权、独立的司法权和终审权。香港回归和香港特别行政区的成立，标志着香港婚姻家庭法律制度成为了当代中国婚姻家庭法律制度的重要组成部分。按照学者的研究，香港地区婚姻家庭法律制度的发展变化可以分为三个阶段：

（一）本土法律与英国法律二元并立阶段（1841 年—1971 年）

英国初期对香港的殖民统治采取属人主义，即对于香港的中国居民仍然适用中国旧法，对在港的英国人则适用英国法律。港英政府于 1852 年制定香港《婚姻条例》，适用于在香港的英国人，赋予英国人和其他外国人在香港结婚的权利，承认其婚姻与在英国本土缔结的婚姻具有同等的法律效力。1875 年，港英政府颁布新的《婚姻条例》，统一调整在港华人、英国人与其他外国人的婚姻行为，但清朝的婚姻家庭制度与广东沿海的习惯和风俗仍然对华人有效。因此，在长达一个多世纪的时间里，香港婚姻家庭法的内容一直是糅杂着中国封建婚姻家庭法律与英国近代婚姻家庭法律。

（二）统一的婚姻家庭制度形成阶段（1971 年—1997 年 7月 1 日）

1971 年 10 月 7 日，港英政府颁布实施《婚姻制度改革条例》，废除长期存在的纳妾、休妻、兼祧等封建婚姻家庭制度，该条例的颁行，结束了香港长期以来封建主义婚姻家庭制度与早期资本主义婚姻家庭制度并存的历史，有力推动了香港婚姻家庭法律制度的现代化进程。此后，以英国家庭法为蓝本，香港婚姻家庭法吸收了许多英国婚姻家庭法改革的成果，由多部单行的成文法规组成，包括 1875 年《婚姻条例》、1935 年《分居令及赡养令条例》、1951 年《保护儿童及少年条例》、1956 年《领养条例》、1967 年《婚姻诉讼条例》、1971 年《婚姻制度改革条例》、1971 年《婚生地位条例》、1971 年《已婚者地位条例》、1972 年《婚姻法律程序与财产条例》、1977 年《未成年人监护条例》、1986 年《家庭及同居关系暴力条例》、1993 年《父母与子女条例》等。

（三）婚姻家庭法律继续本土化与现代化阶段（1997 年 7 月 1 日—至今）

自 1997 年 7 月 1 日起，香港结束了英属殖民地的历史，中国政府恢复对其行使主权，香港成为中华人民共和国的一个特别行政区。根据《香港特别行政区基本法》第 8 条的规定，香港原有的法律除与香港基本法相抵触或经香港特区立法机关修改者外，予以保留。在此阶段，香港立法机构遵循"子女最大利益保护"、保护弱者权益、反性别歧视、反家庭暴力等现代婚姻家庭理念和原则，对相关的法律条例作了修正。上述香港地区婚姻家庭法律制度的历史也影响到香港的亲系与亲等制度，比如采用英国法的寺院法亲等计算法。

就婚姻家庭法律体系而言，香港特区的婚姻家庭法律渊源主要由下列法律组成：

1. 宪法与香港基本法。香港回归祖国后，中国政府恢复对其行使国家主权，宪法在香港特区具有法律效力，同时根据《香港特别行政区基本法》第 8 条的规定，香港原有法律除与香港基本法相抵触或经立法机关修改外，继续在香港特区适用。

2. 香港特区的成文条例。主要有《婚姻条例》《婚姻制度改革条例》《婚姻制度改革规例》《婚姻制度改革（费用）规例》《婚姻制度改革（表格）规例》《婚姻诉讼条例》《婚姻法律程序与财产条例》《分居令及赡养令条例》等。

3. 判例法。香港特区的法律制度沿袭了英国普通法传统，判例法也是其主要的法律渊源。

4. 国际条约和公约。在香港，有关的国际条约和公约也是婚姻家庭法律渊源，如《儿童权利公约》等。

5. 习惯、法理等其他法理渊源。依照普通法的传统，习惯、法理等也是香港特区婚姻家庭法的法律渊源，在历史上，婚姻家庭习惯对香港地区的婚姻家庭立法与司法均有着重要的地位与作用，但同时香港地区在统一法制时期依据习惯法制定了一系列的成文法例，习惯法逐渐被成文法和判例法取代，现今香港特区的婚姻家庭法律则是以成文法为主、判例法为辅。

三、澳门特区的婚姻家庭法律体系

我国澳门地区婚姻家庭法律的历史[1]按照其法律管辖从租地时期到回归中国，可分为五个时期：

---

[1]　详见陈苇主编：《当代中国内地与港、澳、台婚姻家庭法比较研究》，群众出版社 2012 年版，第 27、28、30—32 页。

（一）租地时期（1553 年—1849 年）

这一时期中国的明、清两朝政府一直控制着澳门的主权与治权，司法管辖权则由中国广东地方政府行使，葡萄牙人只是以租居者身份居住在澳门。对于婚姻家庭关系的调整，明、清两朝都规定对中国民众适用中国的律例与风俗习惯，但允许居住在澳门的葡萄牙人在不违反中国公序良俗的情形下，适用其本国法。

（二）殖民时期（1849 年—1976 年）

伴随着葡萄牙在澳门推行殖民统治，作为宗主国的葡萄牙法律开始对澳门产生影响。1879 年 11 月，葡萄牙通过法令将其民法典推行至澳门适用，但考虑到历史文化背景的差异，该法令对其民法典不适合华人婚姻家庭风俗习惯的内容作了保留。1909 年 6 月，澳门当局颁行《华人风俗习惯法典》，该法典收集了澳门当地与邻近地区（广东、广西）有关婚姻家庭关系的地方习惯，并参照葡萄牙的"公共秩序"法律作了一定的修正。该法典的颁行，标志着澳门当局在法律上正式承认在澳门的中国人可以适用华人的风俗习惯。至 1948 年 7 月，澳门当局废除了《华人风俗习惯法典》，规定实行属人主义原则，即对依据 1905 年 11 月 30 日颁布的《华人取得葡籍法令》而获得葡萄牙国籍的华人，适用《葡萄牙民法典》；非葡籍华人的婚姻与继承等问题则适用中国法（即民国法律）。

（三）管治时期（1976 年—1987 年）

按照 1976 年《葡萄牙共和国宪法》的规定，澳门地区开始进入根据本地区特殊情况立法的时期。1983 年，澳门政府颁布了《民事登记法典》，规定有关婚姻家庭的事务须履行登记手续方可生效。1987 年澳门政府又颁布第二部《民事登记法典》，自此以后，澳门居民只能缔结民事婚姻或宗教婚姻，不得缔结华人风俗习惯婚姻，但此前已依华人风俗习惯缔结的婚姻，经补办登记后也受到法律的保护。

（四）过渡时期（1987 年—1999 年 12 月 20 日）

1987 年 4 月，中葡两国签订联合声明，确认中国政府于 1999 年 12 月 20 日恢复对澳门行使主权，在过渡时期，澳门政府于 1991 年 5 月颁布法令，将法律适用的属人主义改为属地主义。与此同时，为配合"国际家庭年"的活动，澳门政府于 1984 年颁行《家庭政策纲要法》。

（五）特别行政区时期（1999 年 12 月 20 日—至今）

根据我国宪法的规定，中国政府设立澳门特别行政区，全国人大授权其依照《澳门特别行政区基本法》的规定实行高度自治，享有行政管理权、立法权、独立的司法权和终审权。由此澳门特别行政区实行的婚姻家庭制度也成为中国婚姻家庭制度的组成部分。1999 年 11 月 1 日，《澳门民法典》开始生效施行，其《亲属编》成为调整澳门特区婚姻家庭关系的重要法律渊源。

如今，澳门特区的婚姻家庭法的法律体系，具体包括下列法律渊源：

1. 宪法与澳门基本法。澳门回归祖国后，中国政府恢复对其行使国家主权，《宪法》在澳门特区具有法律效力。按照《宪法》第 31 条、《澳门特别行政区基本法》第 8 条和第 11 条的规定，宪法与澳门基本法是澳门亲属法必须遵守的基本准则和最高指导方针。同时《澳门特别行政区基本法》第 8 条规定，澳门原有的法律、法令、行政法规和其他规范性文件，除与澳门基本法相抵触或经法定机关依照法定程序修改者外，予以保留，可以继续适用。这意味着澳门特区的法律体系保留了原属葡萄牙大陆法系成文法的特点。

2. 《澳门民法典》及其相关法律。澳门特区调整婚姻家庭关系的法律主要由《澳门民法典》《民事登记法典》《家庭政策纲要法》等组成，其中，《澳门民法典·亲属编》是调整澳门特区婚姻家庭关系的基本法律规范，《民事登记法典》是有关自然人及其婚姻家庭事务履行登记手续的规定；《家庭政策纲要法》则是有关家庭在社会中的地位、家庭关系、家庭与社会的关系、政府在家庭关系方面的政策及对家庭的法律保护的规定。

3. 国际条约与公约。按照《澳门民法典》第 1 条第 3 款的规定，国际条约不仅是澳门法律的直接渊源，而且具有优先于普通法律适用的效力。因此，在婚姻家庭领域，《儿童权利公约》《消除对妇女一切形式歧视公约》等国际条约也是澳门特区婚姻家庭法的重要渊源。

4. 习惯法与衡平原则。按照《澳门民法典》第 2 条的规定，习惯法的适用受到严格的限制，习惯只有在不违反善意原则且法律有所规定时才可以考虑适用。与此同时，《澳门民法典》第 3 条规定在法律允许的情形下或者当事人存在合意且法律不禁止或者当事人预先约定采用衡平原则的情形下，法院才可以采用衡平原则处理案件。

四、台湾地区的"婚姻家庭法律"体系

我国台湾地区调整婚姻家庭关系的"法律"沿用了南京国

民政府 1930 年制定的《中华民国民法典·亲属编》，并与其他
单行"法律""条例""习惯法""法理""判例""解释例"等
共同组成。其中，南京国民政府制定的《中华民国民法典·亲
属编》构成其调整亲属关系法律的主体，自 20 世纪 30 年代制
定至今历经多次修改，以适应台湾社会的变迁。

第二节　当代中国港澳台地区的亲等和亲系制度

关于我国大陆（内地）《民法典》时代的亲等和亲系制度
在前文已有详述，在此不再赘述。

一、香港特区的亲等和亲系制度

中国香港特区没有统一的婚姻家庭法典，有关亲属关系的
法律规定于前文所述《婚姻条例》《婚姻制度改革条例》等立
法。[1]按照上述法律的规定，香港特区亲属法上具有法律效力的
亲属包括：配偶、父母子女；祖父母、外祖父母、孙子女、外孙
子女；兄弟姐妹及其子女；伯、叔、姑、舅、姨及其配偶等。

香港《领养条例》第 2 条规定："亲属（relative），就幼年
人而言，指其全血亲、半血亲或姻亲关系的祖父母、外祖父母、
兄弟、姐妹、伯父母、叔父母、舅父母、姑丈、姑母或姨丈、
姨母……"

按照香港《婚姻条例》的规定，男子不得与其母亲、领养
母亲或前领养母亲、女儿、领养女儿或前领养女儿、父亲的母

―――――――――
〔1〕 陈苇主编：《当代中国内地与港、澳、台婚姻家庭法比较研究》，群众出
版社 2012 年版，第 85 页。

亲（祖母）、母亲的母亲（外祖母）、儿子的女儿（孙女）、女儿的女儿（外孙女）、姊妹、父亲的姊妹（姑母）、母亲的姊妹（姨母）、兄弟的女儿（侄女）、姊妹的女儿（外甥女）、前妻的女儿（继女）、父亲的前妻、父亲的父亲的前妻（祖父的前妻）、母亲的父亲的前妻（外祖父的前妻）、前妻的儿子的女儿（前妻的孙女）、前妻的女儿的女儿（前妻的外孙女）、前妻的母亲（前岳母）、儿子的前妻（前儿媳）等亲属结婚。

女子不得与其父亲、领养父亲或前领养父亲、儿子、领养儿子或前领养儿子、父亲的父亲（祖父）、母亲的父亲（外祖父）、儿子的儿子（孙）、女儿的儿子（外孙）、兄弟、父亲的兄弟（伯、叔）、母亲的兄弟（舅）、兄弟的儿子（侄子）、姊妹的儿子（外甥）、前夫的儿子、母亲的前夫、父亲的母亲的前夫（祖母的前夫）、母亲的母亲的前夫（外祖母的前夫）、前夫的儿子的儿子（前夫的孙子）、前夫的女儿的儿子（前夫的外孙女）、前夫的父亲（前公公）、女儿的前夫（前女婿）等亲属结婚。

从上述亲属在法律上的效力看，我们可以推导出香港婚姻家庭法上的亲系存在直系血亲与旁系血亲、直系姻亲与旁系姻亲之分。至于亲等的计算方法，虽然香港《婚姻条例》中使用了亲等的法律术语，但法律没有明确规定采用何种亲等计算法。

二、澳门特区的亲等和亲系制度

历史上澳门地区法律曾经受到葡萄牙法律的影响，其民法典属于大陆法系。《澳门民法典》第四卷用专章规定亲属关系通则，其中第 1461 条规定，"结婚、血亲关系、姻亲关系及收养均为亲属法律关系之渊源",因此其法律上的亲属包括配偶、血亲和姻亲,收养形成的养亲属于法律拟制血亲。[1]按照第1467条的规定,血亲的范围通常包括直系任何亲等与旁系四亲等内的血亲均产生法律效果,法律另有规定者除外。

（一）亲等

《澳门民法典》规定采用罗马法亲等制计算亲属关系的亲疏远近,该法第1464条规定:"血亲关系以两血亲间之世代数定之:每一世代为一亲等,以各亲等相连之血亲则组成一亲系。"第1466条规定了具体计算方法:直系血亲间亲等数的计算方法是组成该亲系的血亲中除却为首的直系血亲尊亲属后其他血亲的总数;旁系血亲的计算方法则是从一方血亲向上数至同源的直系血亲尊亲属,再由该尊亲属向下数至他方血亲,但该尊亲属不计算在内。

按照《澳门民法典》第1468条的规定,姻亲关系是指"夫妻任一方与他方之血亲之联系",因此澳门法律上的姻亲的范围仅仅指配偶的血亲,即丈夫与妻子的血亲之间的关系和妻子与丈夫的血亲之间的关系,并不包括血亲的配偶和配偶的血亲的配偶。至于姻亲亲等的计算方法,按照《澳门民法典》第1469条第1款的规定,姻亲间亲等数的确定遵从罗马法的规则,以姻亲从血亲为计算方法。

（二）亲系

澳门法律上的亲系分为:

---

[1]《澳门民法典》第1470条:"收养关系是指按照第一千八百二十五条及续后各条之规定依法在两人间确立之联系,而该联系类似自然亲子关系,但与血缘关系无关。"

1. 直系血亲与旁系血亲。按照《澳门民法典》第 1463 条、第 1470 条的规定，血亲是指两人间基于一人为另一人的后裔，或两人有共同之祖先而存有之联系，收养则在收养人与被收养人之间建立拟制血亲关系；按照第 1465 条第 1 款的规定，血亲可以分为直系血亲与旁系血亲，前者指"在有血亲关系之两人中一人为另一人之后裔者"，后者则是指"在有血亲关系之两人中一人并非另一人之后裔，但两人有共同祖先者"。

对于直系血亲，《澳门民法典》又根据辈分的不同，将其分为直系血亲尊亲属与直系血亲卑亲属，该民法典第 1465 条第 2 款规定："直系血亲有直系血亲卑亲属及直系血亲尊亲属，从己身所出者称为直系血亲卑亲属，而己身之从出者称为直系血亲尊亲属。"

2. 直系姻亲与旁系姻亲。按照《澳门民法典》第 1468 条的规定，姻亲关系是指"夫妻任一方与他方之血亲之联系"，因此澳门法律上的姻亲只限于配偶的血亲，即丈夫与妻子的血亲之间、妻子与丈夫的血亲之间互为姻亲关系。至于姻亲的范围，《澳门民法典》采用罗马法姻亲从血亲的规则，第 1469 条第 1 款规定："姻亲关系以界定血亲关系之相同亲等及亲系确定之"，即血亲分为直系血亲与旁系血亲，姻亲也据此分为直系姻亲与旁系姻亲，至于姻亲的范围与血亲相同，包括直系姻亲和四亲等内的旁系姻亲。

三、台湾地区的亲等和亲系制度

台湾地区"民法"在亲属编中用专章规定亲属通则，内容包括亲属的范围、亲属关系远近的计算方法、亲属关系的产生与消灭、亲属关系的效力、家和亲属会议等。该"民法"第一章通则只是规定血亲和姻亲，没有明确亲属是否包括配偶，因此配偶是否是亲属在台湾学术界存在争议。[1]在台湾"法律"中，血亲按照是否有血缘联系可以分为自然血亲和法定血亲，前者指源于同一祖先、存在血缘联系的亲属，后者又称拟制血亲，指没有血缘联系、经法律拟制的亲属，包括养子女与养父母之间、养子女与养父母的血亲之间、该"民法"亲属编施行前所立之嗣子女与其所后父母之间以及嗣子女与其所后父母的血亲之间，为法定血亲关系。但需要注意的是，与大陆《民法典》不同，在台湾地区"民法"上，继父母与继子女之间仅仅是姻亲关系，即使继父母与继子女之间形成了事实扶养关系，彼此之间也不是法定血亲，仍然是姻亲关系。

至于姻亲，台湾地区"民法"采三分法，第 969 条规定："称姻亲者，谓血亲之配偶、配偶之血亲及配偶之血亲之配偶"，依此规定，则台湾地区"民法"上的姻亲种类包括下列三种：

（1）血亲的配偶，如兄弟姐妹的配偶（嫂子、弟媳、姐夫、妹夫）、伯叔舅父及姑姨母的配偶（伯母、婶婶、舅妈、姑父、姨父）、外甥外甥女侄子侄女的配偶等。

（2）配偶的血亲，如配偶的父母（岳父母、公婆）、配偶的兄弟姐妹（大伯、小叔、大姑、小姑）、配偶的祖父母、配偶的伯叔舅父、配偶的姑姨母等。

（3）配偶的血亲的配偶，如配偶的兄弟姐妹的配偶（连襟或妯娌）、配偶的伯叔舅父或姑姨母的配偶等。

---

〔1〕　高凤仙：《亲属法理论与实务》，台湾五南图书出版有限公司 2009 年版，第 7 页。

（一）亲等

台湾地区"民法"关于亲等计算的方法规定于第 968 条："血亲亲等之计算，直系血亲，从己身上下数，以一世为以亲等；旁系血亲，从己身数至同源之直系血亲，再由同源之直系血亲，数至与之计算亲等之血亲，以其总世数为亲等之数。"显然这是罗马法的亲等计算法。在此之前，无论是清末《大清民律草案》还是北洋政府编纂的《民国民律草案》，其亲等计算法皆是采用寺院法的亲等计算法。

此外，我们需要关注的是台湾地区"民法"第 970 条规定了姻亲的亲系与亲等计算法："姻亲之亲系及亲等之计算如左：一、血亲之配偶，从其配偶之亲系与亲等；二、配偶之血亲，从其与配偶之亲系与亲等；三、配偶之血亲之配偶，从其与配偶之亲系及亲等。"显然这是借鉴罗马法姻亲从血亲的法则。

（二）亲系

台湾地区"民法"上的亲属按照直系与旁系划分亲系，分别包括：

1. 直系血亲与旁系血亲。这是最广泛的亲系划分，适用于禁止结婚的血亲、扶养义务的确定、监护关系、亲属会议成员的确定等。台湾地区"民法"第 967 条规定："称直系血亲者，谓己身所从出或从己身所出之血亲。称旁系血亲者，谓非直系血亲，而与己身出于同源之血亲。"由于没有亲等的限制，此条款的直系血亲可以理解为上下一贯而可成一直线的血亲，即溯至父母、（外）祖父母、（外）曾祖父母、（外）高祖父母以上，降至子、（外）孙、（外）曾孙、（外）玄孙以下者，皆为直系血亲；同理，旁系血亲也至广，包括同源于父母的兄弟姐妹、同源于（外）祖父母的伯叔姑舅姨、侄子（女）、外甥（女）、堂兄弟姐妹、表兄弟姐妹，但不限于这些旁系血亲。

需要指出的是，第 967 条虽然没有规定亲属的范围，但是在具体确立亲属之间彼此的权利义务时，该"民法"都对亲属的范围有限定，如涉及禁止结婚的亲属范围、扶养权利与义务认定范围、监护人的确定等都对亲属的范围有明确的规定。以笔者之见，此立法技术值得肯定，因为具体的法律关系不同，其权利义务的主体就应当不同，因此没有必要规定一个统一的亲属范围，针对不同类型的具体法律关系确定亲属的范围更能反映法律关系的本质，也使得立法具有灵便性。

值得关注的是，台湾地区"民法"按照辈行又将直系血亲和旁系血亲进一步划分为直系血亲尊亲属、直系血亲卑亲属与旁系血亲尊亲属、旁系血亲卑亲属，[1]其意在确立亲属内部的抚养与赡养义务而减少法律用语的繁复。

2. 直系姻亲与旁系姻亲。在台湾地区"民法"中，姻亲包括血亲的配偶、配偶的血亲和配偶的血亲的配偶，而姻亲的亲系则是以配偶或与配偶之亲系为中心而定。[2]关于姻亲划分为

---

〔1〕　台湾地区"民法"第 1116 条："受扶养权利者有数人，而负扶养义务者之经济能力，不足扶养其全体时，依左列顺序，定其受扶养之人：一、直系血亲尊亲属；二、直系血亲卑亲属；三、家属；四、兄弟姊妹；五、家长；六、夫妻之父母；七、子妇、女婿。同系直系尊亲属或直系卑亲属者，以亲等近者为先。受抚养权利者有数人而其亲等同一人时，应按其需要之状况，酌为扶养。"第 1117 条："受扶养权利者，以不能维持生活而无谋生能力者为限。前项无谋生能力之限制，于直系血亲尊亲属，不适用之。"

〔2〕　史尚宽：《亲属法论》，中国政法大学出版社 2000 年版，第 56 页。

直系与旁系的意义主要体现在对禁止结婚的亲属的规定，即其"民法"第 983 条的规定："与左列亲属，不得结婚：一、直系血亲及直系姻亲；二、旁系血亲在六亲等以内者。但因收养而成立之四亲等及六亲等旁系血亲不在此限。三、旁系姻亲在五亲等以内，辈分不相同者。前项直系姻亲结婚之限制，于姻亲关系消灭后，亦适用之。第一项直系血亲及直系姻亲结婚之限制，于因收养而成立之直系亲属间，在收养关系终止后，亦适用之。"

第九章　亲属通则体例研究

恩格斯曾经说过："父亲、子女、兄弟、姊妹等称呼，并不是单纯的荣誉称号，而是代表着完全确定的、异常郑重的相互义务，这些义务的总和构成这些民族的社会制度的实质部分。"[1]恩格斯在此指出的由亲属之间相互的义务所构成的社会制度，在法律上即亲属制度，它是以亲属关系作为法律调整的立足点。

亲属制度的建构取决于立法者对法律调整对象——亲属关系的理解，但从根本上说，则是取决于法律调整的社会关系的结构与属性。自古到今，不同时代、不同社会的亲属制度都带有自己民族的烙印，而一个社会是否建立在血缘本位基础上，也曾经深刻地影响了亲属制度的建构。通常来说，亲属即指基于婚姻、血缘及法律拟制而形成的社会关系，而亲属关系法的通则性规定则主要涉及亲属的种类、亲系、亲等计算法等内容，旨在维护人类长期形成和固定的亲属基本秩序。从世界各国法律看，亲属通则的立法体例存在总体规定、分散规定两种基本模式，其代表性的法典分别是德国、法国民法典，详见下文。

---

[1] ［德］恩格斯著，中共中央马克思恩格斯列宁斯大林著作编译局译：《家庭、私有制和国家的起源》，人民出版社 1999 年版，第 28 页。

第一节　亲属通则体例比较研究

——古代希腊、罗马法与近现代以来西方法

一、古希腊与古罗马法

与传统中国法律不同，古代西方虽然也曾有过社会建立在血缘基础之上的历史，但是古希腊和罗马早期的法律是伴随着氏族血缘制度的破坏和氏族血缘组织的瓦解而成长起来的，这使得西方法在其早期阶段就开始摆脱血缘的束缚，走上世俗化和契约化的道路。正如研究所表明的，古代希腊法以雅典法为代表，在提修斯改革之前，雅典法还是氏族法，此后经过提修斯、德拉古、梭伦和克利斯提尼的变法，雅典法转变成了城邦本位法，就其实质而言，乃是一种雅典公民本位法，即法律以公民个人为支点。

古代罗马的历史表明，在塞维阿·塔里阿改革以前，古罗马法基本上是一种氏族法，改革以后一直到《十二铜表法》制定前，氏族制度逐渐受到破坏，家和家族的地位相应提高，《十二铜表法》即是以"家"为基础制定。直到罗马共和国中期，罗马法一直是一种家本位法。到了共和国晚期，随着经济发展和军事扩张，家本位逐渐瓦解，个人本位的法律观与法律制度在否定了家本位的基础上发展起来。[1]

作为成熟时期罗马法的代表，优士丁尼《法学阶梯》不仅

---

〔1〕　张中秋：《中西法律文化比较研究》，法律出版社 2019 年版，第 58、59 页。

是司法审判的依据，也是罗马法的"全部法学的基本原理之所在"。在这部法律中，有关亲属制度的基本内容包括概念、范围与亲等计算规定于第一卷和第三卷中。关于宗亲的定义、范围、血亲的定义，有关亲属的禁婚效力，[1]以及作为宗亲的法定监护制度均规定于第一卷，旨在解决人的身份认定以及确立相互之间的权利与义务关系；同时，它将宗亲的定义以及宗亲与血亲的亲等计算法规定于继承制度之中，用于解决继承的先后顺序。

这样的逻辑安排是建立在罗马法学家以身份组织社会、以人格确定法律地位的法理基础上。基于对主客观世界两分法的认识，罗马私法的法律体系由人法、物法和诉讼法组成，而人法是建立在对三种身份的区别之上，即根据是否享有自由权、市民权和家父权，将人群分为主人与奴隶、市民与外邦人、自权人与他权人。正是通过这样的分类，法律赋予不同的人以不同的身份，确立不同的法律地位，城邦的秩序与家庭的秩序才得以建立。因此，在罗马法上，决定个人法律地位的是人格，而人格是由身份构成，身份的缺失将导致人格的减等，即法律地位的降低。个人的行为能否发生法律效力以及发生怎样的法律效力，与个人在家庭中的身份状况相关，却与血缘并不存在必然的联系。正是基于法律要首先规定主体的法律地位，有关亲属的定义以及范围的界定才在确定身份的意义范围内被置于《法学阶梯》的"人"法编中，而宗亲与血亲的亲等计算法则

---

〔1〕　见〔古罗马〕优士丁尼著，徐国栋译：《法学阶梯》，中国政法大学出版社2005年版，第41—45、71页。

是作为确定继承先后顺序的工具而被规定于第三卷中。

正如学者所指出的，罗马法的人法由两个部分组成："组织一个社会的部分和组织一个家庭的部分，前者由自由人的身份、市民的身份和家父的身份构成；后者是对家父的身份的展开，它以家父权为轴心规定了具有不同身份的家庭成员（家父、主母、家子、家女、被视同家女的媳妇等）之间的相互关系，由此形成'国—家'的两极社会结构……"〔1〕在这样的一种身份划分中，"国家—社会—个人"是分立的，自由人的身份决定主人与奴隶、市民的身份决定市民与外邦人、家父的身份决定家庭成员范围内的自权人与他权人。所以按照罗马法的制度设计，个人自出生之时起，就依自由人、市民和家父的身份被决定了在法律上的地位。因此，血缘身份主要是在家庭关系中决定家父与家子等的主从关系时、决定继承顺序时具有意义，但它并不具有决定亲属相犯确定刑罚轻重的意义。不仅如此，罗马法中的血亲关系，还可以因为社会因素而解除。〔2〕

观优士丁尼《法学阶梯》，它并没有专设亲属关系的通则规定，而是将相关的亲属制度依附于身份和财产继承规定。其间内存的一个原理是，亲属关系的远近并不是决定主体相互之间权利义务关系（特别是在刑事领域）的主要准则，相反，人格才是决定个人法律地位的准则。这样的制度设计与其建立的社会基础相关。可以说，成熟时期的古希腊、罗马法是建立在非血缘团体的基础上。正如历史所表明的，西方文明的源头是古

---

〔1〕 徐国栋：《民法典与民法哲学》，中国人民大学出版社2007年版，第55页。

〔2〕 徐国栋：《优士丁尼〈法学阶梯〉评注》，北京大学出版社2011年版，第122页。

希腊，它最富代表性的特点是城邦社会。从性质上讲，城邦既是一种制度，又是一种社会结构。在城邦社会中，国与家是两个独立的概念，国是政治法律概念，家则是民事概念，由于贸易和海上航行瓦解了原始血缘组织，逐渐地把个人从血缘身份中解放出来，使得人们之间的关系不再依血缘而定，而是按照财产划分，因此城邦是以个体的家和个人的财产为基础的社会，这种社会中的社会关系表现出契约社会的特征，以商品经济运行的法则即公平、合理、等价有偿为基本原则，由此决定了血缘不是划分社会等级的标准。因此在组成社会的结构中，古希腊社会的基础是城邦社会。在罗马社会，与国家相对立的是市民社会，这样的"国家—社会"结构，决定了法律不是建立在血缘基础之上，也决定了家族血缘不是社会的基础，由此也决定了法律的编纂体例。中国传统社会则不同，在组成传统中国的社会结构中，国与家是相互紧密联系的结构而不是对立的结构，家是国的基础，国是家的扩大，这决定了血缘团体构成了中国传统社会的基础，也决定了传统中国的法律是以血缘团体的家和扩大了的家（家族与国家）为立法与司法的支点，因而亲属法律的编纂体例是以服制作为调整全部亲属关系的总纲与准则。

二、近现代以来西方法

（一）大陆法系

就历史渊源和基本精神而言，近代以来西方两大法系的形成标志着分散的具有农业文明属性的中世纪法已经被统一的具有工商文明属性的近代法所取代。1804 年的《法国民法典》深受罗马法《法学阶梯》"人—物—诉讼"结构模式的影响，采用三编制的编撰体例，有关婚姻家庭关系的法律规定于第一编《人法》中，但该编没有对亲属作专条规定，有关亲属之间权利义务关系的规定散见于具体的法律规范中。具体而言，亲属分为血亲和姻亲，1804 年《法国民法典》[1]所用的亲属概念有亲属、家属，血亲、旁系血亲、尊血亲、直系卑血亲，姻亲、直系姻亲、旁系姻亲，祖父母（包括父系和母系）、父母、子女、婚生子女与非婚生子女、养子女、孙子女、兄弟姐妹、嫡堂或表兄弟姐妹、伯叔、侄女、舅父、外甥女、姑母、内侄、姨母、姨甥、舅母、外甥、女婿与媳妇、岳父母与公婆、最近直系尊血亲、父系最近血亲、父直系尊亲属与母直系尊亲属等。对于这些亲属概念，该民法典都未定义，而是直接使用。值得注意的是，有关亲等、亲系、直系血亲与旁系血亲、直系尊亲属与直系卑血亲的定义以及亲等计算法不是规定于第一编《人法》中，而是规定于继承部分。显然在立法者的心目中，有关亲属的定义以及亲等计算法与继承的关系更紧密，它们主要是作为解决继承人顺序的工具而存在，因此将其置于继承顺序一节的通则中。这样的逻辑思维一直延续至今，今天的《法国民法典》仍然继承了这样的编纂体例。但是这样的结构安排却存在两个问题：一是《人法》编使用了大量的亲属概念却没有予以适当的定义，对相关概念的定义却被放在作为取得财产的方式之一的继承部分，这就出现了前编所用不予定义，后编使用却予以定义的现象，这在逻辑上既没有遵循先后的秩序规则，有先后

---

[1] 参见李浩培、吴传颐、孙鸣岗译：《法国民法典》，商务印书馆 1979 年版。

倒置之嫌，同时也使得法典自身缺少具有普适性的亲属关系通则。二是，如若站在今人的立场，容易认为这样的编排体例造成了家庭法中身份内容与财产内容的人为割裂，有关身份法的内容被置于《人法》编中，而家庭法中有关财产法的内容则被视为财产取得的一种方式而规定于第三编中，这样的法典结构体系没有反映家庭法中身份与财产之间内在的关联性，但若站在当年立法者的立场，视婚姻为一种民事契约，则这样的编排体例又是合乎逻辑的。

　　与 1804 年的《法国民法典》不同，1900 年的《德国民法典》承继了罗马法《学说汇纂》的结构模式，整部法典由总则、债法、物权法、亲属法与继承法五编组成。其中的亲属法编由第一章"民法上的婚姻"、第二章"血亲关系"以及具有亲属替补作用的第三章"监护，法律照管，保佐"构成。在此大的法律结构之下，第二章血亲关系沿袭了《德国民法典》演绎式的编纂方法，采用"总—分"的立法体例，由抽象的原则性规定推衍到具体的法律关系，为此专设通则一节，用于规定血亲关系中存在的共同问题、共同规则，内容包括直系与旁系血亲、姻亲以及亲等计算法。其间涉及的亲属概念有直系血亲、旁系血亲、血亲、姻亲、姻亲的亲系与亲等、全血缘与半血缘兄弟姐妹、亲属、生母、生父、直系卑亲属、尊血亲、近亲与远亲、祖父母、曾祖父母、家属，与《法国民法典》对所有亲属概念都不作定义不同，1900 年《德国民法典》对直系血亲、旁系血亲、血亲亲等、姻亲、姻亲的亲系与亲等、生母、生父这类具有核心意义的概念作了定义。《德国民法典》专设亲属通则的意义是显而易见的，它既可以避免或减少内容的重复，在亲属关系领域形成通用的调整准则，同时在结构上又能与法典整体的总分结构形成逻辑上的内在关联性。现行的《德国民法典·亲属编》虽然在内容上有较大的变革，但从编纂体例而言并无改变。包括民法上的婚姻，亲属关系和监护、法律照管、保佐三章。从立法逻辑而言，婚姻被视为血亲关系的源头而先于血亲关系被编排于第一章；由于家庭成员主要是基于婚姻和血缘形成，因而专列血亲和姻亲为一章；至于监护、法律照管和保佐，它们具有亲属替补的作用，只能排位于婚姻与亲属制度之后。值得注意的是，该《亲属编》第二章亲属关系一章专设有通则，用于界定血亲与姻亲以及亲等的计算方法。

日本 1896 年民法效仿《德国民法典》，其编纂体例采五编制，包括总则、物权、债权、亲族、继承五编，其中《亲族编》第一章为亲属关系的通则性规定，内容依次为亲属的范围、亲等计算法、养亲关系、继父母继子等关系、嫡庶关系、姻亲关系等。[1]由于《亲族编》的目的在于维护日本传统的家制，因此《亲族编》的编排逻辑是在第一章总则规定亲属关系的通则性内容之后，按照"以家统率个人"的原则，规定第二章户主与家族，在家户之后才规定婚姻、亲子关系与亲权、监护、亲族会、扶养义务等内容。现代《日本民法典》有关亲属关系的编纂体例仍然延续了过去"总—分"的立法模式，设有亲属关系的通则性规定，用于规定亲属的种类、亲系、亲等计算法等。

《意大利民法典》由六编组成：①人与家庭；②继承；③所

---

〔1〕 南洋公学译书院初译，何佳馨点校：《新译日本法规大全》（第一卷），商务印书馆 2007 年版，第 359 页。

有权；④债；⑤劳动；⑥权利的保护。立法者强调家庭法的重要性，将其与人法一道同置于第一编中，同时考虑到继承与家庭关系紧密相联，因此有关继承的内容紧随第一编"人与家庭"之后。这样的编纂体例显然部分保留了1804年《法国民法典》和罗马法《法学阶梯》的痕迹。与1804年《法国民法典》第一编《人法》未对亲属作专条规定不同，《意大利民法典》在婚姻之前用专章规定了血亲与姻亲，[1]包括对血亲、姻亲、直系血亲、旁系血亲的定义，亲等与姻亲的计算方法和血亲的范围等内容。

《瑞士民法典》在第一章自然人中，有专条规定亲属的种类、亲等计算法、亲属的发生与终止等制度，第20条规定："血亲的亲等，依表现其相互间出生关系的间隔数确定之。一人为另一人所生者，该两人互为直系血亲；两人为同一第三人所生育且该两人相互间非为直系血亲者，该两人互为旁系血亲。"第21条规定："与他人有血亲关系者，其与该他人的配偶、该他人的已登记的同性伴侣，在同亲系和同亲等上，互为姻亲。因婚姻或已登记的同性伴侣关系而成立的姻亲关系，不因婚姻或已登记的同性伴侣关系的解销而废止。"[2]

与上述大陆法系国家的民法典有所不同，《俄罗斯联邦家庭法典》[3]由七编构成，包括：①一般规定；②结婚和婚姻终止；

---

〔1〕《意大利民法典》第74—78条，见费安玲、丁玫译：《意大利民法典》，中国政法大学出版社1997年版，第32—33页。

〔2〕戴永盛译：《瑞士民法典》，中国政法大学出版社2016年版，第10页。

〔3〕解志国译：《俄罗斯联邦家庭法典》，载梁慧星主编：《民商法论丛》（总第17卷），金桥文化出版（香港）有限公司2000年版，第673—739页。

③夫妻的权利与义务；④父母和子女的权利与义务；⑤家庭成员的扶养义务；⑥无父母照管的子女的教育方式；⑦附则。法律只是围绕调整核心家庭及其成员的相互关系而建构，其他亲属关系仅仅在两种法律场景才有意义，即禁止结婚的亲属和（外）祖孙、兄弟姐妹之间的扶养义务。除了这两种法律场景，法律不再涉及亲属关系。从其规定看，在家庭法上能够产生法律效力的亲属范围限定在夫妻、父母子女、兄弟姐妹、祖孙和外祖孙内，包括半血缘的兄弟姐妹和养亲。

综上所述，大陆法系主要国家的法律关于亲属关系通则的立法体例存在两种模式：一种是专章或专节设置亲属关系的通则性规定，用以概括规定亲属的种类、亲系、亲等计算法等，这种立法模式以德国、瑞士、意大利、日本等国的立法为代表；另一种立法模式则以法国、俄罗斯等国家为代表，立法不设专章或专节规定亲属关系的通则性内容，而是在具体的亲属关系或法律事项上分别就禁婚亲、扶养、继承、监护等就亲属的效力作出规定，我国自 1950 年起颁行的《婚姻法》一直采用后一种立法模式。所以总结上述各国民法典编纂的体例，可以看出，关于亲属法是否存在通则性的规定并无定制，但是德国法的"总—分"编纂思维方式显然成为一种通用的编纂模式，为许多国家所采用。在亲属制度中设置通则性规定的理由是：存在于婚姻家庭领域中的权利义务，都是以特定的亲属身份为其发生的根据；此外，亲属关系在其他法律领域也能产生一定的法律效力；从法律逻辑上讲，将体现于亲属制度中的共同原理与共同规则抽取作为总则，在具体制度内部形成"总—分"的逻辑结构，符合大陆法系追求法理与学理的特点。如果从中国古人编纂法典所习惯的"总—分"传统思维模式言，德国与日本在亲属法中设置亲属关系通则的体例也是容易为中国的立法者所接受的一种选择。

（二）英美法系

英美法系与大陆法系不同，各国没有成文的、统一的民法典，亲属法是以判例和单行法规为主要形式。在调整亲属关系的单行法中，也不存在关于亲属关系的通则性规定，相关的规定散见于各个单行法规中，如美国有《统一结婚离婚法》《统一父母身份法》等，英国有《结婚法》《收养法》《婚姻条例》《离婚改革法》等。

第二节　中国传统亲属制度的通则体例

一、中国传统法律的亲属通则

中国历史上法律编纂的一个独特传统是以服制调整亲属之间的权利义务关系，表现为不仅依此确立赡养与继承的权利义务关系，而且依此确定亲属相犯刑罚的轻重。由于社会以家族血缘为本位，所以至明清时代，国家法典很自然地在体例上将服制图置于法典之首，起到统摄整部律典的作用，这种编纂体例被普遍认为是对唐宋律的进一步完善，更为合理、简明，反映了中国古人在编纂法典时已经习惯于运用"总—分"的思维模式。

服制在传统法律中被作为亲属相犯定罪量刑的准则，其历史可谓源远流长，可以追溯至晋律将服制吸纳入律，确立亲属相犯准五服治罪的立法原则，并为以后历朝法律所沿用。事实上，服制在古代中国的意义不仅仅是亲属相犯法律定罪量刑的准则，作为礼制的核心制度，它也是确定亲属之间民事性权利与义务的准则。以服制作为调整亲属之间法律关系的准则，意味着在刑事领域，服制愈近，以尊犯卑处罚愈轻，以卑犯尊处罚愈重；相反，服制愈远，以尊犯卑处罚相对变重，以卑犯尊则相对减轻。同理，在民事领域，服制愈近，抚养、赡养与继承的权利与义务就愈大；与此相反，服制愈远，抚养、赡养与继承的权利与义务也就相对减轻。总之，作为传统中国法定的亲等制度，服制在有关刑事、民事、行政等诸多法域都会产生一定的法律效果。

二、服制在传统中国的正当性基础

将服制置于法律之首，规定相互间亲属关系的亲疏远近和法律上的权利义务关系，具有调整全部亲属关系的总纲功能。这样的法律体例是与传统中国社会的结构与本质相符的。正如研究所表明的，传统中国是严格的父系血缘社会，人一出生，首先决定其法律地位的是其在家庭（家族）的血缘系谱中处于直系还是旁系的位置，在此之下又依据尊尊、亲亲、男女长幼有别的原则将家庭（家族）成员划分出尊卑差异，由此差异推衍出社会的差异——个人在法律上的地位。因此，在这样的一个秩序结构中，血缘的尊卑（决定的因素有嫡庶、长幼、男女）与远近（决定的因素有直系与旁系、代系远近、出嫁与否）是决定个人在家庭（家族）中和法律上的地位的关键因素。正因如此，传统中国的法律是以血缘团体的家和扩大了的家（家族与国家）为立法与司法的支点，法律的编纂体例则以服制作为调整全部亲属关系的总纲与准则，而它的性质是宗法性的，以家族血缘团体主义为其特征。这种独特的编纂体例是建立在个人、家庭与国家同构、原理相通的基础上，诚如《易·序卦》所言：

> "有天地然后有万物，有万物然后有男女，有男女然后有夫妇，有夫妇然后有父子，有父子然后有君臣，有君臣然后有上下，有上下然后礼义有所错。"[1]

基于人与天地万物为一体的逻辑，自然、人、国家也就具有了本质的同一性和自生的秩序一致性，在人世的领域则表现为以自然性别为基础，演绎出"男女—夫妇—父子—君臣"这一系列的上下尊卑秩序，家内秩序由尊卑、长幼、亲疏构成，社会秩序由贵贱上下构成，法律首先以家庭（家族）为原点依据宗法伦理安排家内关系，由此推衍至家族、乡里、社会和国家，形成上下尊卑有序，男女有别的伦理秩序。与之相联，由于夫妇、父子、君臣这类社会秩序与天地万物具有同质性，因而也就获得了自身秩序的正当性。

第三节　中国传统亲属通则体例的解体与建构

一、清末修法

传统中国法典将服制图置于法典之首，作为调整亲属相犯

---

[1]　陈戍国点校：《四书五经》，岳麓书社 2003 年版，第 209 页。

以及确定亲属之间民事性权利与义务的准则、维系和调整婚姻家庭关系的原理，贯穿着基于社会身份和血缘身份形成权利义务的差异。而近代民法的一个基本立足点则是确立了抽象的人在法律上的主体地位，从而一切民事主体平等；人在法律上被确认是自己的主人，因而拥有自主决定自己事务的权利。这与传统中国婚姻家庭立法赖以建立的身份差异原理不同，进而导致了中国在融入世界的过程中，传统法律必然要与近代西方民法发生激烈的冲突，因此传统的亲属通则体例也随着中华法系的解体而被废弃。

1911 年编纂完成的《大清民律草案》在形式上采纳了西方法律关于公法与私法相区分、民刑分治的制度，同时模仿德日民法的编纂方法，将有关婚姻家庭关系的法律以亲属编的形式编纂。亲属编共分七章，采用"总—分"的编纂方法，各章依次为：通则、家制、婚姻、亲子、监护、亲属会、扶养之义务。其中的"通则"一章实质上是关于亲属制度的通则性规定，内容涉及亲属的范围、分类和亲等计算法等。但是与法、德民法将亲属划分为血亲和姻亲不同，该法仍然按照宗法传统，以男系血统为中心，将亲属分为宗亲、外亲和妻亲，规定父族为宗亲，母族与姑及女之夫族为外亲，妻族为妻亲，因此亲属的类别和亲疏远近的确定仍然建立在重男轻女、内亲外亲有别的宗法基础上，夫妻之间、父母子女之间在法律上仍然存在身份和财产关系上的不平等，宗法仍然是法律规定权利义务的出发点。因此，相对于当时已经存在的《法国民法典》、《德国民法典》和《瑞士民法典》，《大清民律草案·亲属编》的立法基础仍然是血缘宗法伦理，从这一意义上讲，尽管它在形式上已经采取了西方法的公私法划分，在亲属法中也取消了社会等级对婚姻制度的影响，[1]但仍保留了基于性别和年龄而形成的男女、长幼身份等级差别，实质上仍是封建宗法意义上的婚姻家庭制度，称其为旧法内部的革新并不为过。

客观地说，《大清民律草案·亲属编》的体系结构根本上受制于当时中国社会的现状。20世纪初的中国，虽然处于急剧动荡的年代，但社会基层的结构仍然是宗法血缘社会的延续，作为宗法生存基础的小农经济仍然是社会基本的经济形态。宗法的特点是依照出生先后和性别差异决定一个人在婚姻家庭中的地位，同理，建立在宗法血缘社会之上的法律精神也是以长幼和性别决定一个人在婚姻和家庭关系中的权利和义务，长幼、男女被置于尊卑不平等的地位，各自承担不平等的权利和义务。正是从这一意义上讲，社会现状制约着清末修律者不能超越时代，只能采取二元的价值结构体系。

从当时的世界看，可以仿效的亲属法立法，一是个人主义亲族法，它以1804年《法国民法典》、1900年《德国民法典》和1907年《瑞士民法典》为代表；二是家属主义亲属法，以日本亲属法为代表。前者以个人为社会本位，后者则是以家为社会的基本单位。由于清末改制定性为改良，这决定了修律要尽可能地保留帝制时代形成的文化认同，在亲属、继承两编的起草中没有采纳欧陆个人主义立法例，而是选择了以日本法为范例。对日本法仿效的原因是复杂的——除去学者们已经指出的，既有当时社会对日本维新成功的认同，又有同洲同文、邻近易往来、取资容易

---

〔1〕　如《大清民律草案·亲属编》废除了传统法中良贱不婚的规定。

的原因[1]——笔者认为，决定这种选择的根本原因是日本亲属法中保留的浓厚的家族主义精神，让清末修律者找到了可以延续帝制时代文化的精神依托。其实就清末的修律而言，如同清帝国的其他改革一样，它不是自发而生而是被迫所为，这使得它的改制要尽可能地保留帝制时代的原貌，这种被迫性推动着修律者要在诸国法律中选择最能与帝制时代沟通的法律作为仿效的对象。毫无疑问，仍然保留了家制的日本法成为了当时中国的修律者最易追随的"榜样"。

二、北洋政府的立法

北洋政府执政后，废弃了《大清民律草案》，规定继续援用《大清现行刑律》中民商事部分的规定，以此作为民事基本法；同时，大理院通过发布民事判例、解释例创制法律规则，弥补民事制定法之不足。至1925年，修订法律馆完成了《民国民律草案》，但由于政权变更，该草案并未公布，但随后作为条理为各级审判机关援用。该草案采《德国民法典》总则、债、物权、亲属、继承五编制，在其《亲属编》中也设总则一章作为亲属制度的通则性规定，内容涉及亲属的分类、亲等计算法等。从草案条文的规定看，《亲属编》总则一章是对《大清民律草案·亲属编》总则的沿用，只有个别无关轻重的修改，因此可以说，它在性质和内容上与《大清民律草案》一脉相承，与法、德民法典所代表的近代民法不同，仍然是封建宗法意义上的亲属

---

〔1〕 刘俊文、池田温主编：《中日文化交流史大系》（法制卷），浙江人民出版社1996年版，第194—196页。

制度。

三、南京国民政府的民法典

南京国民政府制定的民法典在法律结构上继承了清末以来修法的传统，采总则、债、物权、亲属、继承五编制，其中《亲属编》在婚姻家庭的具体制度之前设通则一章，用于规定亲属的分类、亲等计算法、姻亲的存废等。

与清末和北洋时期所制亲属法不同，南京国民政府制定的《中华民国民法典·亲属编》用亲属通则规定亲属的种类与亲等制度，旨在否定宗法家族主义。传统中国的法律是依照长幼有序、男尊女卑的宗法精神规定亲属相互之间的权利义务关系，因此亲属的种类是按宗法划分为宗亲、外亲和妻亲，宗亲为本，范围广及九代，而非宗亲不仅在范围上较宗亲窄小得多，而且同样的血亲只是因为男女、内外的宗法划分而亲等不同，由此承担的权利义务也不同。但是南京国民政府的民法典对历史上存在的带有浓厚宗法精神的亲属法和继承法是一个彻底的颠覆，它废除依照宗法划分亲属和计算亲等的做法，采用西方国家通行的男女双系计算法，以亲属产生的来源为标准将亲属划分为配偶、血亲和姻亲三类，同时采用基于父母双系亲属平等的罗马法亲等计算法来计算亲属的亲疏远近。亲属关系的重新定义完全改变了继承中的宗法世代继承秩序，继之废除了宗祧继承，实行单一财产继承制；同时，法律废除有关嫡子、庶子、嗣子一类的宗法称谓，统一按照婚姻生育的标准，将子女划分为婚生和非婚生，从而消除了父母子女关系和继承关系中的宗法因素。但需要指出的是，尽管民国亲属法、继承法的制定集各国

民法之精要，但它作为国民党社会改革的工具，因缺乏现实的社会条件和决心而未实现其既定目标。

第四节　《民法典》时代的亲属通则

中国现行婚姻家庭法律的历史渊源可以追溯至20世纪30年代红色根据地时期。当时的婚姻法令条文大多在一二十条左右，内容极为简单，在很大程度上更像是政治宣言书。法令整体是以夫妻关系为中心来建构，并不涉及其他亲属关系，子女的权利是依附于离婚而规定，婚姻法令以夫妻关系法为轴心构建，兄弟姐妹、祖孙、外祖孙关系暂时未被纳入法律调整的范围之内。这种立法体例成为了革命政权的立法传统，为中华人民共和国成立后制定的《婚姻法》所继承。这部作为专门调整婚姻家庭关系的《婚姻法》并没有系统的关于调整亲属关系的制度规定，有关亲属之间权利义务的规定基本上只是在三种语境场合使用，一是有关夫妻、父母子女权利义务（1980年《婚姻法》及其修正案增加了兄弟姐妹、祖孙和外祖孙的权利义务）的规定；二是有关禁婚亲的规定；三是关于近亲属的规定。作为亲属关系法基本内容的亲属的范围、种类、亲系、亲等以及计算方法等，《婚姻法》都没有涉及。

我国历次制定的《婚姻法》都没有明确的法律条文规定如何计算亲等，但是根据有关的法律解释可以推论出我国亲等计算采用的是世代计算法，如1950年《婚姻法》规定，"其他五代内的旁系血亲间禁止结婚的问题，从习惯"。1980年《婚姻法》及其修正案规定禁止"三代以内的旁系血亲"结婚。在民法典的编纂过程中，我国学术界关于亲属关系通则性规定的立法建议主要有两种观点：①主张将有关直系、旁系血亲的定义，血亲亲等的计算、姻亲的分类、姻亲的亲系及亲等的计算等内容规定于民法典第一编人身关系法的第三分编婚姻家庭法中；[1]②主张将有关亲属的定义、亲属关系的发生、亲属的种类等内容规定于民法典亲属一编的亲属一章中。[2]上述两种观点在法典编纂的体例与结构上虽然存在差异，但有一共同之处，那就是都赞同在民法典中要集中对亲属关系作通则性的规定，对此笔者深以为是。考虑到中国法典编纂的古代传统和近代以来对大陆法系的继受，笔者以为，用亲属关系通则集中规定亲属的种类、亲系、亲等计算法等，符合中国人认知世界的思维，也是民法科学主义的要求。在笔者看来，2020年颁行的《民法典》第1045条是对这一学术建议的回应，该条文的内容包括了亲属的种类、近亲属的范围和家庭成员的范围，相比过去的立法，应当说是一个长足的进步，它不仅代表着立法对民法科学主义的尊重，也是对我国近代以来法律传统乃至中国立法思维传统的尊重。但是由于它没有规定亲等计算法，也没有进一步规定姻亲的种类，或将只起到"准通则"的作用，日后需法律进一步完善以承担亲属关系通则的全部任务，这也为法律适用留下了进一步的解释空间。

---

〔1〕 徐国栋主编：《绿色民法典草案》，社会科学文献出版社2004年版，第204页。

〔2〕 梁慧星主编：《中国民法典草案建议稿》，法律出版社2003年版，第331页。

附　录

附录一：《大清民律草案·亲属编》[1]

第四编　亲　属

第一章　通　则

第一千三百十七条　本律称亲属者如下：

一、四亲等内之宗亲；

二、夫妻；

三、三亲等内之外亲；

四、二亲等内之妻亲。

父族为宗亲，母族及姑与女之夫族为外亲，妻族为妻亲。

第一千三百十八条　亲等者，直系亲从己身上下数，以一世为一亲等，旁系亲从己身或妻，数至同源之祖若父，并从所指之亲属，数至同源之祖若父，其世数相同，即用一方之世数；

─────────

〔1〕　转引自杨立新主编：《中国百年民法典汇编》，中国法制出版社 2011 年版，第 192—218 页。

世数不相同，从其多者以定亲等。

凡己身或妻所从出或从己身所出者，为直系亲；非直系亲而与己身或妻出于同源之祖若父者，为旁系亲。

亲等应持之服，仍依服制图所定。

第一千三百十九条　妻于夫之宗亲、外亲，其亲属关系均与夫同。

第一千三百二十条　嗣子从承继日起，其亲属关系，与所嗣父母之亲生者同。

子于继母、嫡母之亲属关系，与其所亲生者同。

第一千三百二十一条　亲属彼此，互有同一亲等之关系。

第一千三百二十二条　由婚姻或承嗣而生之亲属关系，于离婚或归宗时即解销。

第二章　家　制

第一节　总　则

第一千三百二十三条　凡隶于一户籍者，为一家。

父母在，欲别立户籍者，须经父母允许。

第二节　家长与家属

第一千三百二十四条　家长，以一家中之最尊长者为之。

第一千三百二十五条　最尊长者，于不能或不愿管家政时，由次尊长者代理之。

第一千三百二十六条　一家中尊辈尚未成年时，由成年人卑辈代理之。

第一千三百二十七条　家政统于家长。

第一千三百二十八条　与家长同一户籍之亲属，为家属。

第一千三百二十九条　异居之亲属欲入户籍者，须经家长允许。

第一千三百三十条 家属以自己之名义所得之财产，为其特有财产。

第一千三百三十一条 家长、家属，互负扶养之义务。

第三章 婚 姻

第一节 成婚之要件

第一千三百三十二条 男未满十八岁，女未满十六岁者，不得成婚。

第一千三百三十三条 同宗者，不得结婚。

第一千三百三十四条 在本律规定之亲属范围内，不得结婚。但外亲或妻族亲中之旁系亲，其辈分同者，不在此限。

前项规定，于第一千三百二十二条亲属关系解销后，适用之。

在本律规定之亲属范围外而有切近之尊卑辈分或为同母异父者，亦不得结婚。

第一千三百三十五条 有配偶者，不得重婚。

第一千三百三十六条 女从前婚解销或撤销之日起，非逾十个月不得再婚。若于十个月内已分娩者，不在此限。

第一千三百三十七条 因奸而被离婚者，不得与相奸者结婚。

第一千三百三十八条 结婚须由父母允许。

继母或嫡母故意不允许者，子得经亲属会之同意而结婚。

第一千三百三十九条 婚姻从呈报于户籍吏，而生效力。

第一千三百四十条 违一千三百三十二条至第一千三百三十八条之规定而结婚者，户籍吏不得受理其呈报。

第二节　婚姻之无效及撤销

第一千三百四十一条　婚姻之无效，以开列于下者为限：

一、当事人无结婚之意思；

二、不为第一千三百三十九条之规定之呈请者。

第一千三百四十二条　婚姻惟依后三条所规定，始得向审判厅呈报撤销。

第一千三百四十三条　婚姻违背第一千三百三十二第一千三百三十六条所规定者，得由当事人及其亲属或检察官撤销之。第若违背第一千三百三十五条所规定者，前夫亦得撤销之。

第一千三百四十四条　婚姻违一千三百三十八条所规定者，惟有允许权者得撤销之。

第一千三百四十五条　因诈欺或胁迫而为婚姻者，惟当事人得撤销之。

第一千三百四十六条　以上之撤销权，以六个月为限。

前项期限，在第一千三百四十三条，除所称第一千三百三十二条外，从知有婚姻时起；在第一千三百四十四条，从有允许权者知有婚姻时起；在第一千三百三十五条，从发现诈欺或免离胁迫时起。

第一千三百四十七条　第一千三百四十三条所称违第一千三百三十二条而生之撤销权，自前婚解销或撤销之日起，经十个月或已分娩者，即行消灭。

第一千三百四十八条　第一千三百四十四条之撤销权，于六个月内经有允许权者追认其婚姻或成婚已逾二年者，即消灭。

第一千三百四十五条之撤销权于六个月内经当事人追认其婚姻者，即消灭。

第一千三百四十九条　婚姻撤销之效力，不追溯既往。

当事人于成婚时，不知存有撤销之原因，其因婚姻而得之利益，惟以现存者为限，须归还相对人。若知存有撤销之原因，须归还所得利益之全部。如彼造善意者，并任损害赔偿之责。

第三节　婚姻之效力

第一千三百五十条　夫须使妻同居，妻负与夫同居之义务。

第一千三百五十一条　关于同居之事务，由夫决定。

第一千三百五十二条　夫妻互负扶养之义务。

第一千三百五十三条　妻未成年时，其监护人之职务由夫行之。

第一千三百五十四条　夫妻间所订立之契约，在婚姻中各得撤销。但不得害及第三人之权利。

第一千三百五十五条　妻于寻常家事，视为夫之代理人。

前项妻之代理权，夫得限制之。但不得与善意第三人对抗。

第一千三百五十六条　由婚姻而生一切之费用，归夫担负。但夫无力担负者，妻担负之。

第一千三百五十七条　夫妇于成婚前，关于财产有特别契约者，从其契约。

前项契约，须于呈报婚姻时登记之。

第一千三百五十八条　妻于成婚时所有之财产及成婚后所得之财产，为其特有财产。但就其财产，夫有管理使用及收益之权。

夫管理妻之财产，显有足生损害之虞者，审判厅因妻之请求，得命其自行管理。

第四节　离婚

第一千三百五十九条　夫妻不相和谐而两愿离婚者，得行离婚。

第一千三百六十条　前条之离婚，如男未及三十岁，或女未及二十五岁者，须经父母允许。

第一千三百六十一条　第一千三百三十九条之规定，于两愿离婚时准用之。

违前条规定而离婚者，户籍吏不得受理其呈报。

第一千三百六十二条　夫妇之一造，以下列情事为限，得提起离婚之诉：

一、重婚者；

二、妻与人通奸者；

三、夫因奸非罪被处刑者；

四、彼造谋杀害自己者；

五、夫妇之一造受彼造不堪同居之虐待或重大之侮辱者；

六、妻虐待夫之直系尊属或重大之侮辱者；

七、受夫直系尊属之虐待或重大侮辱者；

八、夫妇之一造以恶意遗弃彼造者；

九、夫妇之一造逾三年以上生死不明者。

第一千三百六十三条　夫妇之一造于彼造犯前条第一款至第三款之行为，同意在前者，不得提起离婚之诉。

第一千三百六十四条　因第一千三百六十二条第一款至第八款所列情事而有主诉离婚权之人，须于明知离婚之事实时起，于六个月内呈诉之。若离婚原因事实发生后，已逾十年者，不得呈诉。

第一千三百六十五条　因第一千三百六十二条第九款之情形，于生死分明后，不得呈诉离婚。

第一千三百六十六条　两愿离婚者，离婚后子之监护由父任之。未及五岁者，母代任之。若订有特别契约者，依其契约。

第一千三百六十七条　呈诉离婚者离婚后，子之监护，准用前条之规定。但审判衙门得计其子之利益，酌定监护之人。

第一千三百六十八条　两愿离婚者于离婚后，妻之财产仍归妻。

第一千三百六十九条　呈诉离婚者，得准用前条之规定。但依第一千三百六十二条，应归责于其夫者，应暂给妻以生计程度相当之赔偿。

第四章　亲子

第一节　亲权

第一千三百七十条　亲权，由父或母行之。

第一千三百七十一条　行亲权者为继母或嫡母时，准用一千四百十七条、一千四百二十一条、一千四百二十二条之规定。

第一千三百七十二条　行亲权之父母须护养并教育其子。

第一千三百七十三条　子须于行亲权之父或母所指定之处，定其居所。

第一千三百七十四条　行亲权之父母于必要之范围内，可亲自惩戒其子，或呈请审判衙门送入惩戒所惩戒之。

审判衙门定惩戒时期，不得逾六个月。但定时期后，其父或母仍得请求缩短。

第一千三百七十五条　子营职业，须经行亲权之父或母允许。

第一千三百七十六条　子之财产，归行亲权之父或母管理之。关于其财产上之法律行为，由行亲权之父或母为之代表。

第一千三百七十七条　子为人承嗣者，所嗣父母行其亲权。

第一千三百七十八条　行亲权之母，于再嫁后，不得行其亲权。

第一千三百七十九条　行亲权之父母，于女出嫁不得行其亲权。

第二节　嫡子

第一千三百八十条　妻所生之子，为嫡子。

第一千三百八十一条　嫡子，以妻之受胎时期在婚姻有效中，并于受胎时期内，夫曾与妻同居者，推定之。

第一千三百八十二条　从子出生日，回溯第一百八十一日起至第三百二日止，为受胎时期。

受胎时期，有与前项异者，若能证明事实，以其时期为受胎时期。

第一千三百八十三条　第一千三百八十一条之推定，若事实与之相异者，夫得不认之。

第一千三百八十四条　前条之不认，夫须提起诉讼。

第一千三百八十五条　不认之诉，自夫知子之出生时起，于一年内为之。

第一千三百八十六条　经夫承认为嫡子后，不得撤销。

第三节　庶子

第一千三百八十七条　非妻所生之子，为庶子。

第一千三百八十八条　第一千三百八十一条至一千三百八

十六条之规定，关于庶子，亦准用之。

第一千三百八十九条　妻年逾五十无子者，夫得立庶长子为嫡子。

第四节　嗣子

第一千三百九十条　成年男子已婚而无子者，得立宗亲中亲等最近之兄弟之子，为嗣子。亲等相同，由无子者择定之。

若无子者不欲立亲等最近之人，得择立贤能或所亲爱者，为嗣子。

第一千三百九十一条　无前条宗亲亲属，或虽有而不能出嗣，或不欲立其为嗣者，无子者得择立同宗兄弟之子，为嗣子。

若同宗亲属俱无相当可嗣之人，得由其择立下列各人为嗣子：

一、姊妹之子；

二、母舅之孙；

三、妻兄弟之子。

第一千三百九十二条　遇有下列各款情形，得准用前二条之规定，为无子而死亡者立嗣子：

一、成年者；

二、未成年未婚而出兵阵亡或独子夭亡，而宗亲内无相当为其父之嗣子者；

三、未成年已婚而其妻媚守者。

第一千三百九十三条　独子不得出为嗣子，但兼祧者不在此限。

第一千三百九十四条　出为嗣子者，须经父母同意。无父母者，须经直系尊属同意。

年在十五岁以下出为嗣子者，得由其父母代为允许。

嫡母、继母，非得亲属会同意，不得为前项之允许。

第一千三百九十五条 依第一千三百九十二条规定立嗣子时，若死亡者有妻，由其妻行之。无妻由其直系尊属或家长或亲属会行之。

以遗嘱择立嗣子者，从其遗嘱。

第一千三百九十六条 出嗣，自报名户籍吏登记之日，发生效力。

第一千三百九十七条 违背第一千三百九十条至第一千三百九十二条规定者，所嗣父母嗣子、或所嗣父母嗣子之法定代理人、家长或利害关系人，得声请审判衙门撤销之。

违背第一千三百九十三条及第一千三百九十四条第一项规定者，嗣子之本生父母或直系尊属得撤销之。违背第一千三百九十四条第三项规定者，嗣子或亲属会得撤销之。

第一千三百九十八条 违背第一千三百九十条规定，未成年未婚而立嗣子者，其有撤销权人之撤销权，自立嗣者子者成年或成婚而消灭。

违背第一千三百九十四条第一项规定者，其父母或直系尊属之撤销权，自知其出嗣日起，逾六个月而消灭。自登记之日起逾二年者，亦同。

第一千三百九十九条 遇有下列各款情形，所嗣父母得请求以其嗣子归宗：

一、嗣子不孝有据者；

二、嗣子行为放荡，足为家门之玷者；

三、嗣子逃亡三年不归者；

四、嗣子生死不明在三年以上者。

第一千四百条　遇有下列各款情形，嗣子得请求归宗：

一、所嗣父母虐待不堪者；

二、所嗣父母生有男子，而本生父母无男子者。

前项请求，若嗣子年在十五岁以下，由其本生父母或直系尊属行之。

第一千四百零一条　归宗，须由请求者请开亲属会议决之。

第一千四百零二条　第一千三百九十六条规定，于归宗准用之。

第五节　私生子

第一千四百零三条　由苟合或无效之婚姻所生之子，为私生子。

第一千四百零四条　私生子经父认领，始为父之私生子。父于认领后，不得撤销。

前项之认领，须呈报于户籍吏。

第一千四百零五条　父虽为无能力人，亦得不经法定代理人之允许，而认领私生子。

第一千四百零六条　认领私生子之效力，溯及出生时。但不得害及第三人已得之权利。

第一千四百零七条　私生子或其他利害关系人，得举反对之事实，呈请撤销其认领。

第一千四百零八条　私生子及其他法定代理人，得据事实请求其父认领。

第一千四百零九条　经父认领之私生子，父与其母成婚后，即为嫡子。成婚后认领者，从认领时起，为嫡子。

第五章　监护

第一节　未成年人之监护

第一千四百零十条　未成年人，无行亲权之人，或行亲权人不得行其亲权时，须置监护人。

第一千四百十一条　监护人以一人充之。

第一千四百十二条　监护人须依下列次序充之：

一、祖父；

二、祖母；

三、家长；

四、最后行亲权之父或母以遗嘱指定之人。

第一千四百十三条　父于临终时，因子之母不能行亲权者，得以遗嘱指定监护人。

第一千四百十四条　无一千四百十二条所规定之监护人时，由亲属会选相当之人充之。

第一千四百十五条　监护人非有正当之事由，不得辞其职务。但妇女或年逾六十者，不在此限。

第一千四百十六条　下列之人不得为监护人：

一、未成年人；

二、禁治产人或准禁治产人；

三、破产人；

四、褫夺公权人；

五、对于被监护人现为诉讼，或曾为诉讼人，或其直系亲属及其配偶；

六、审判厅认为不胜监护之任者。

第一千四百十七条　遗嘱指定监护人时，并得指定监护人之监督人。若未指定监督人，须由监护人于任事前，呈请审判衙门招集亲属会选定之。

监护人由亲属会选定者，于选定监护人时，并得选定监护人之监督人。

前二项之监督人出缺时，监护人须即招集亲属会补选之。

第一千四百十八条　第一千四百十五条、第一千四百十六条之规定，于监护人之监督人准用之。

第一千四百十九条　监护人有第一千三百七十二条至第一千三百七十五条所载行亲权人之权利义务。

第一千四百二十条　被监护人之财产，归监护人管理之。关于其财产上之法律行为，由监护人为之代表。

第一千四百二十一条　监护人于被监护人之财产有重大关系时，须经亲属会之允许，始得代表之。其于被监护人之行为有财产上之重大关系者，须经亲属会允许，监护人始得允许之。

不依前项之规定者，被监护人得撤退之。

第一千四百二十二条　监护人对于被监护人之财产，须依下列之规定：

一、监护起始时，须速即邀同监督人开具被监护人之财产清册；

二、监护人对于被监护人有债权或负债务者，须于开具财产清册前，报告监督人；

三、监护人每年须开具被监护人岁出之预算，经亲属会指定后，始得开支。但遇急需时，不在此限；

四、监护人须商同亲属会，将被监护人所有之金钱，除岁需出款外，概为妥行存放；

五、监护人须将被监护人之财产情形，向亲属会每年至少报告一次。

第一千四百二十三条　监护人违前条规定者，亲属会得撤退监护人。被监护人因而受损害者，并须赔偿。其竟不报债权者，以丧失债权为止。

第一千四百二十四条　监护人之报酬，得由亲属会准其劳力及被监护人之财力，酌定之。

第一千四百二十五条　监护人非经亲属会允许，不得让受被监护人之财产。

违前项规定者，被监护人得撤销之。

第一千四百二十六条　监护人之监督人，其职务如下：

一、监督监护人之事务；

二、监护人出缺时，须即招集亲属会补选；

三、监护人旷职时，须暂行代理其职务。

第一千四百二十七条　祖父母为监护人时，于第一千四百二十一条至第一千四百二十六条之规定，不适用之。

第一千四百二十八条　遇下列情形时，监护终止。

一、第一千四百十条之条件解销时；

二、被监护人死亡时；

三、被监护人受死亡之宣告时。

第一千四百二十九条　遇下列情形时，监护人之职务终止：

一、监护人死亡时；

二、监护人遇第一千四百十六条第二款至第六款之原因而丧失资格时；

三、经亲属会撤退时；

四、依第一千四百十五条而辞职时。

第一千四百三十条 监护人于监护终止或职务终止时，须速即邀同监督人结清帐目，将所管财产交还。

监护人死亡时，前项之职务由其继承人任之。

第一千四百三十一条 第一千四百二十八条、第一千四百二十九条之规定，于监护人之监督人准用之。

第二节 成年人之监护

第一千四百三十二条 成年人受禁治产之宣告时，须置监护人。

第一千四百三十三条 监护人须依下列之顺序充之：

一、夫或妻；

二、祖父；

三、祖母；

四、家长。

第一千四百三十四条 无前条规定之监护人时，由亲属会选相当之人充之。

第一千四百三十五条 由夫或妻及祖父母家长为监护人者，不用监督人。

第一千四百三十六条 监护人于监护目的上必要之范围内，须准被监护人之财力护养疗治其身体。

第一千四百三十七条 未成年人监护之规定，除与本节规定抵触外，于成年人之监护人准用之。

第三节 保佐

第一千四百三十八条 受准禁治产之宣告人，须置保佐人。

第一千四百三十九条 关于成年人之监护人之规定，于保佐人准用之。

第六章 亲属会

第一千四百四十条 依本律及其他法令之规定，应开亲属会时，审判厅须因本人、亲属、监护人、监护人之监督人、保佐人、检察官或利害关系人之呈请，招集之。

第一千四百四十一条 亲属会会员，以三人以上七人以下为限。

第一千四百四十二条 亲属会会员，得由有指定监护人之权利者，以遗嘱选定之。

无前项选定时，审判衙门须从亲属内及与本人相关切者内，选定之。

第一千四百四十三条 监护人、保佐人及第一千四百十六条所列之人，不得为亲属会会员。

第一千四百四十四条 亲属会会员，非有正当事由不得辞职。

第一千四百四十五条 亲属会员之议事，以会员过半数之同意决之。

会员于所议之事，有关系自己利害者，不得加入议决之数。

第一千四百四十六条 亲属会会员出缺时，会员须呈请审判衙门补选之。

会员因一时之事故不能到会者，须由其余会员呈请审判衙门选定临时会员。

第一千四百四十七条 为无能力人、限制能力人而设之亲属会，须继续存在至为有能力人时止。

前项亲属会，除被次招集外，得由本人、法定代理人、监

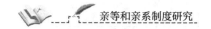

护人、监督人、保佐人或会员招集之。

第一千四百四十八条　会员或第一千四百四十条所列各人，有不服亲属会之决议者，得呈诉于审判衙门。

第一千四百四十九条　亲属会有不能议决之事，呈请审判衙门审判之。

第七章　扶养之义务

第一千四百五十条　凡直系宗亲及兄弟姊妹，互负扶养之养务。妻之父母及婿，亦同。

第一千四百五十一条　负扶养义务者有数人时，须依下列之次序而履行义务：

一、宗亲直系卑属；

二、夫或妻；

三、家长；

四、宗亲直系尊属；

五、兄弟姊妹；

六、家属；

七、妻之父母及婿。

同系直系尊属或直系卑属者，以亲等最近者为先。

第一千四百五十二条　同一亲等之负扶养义务者有数人时，须准其资力分担义务。

第一千四百五十三条　受扶养权利者有数人时，负扶养义务者，须依下列次序扶养之：

一、宗亲直系尊属；

二、夫或妻；

三、宗亲直系卑属；

四、家长或家属；

五、兄弟姊妹；

六、妻之父母及婿。

第一千四百五十一条第二项之规定，于前项情形准用之。

第一千四百五十四条　同一亲等之受扶养权利者有数人时，各准其需要，而受扶养。

第一千四百五十五条　负扶养之义务人，以有扶养之资力者为限。

第一千四百五十六条　受扶养之权利人以不能自存者为限，但第一千四百五十三条第四款及第六款所列各人，因过失致不能自存者，无受扶养之权利。

第一千四百五十七条　扶养之程度，以受扶养权利者之需要，及负扶养义务者之资力为准。

第一千四百五十八条　扶养之方法，得由负扶养义务者定之。但有正当之事由时，审判衙门得因受扶养权利者之呈请，定扶养之方法。

第一千四百五十九条　扶养之权利义务，因受扶养权利人或负扶养义务人之死亡而消灭。

受扶养权利人死亡时，其承继人不能支付丧葬费用者，由负扶养义务者任之。

附录二:《中华民国民法典·亲属编》[1]

第四编　亲属

(中华民国十九年十二月二十六日国民政府制定公布亲属
编全文 171 条;并自中华民国二十年五月五日施行)

第一章　通则

第九百六十七条　称直系血亲者,谓己身所从出或从己身
所出之血亲。

称旁系血亲者,谓非直系血亲,而与己身出于同源之血亲。

第九百六十八条　血亲亲等之计算,直系血亲,从己身上
下数,以一世为一亲等;旁系血亲,从己身数至同源之直系血
亲,再由同源之直系血亲,数至与之计算亲等之血亲,以其总
世数为亲等之数。

第九百六十九条　称姻亲者,谓血亲之配偶、配偶之血亲
及配偶之血亲之配偶。

第九百七十条　姻亲之亲系及亲等之计算如左(下):

一、血亲之配偶,从其配偶之亲系及亲等。

二、配偶之血亲,从其与配偶之亲系及亲等。

三、配偶之血亲之配偶,从其与配偶之亲系及亲等。

第九百七十一条　姻亲关系,因离婚而消灭;夫死妻再婚

---

〔1〕　转引自杨立新主编:《中国百年民法典汇编》,中国法制出版社 2011 年
版,第 493—511 页。

或妻死赘夫再婚时亦同。

第二章　婚姻

第一节　婚　约

第九百七十二条　婚约，应由男女当事人自行订定。

第九百七十三条　男未满十七岁，女未满十五岁者，不得订定婚约。

第九百七十四条　未成年之男女订定婚约，应得法定代理人之同意。

第九百七十五条　婚约，不得请求强迫履行。

第九百七十六条　婚约当事人之一方，有左（下）列情形之一者，他方得解除婚约：

一、婚约订定后，再与他人订定婚约或结婚者。

二、故违结婚期约者。

三、生死不明已满一年者。

四、有重大不治之病者。

五、有花柳病或其他恶疾者。

六、婚约订定后成为残废者。

七、婚约订定后与人通奸者。

八、婚约订定后受徒刑之宣告者。

九、有其他重大事由者。

依前项规定解除婚约者，如事实上不能向他方为解除之意思表示时，无须为意思表示，自得为解除时起，不受婚约之拘束。

第九百七十七条　依前条之规定，婚约解除时，无过失之一方，得向有过失之他方，请求赔偿其因此所受之损害。

第九百七十八条 婚约当事人之一方，无第九百七十六条之理由而违反婚约者，对于他方因此所受之损害，应负赔偿之责。

第九百七十九条 前条情形，虽非财产上之损害，受害人亦得请求赔偿相当之金额。但以受害人无过失者为限。

前项请求权，不得让与或继承。但已依契约承诺或已起诉者，不在此限。

第二节　结婚

第九百八十条 男未满十八岁，女未满十六岁，不得结婚。

第九百八十一条 未成年人结婚，应得法定代理人之同意。

第九百八十二条 结婚，应有公开之仪式及二人以上之证人。

第九百八十三条 与左（下）列亲属，不得结婚：

一、直系血亲及直系姻亲。

二、旁系血亲及旁系姻亲之辈分不相同者。但旁系血亲在八亲等之外、旁系姻亲在五亲等之外者不在此限。

三、旁系血亲之辈分相同，而在八亲等以内者。但表兄弟姊妹，不在此限。

前项姻亲结婚之限制，于姻亲关系消灭后，亦适用之。

第九百八十四条 监护人与受监护人，于监护关系存续中，不得结婚。但经受监护人父母之同意者，不在此限。

第九百八十五条 有配偶者不得重婚。

第九百八十六条 因奸经判决离婚或受刑之宣告者，不得与相奸者结婚。

第九百八十七条 女子自婚姻关系消灭后，非逾六个月，不得再行结婚。但于六个月内已分娩者，不在此限。

第九百八十八条　结婚，有左（下）列情形之一者无效：

一、不具备第九百八十二条之方式者。

二、违反第九百八十三条所定亲属结婚之限制者。

第九百八十九条　结婚违反第九百八十条之规定者，当事人或其法定代理人得向法院请求撤销之。但当事人已达该条所定年龄或已怀胎者，不得请求撤销。

第九百九十条　结婚违反第九百八十一条之规定者，法定代理得向法院请求撤销之。但自知悉其事实之日起，已逾六个月或结婚后已逾一年，或已怀胎者，不得请求撤销。

第九百九十一条　结婚违反第九百八十四条之规定者，受监护人或其最近亲属得向法院请求撤销之。但结婚已逾一年者，不得请求撤销。

第九百九十二条　结婚违反第九百八十五条之规定者，利害关系人得向法院请求撤销之。但在前婚姻关系消灭后，不得请求撤销。

第九百九十三条　结婚违反第九百八十六条之规定者，前配偶得向法院请求撤销之。但结婚已逾一年者，不得请求撤销。

第九百九十四条　结婚违反第九百八十七条之规定者，前夫或其直系血亲得向法院请求撤销之。但自前婚姻关系消灭后，已满六个月，或已在再婚后怀胎者，不得请求撤销。

第九百九十五条　当事人之一方，于结婚时不能人道而不能治者，他方得向法院请求撤销之。但自知悉其不能治之时起已逾三年者，不得请求撤销。

第九百九十六条　当事人之一方，于结婚时系在无意识或精神错乱中者，得于常态恢复后六个月内向法院请求撤销之。

第九百九十七条 因被诈欺或被胁迫而结婚者，得于发见诈欺或胁迫终止后，六个月内向法院请求撤销之。

第九百九十八条 结婚撤销之效力，不溯及既往。

第九百九十九条 当事人之一方，因结婚无效或被撤销而受有损害者，得向他方请求赔偿。但他方无过失者，不在此限。

前项情形，虽非财产上之损害，受害人亦得请求赔偿相当之金额。但以受害人无过失者为限。

前项请求权，不得让与或继承。但已依契约承诺或已起诉者，不在此限。

第三节 婚姻之普通效力

第一千条 妻以其本姓冠以夫姓，赘夫以其本姓冠以妻姓。但当事人另有订定者，不在此限。

第一千零一条 夫妻互负同居之义务。但有不能同居之正当理由者，不在此限。

第一千零二条 妻以夫之住所为其住所，赘夫以妻之住所为其住所。

第一千零三条 夫妻于日常家务，互为代理人。

夫妻之一方滥用前项代理权时，他方得限制之。但不得对抗善意第三人。

第四节 夫妻财产制

第一款 通则

第一千零四条 夫妻得于结婚前或结婚后，以契约就本法所定之约定财产制中，选择其一，为其夫妻财产制。

第一千零五条 夫妻未以契约订立夫妻财产制者，除本法另有规定外，以法定财产制，为其夫妻财产制。

第一千零六条　夫妻财产制契约之订立、变更或废止，当事人如为未成年人或为禁治产人时，应得其法定代理人之同意。

第一千零七条　夫妻财产制契约之订立、变更或废止，应以书面为之。

第一千零八条　夫妻财产制契约之订立、变更或废止非经登记，不得以之对抗第三人。

前项登记，另以法律定之。

第一千零九条　夫妻之一方受破产宣告时，其夫妻财产制，当然成为分别财产制。

第一千零十条　有左（下）列各款情形之一时，法院因夫妻一方之请求，应宣告改用分别财产制：

一　夫妻之一方依法应给付家庭生活费用而不给付时。

二　夫或妻之财产，不足清偿其债务，或夫妻之总财产，不足清偿总债务时。

三　夫妻之一方为财产上之处分，依法应得他方之同意，而他方无正当理由拒绝同意时。

第一千零十一条　债权人对于夫妻一方之财产已为扣押，而未得受清偿时，法院因债权人之声请，得宣告改用分别财产制。

第一千零十二条　夫妻于婚姻关系存续中，得以契约废止其财产契约，或改用他种约定财产制。

第一千零十三条　左（下）列财产为特有财产：

一、专供夫或妻个人使用之物。

二、夫或妻职业上必需之物。

三、夫或妻所受之赠物，经赠与人声明为其特有财产者。

四、妻因劳力所得之报酬。

第一千零十四条 夫妻得以契约订定以一定之财产为特有财产。

第一千零十五条 前二条所定之特有财产，适用关于分别财产制之规定。

第二款 法定财产制

第一千零十六条 结婚时属于夫妻之财产，及婚姻关系存续中夫妻所取得之财产，为其联合财产。但依第一千零十三条规定，妻之特有财产，不在其内。

第一千零十七条 联合财产中，妻于结婚时所有之财产，及婚姻关系存续中因继承或其他无偿取得之财产，为妻之原有财产，保有其所有权。

联合财产中，夫之原有财产及不属于妻之原有财产之部分，为夫所有。

由妻之原有财产所生之孳息，其所有权属于夫。

第一千零十八条 联合财产，由夫管理，其管理费用由夫负担。

第一千零十九条 夫对于妻之原有财产，有使用、收益之权。

第一千零二十条 夫对于妻之原有财产为处分时，应得妻之同意。但为管理上所必要之处分，不在此限。

前项同意之欠缺，不得对抗第三人。但第三人已知或可得而知其欠缺，或依情形可认为该财产属于妻者，不在此限。

第一千零二十一条 妻对于联合财产，于第一千零三条所定代理权限内，得处分之。

第一千零二十二条 关于妻之原有财产，夫因妻之请求，有随时报告其状况之义务。

第一千零二十三条 左（下）列债务，由夫负清偿之责：

一、夫于结婚前所负之债务。

二、夫于婚姻关系存续中所负之债务。

三、妻因第一千零三条所定代理行为而生之债务。

第一千零二十四条 左（下）列债务，由妻就其财产之全部负清偿之责：

一、妻于结婚前所负之债务。

二、妻因职务或业务所生之债务。

三、妻因继承财产所负之债务。

四、妻因侵权行为所生之债务。

第一千零二十五条 左（下）列债务，由妻仅就其特有财产负清偿之责：

一、妻就其特有财产设定之债务。

二、妻逾越第一千零三条代理权限之行为所生之债务。

第一千零二十六条 家庭生活费用，夫无支付能力时由妻就其财产之全部负担之。

第一千零二十七条 妻之原有财产所负债务而以夫之财产清偿，或夫之债务而以妻之原有财产清偿者，夫或妻有补偿请求权。但在联合财产关系消灭前，不得请求补偿。

妻之特有财产所负债务而以联合财产清偿，或联合财产所负债务而以妻之特有财产清偿者，虽于婚姻关系存续中，亦得为补偿之请求。

第一千零二十八条　妻死亡时，妻之原有财产，归属于妻之继承人，如有短少，夫应补偿之。但以其短少，系因可归责于夫之事由而生者为限。

第一千零二十九条　夫死亡时，妻取回其原有财产，如有短少，并得向夫之继承人请求补偿。

第一千零三十条　联合财产之分割，除另有规定外，妻取回其原有财产，如有短少，由夫或其继承人负担。但其短少，系由可归责于妻之事由而生者，不在此限。

第三款　约定财产制
第一目　共同财产制

第一千零三十一条　夫妻之财产及所得，除特有财产外，合并为共同财产，属于夫妻公同共有。

共同财产，夫妻之一方，不得处分其应有部分。

第一千零三十二条　共同财产，由夫管理，其管理费用，由共同财产负担。

第一千零三十三条　夫妻之一方，对于共同财产为处分时，应得他方之同意。但为管理上所必要之处分，不在此限。

前项同意之欠缺，不得对抗第三人。但第三人已知或可得而知其欠缺，或依情形，可认为该财产属于共同财产者，不在此限。

第一千零三十四条　左（下）列债务，由夫个人并就共同财产负清偿之责：

一、夫于结婚前所负之债务。

二、夫于婚姻关系存续中所负之债务。

三、妻因第一千零三条所定代理行为而生之债务。

四、除前款规定外，妻于婚姻关系存续中，以共同财产为负担之债务。

第一千零三十五条 左（下）列债务，由妻个人并就共同财产负清偿之责：

一、妻于结婚前所负之债务。

二、妻因职务或营业所生之债务。

三、妻因继承财产所负之债务。

四、妻因侵权行为所生之债务。

第一千零三十六条 左（下）列债务，由妻仅就其特有财产负清偿之责：

一、妻就其特有财产所负担之债务。

二、妻逾越第一千零三条代理权限之行为所生之债务。

第一千零三十七条 家庭生活费用，于共同财产不足负担时，妻个人亦应负责。

第一千零三十八条 共同财产所负之债务而以共同财产清偿者，夫妻间，不生补偿请求权。

共同财产之债务而以特有财产清偿，或特有财产之债务而以共同财产清偿者，有补偿请求权；虽于婚姻关系存续中，亦得请求。

第一千零三十九条 夫妻之一方死亡时，共同财产之半数，归属于死亡者之继承人，其他半数，归属于生存之他方。

前项财产之分划，其数额另有约定者，从其约定。

第一项情形，如该生存之他方，依法不得为继承人时，其对于共同财产得请求之数额，不得超过于离婚时所应得之数额。

第一千零四十条 共同财产关系消灭时，除法律另有规定或契约另有订定外，夫妻各得共同财产之半数。

第一千零四十一条　夫妻得以契约订定仅以所得为限为共同财产。

婚姻关系存续中，夫妻因劳力所得之财产及原有财产之孳息，为前项之所得，适用关于共同财产制之规定。

结婚时及婚姻关系存续中，属于夫妻之原有财产，适用关于法定财产制之规定。

第二目　统一财产制

第一千零四十二条　夫妻得以契约订定将妻之财产，除特有财产外，估定价额，移转其所有权于夫，而取得该估定价额之返还请求权。

第一千零四十三条　统一财产，除前条规定外，准用关于法定财产制之规定。

第三目　分别财产制

第一千零四十四条　分别财产，夫妻各保有其财产之所有权、管理权及使用、收益权。

第一千零四十五条　妻以其财产之管理权付与于夫者，推定夫有以该财产之收益供家庭生活费用之权。

前项管理权，妻得随时取回。取回权不得抛弃。

第一千零四十六条　左（下）列债务，由夫负清偿之责：

一、夫于结婚前所负之债务。

二、夫于婚姻关系存续中所负之债务。

三、妻因第一千零三条所定代理行为而生之债务。

第一千零四十七条　左（下）列债务，由妻负清偿之责：

一、妻于结婚前所负之债务。

二、妻于婚姻关系存续中所负之债务。

夫妻因家庭生活费用所负之债务，如夫无支付能力时，由妻负担。

第一千零四十八条　夫得请求妻对于家庭生活费用，为相当之负担。

第五节　离婚

第一千零四十九条　夫妻两愿离婚者，得自行离婚。但未成年人，应得法定代理人之同意。

第一千零五十条　两愿离婚，应以书面为之，并应有二人以上证人之签名。

第一千零五十一条　两愿离婚后，关于子女之监护，由夫任之。但另有约定者，从其约定。

第一千零五十二条　夫妻之一方，以他方有左（下）列情形之一者为限，得向法院请求离婚：

一、重婚者。

二、与人通奸者。

三、夫妻之一方受他方不堪同居之虐待者。

四、妻对于夫之直系尊亲属为虐待，或受夫之直系尊亲属之虐待，致不堪为共同生活者。

五、夫妻之一方以恶意遗弃他方在继续状态中者。

六、夫妻之一方意图杀害他方者。

七、有不治之恶疾者。

八、有重大不治之精神病者。

九、生死不明已逾三年者。

十、被处三年以上徒刑或因犯不名誉之罪被处徒刑者。

第一千零五十三条 对于前条第一款、第二款之情事，有请求权之一方，于事前同意或事后宥恕，或知悉后已逾六个月，或自其情事发生后已逾二年者，不得请求离婚。

第一千零五十四条 对于第一千零五十二条第六款及第十款之情事，有请求权之一方，自知悉后已逾一年，或自其情事发生后已逾五年者，不得请求离婚。

第一千零五十五条 判决离婚者，关于子女之监护，适用第一千零五十一条之规定，但法院得为其子女之利益酌定监护人。

第一千零五十六条 夫妻之一方，因判决离婚而受有损害者，得向有过失之他方，请求赔偿。

前项情形，虽非财产上之损害，受害人亦得请求赔偿相当之金额。但以受害人无过失者为限。

前项请求权，不得让与或继承。但已依契约承诺或已起诉者，不在此限。

第一千零五十七条 夫妻无过失之一方，因判决离婚而陷于生活困难者，他方纵无过失，亦应给与相当之赡养费。

第一千零五十八条 夫妻离婚时，无论其原用何种夫妻财产制，各取回其固有财产，如有短少，由夫负担。但其短少系由非可归责于夫之事由而生者，不在此限。

第三章　父母子女

第一千零五十九条 子女从父姓。

赘夫之子女从母姓。但另有约定者，从其约定。

第一千零六十条 未成年之子女，以其父之住所为住所。赘夫之子女，以其母之住所为住所。

第一千零六十一条 称婚生子女者，谓由婚姻关系受胎而生之子女。

第一千零六十二条 从子女出生日回溯第一百八十一日起至第三百零二日止，为受胎期间。

能证明受胎回溯在前项第三百零二日以前者，以其期间为受胎期间。

第一千零六十三条 妻之受胎，系在婚姻关系存续中者，推定其所生子女为婚生子女。

前项推定，如夫能证明于受胎期间内未与妻同居者，得提起否认之诉。但应于知悉子女出生之日起，一年内为之。

第一千零六十四条 非婚生子女，其生父与生母结婚者，视为婚生子女。

第一千零六十五条 非婚生子女经生父认领者，视为婚生子女。其经生父抚育者，视为认领。

非婚生子女与其生母之关系，视为婚生子女，无须认领。

第一千零六十六条 非婚生子女或其生母，对于生父之认领，得否认之。

第一千零六十七条 有左（下）列情形之一者，非婚生子女之生母或其他法定代理人，得请求其生父认领：

一、受胎期间生父与生母有同居之事实者。

二、由生父所作之文书可证明其为生父者。

三、生母为生父强奸或略诱成奸者。

四、生母因生父滥用权势成奸者。

前项请求权，自子女出生后五年间不行使而消灭。

第一千零六十八条 生母于受胎期间内，曾与他人通奸或为放荡之生活者，不适用前条之规定。

第一千零六十九条　非婚生子女认领之效力，溯及于出生时。但第三人已得之权利，不因此而受影响。

第一千零七十条　生父认领非婚生子女后，不得撤销其认领。

第一千零七十一条　依第一千一百四十二条之规定指定继承人者，其继承人与被继承人之关系，除法律另有规定外，与婚生子女同。

第一千零七十二条　收养他人之子女为子女时，其收养者为养父或养母，被收养者为养子或养女。

第一千零七十三条　收养者之年龄，应长于被收养者二十岁以上。

第一千零七十四条　有配偶者收养子女时，应与其配偶共同为之。

第一千零七十五条　除前条规定外，一人不得同时为二人之养子女。

第一千零七十六条　有配偶者被收养时，应得其配偶之同意。

第一千零七十七条　养子女与养父母之关系，除法律另有规定外，与婚生子女同。

第一千零七十八条　养子女从收养者之姓。

第一千零七十九条　收养子女，应以书面为之。但自幼抚养为子女者，不在此限。

第一千零八十条　养父母与养子女之关系，得由双方同意终止之。

前项终止，应以书面为之。

第一千零八十一条　养父母、养子女之一方，有左（下）列各款情形之一者，法院因他方之请求，得宣告终止其收养关系：

一、对于他方为虐待或重大侮辱时。

二、恶意遗弃他方时。

三、养子女被处二年以上之徒刑时。

四、养子女有浪费财产之情事时。

五、养子女生死不明已逾三年时。

六、有其他重大事由时。

第一千零八十二条　收养关系经判决终止时，无过失之一方，因而陷于生活困难者，得请求他方给与相当之金额。

第一千零八十三条　养子女自收养关系终止时起，回复其本姓，并回复其与本生父母之关系。但第三人已取得之权利，不因此而受影响。

第一千零八十四条　父母对于未成年之子女，有保护及教养之权利义务。

第一千零八十五条　父母得于必要范围内惩戒其子女。

第一千零八十六条　父母为其未成年子女之法定代理人。

第一千零八十七条　未成年子女，因继承、赠与或其他无偿取得之财产，为其特有财产。

第一千零八十八条　子女之特有财产，由父管理。父不能管理时，由母管理。

父母对于子女之特有财产，有使用、收益之权。但非为子女之利益，不得处分之。

第一千零八十九条 对于未成年子女之权利、义务，除法律另有规定外，由父母共同行使或负担之。父母对于权利之行使意思不一致时，由父行使之；父母之一方不能行使权利时，由他方行使之；父母不能共同负担义务时，由有能力者负担之。

第一千零九十条 父母滥用其对于子女之权利时，其最近尊亲属或亲属会议，得纠正之；纠正无效时，得请求法院宣告停止其权利之全部或一部。

第四章　监护

第一节　未成年人之监护

第一千零九十一条 未成年人无父母，或父母均不能行使、负担对于其未成年子女之权利、义务时，应置监护人。但未成年人已结婚者，不在此限。

第一千零九十二条 父母对其未成年之子女，得因特定事项，于一定期限内，委托他人行使监护之职务。

第一千零九十三条 后死之父或母得以遗嘱指定监护人。

第一千零九十四条 父母均不能行使、负担对于未成年子女之权利、义务，或父母死亡而无遗嘱指定监护人时，依左（下）列顺序定其监护人：

一、与未成年人同居之祖父母。

二、家长。

三、不与未成年人同居之祖父母。

四、伯父或叔父。

五、由亲属会议选定之人。

第一千零九十五条 依前条规定为监护人者，非有正当理由，不得辞其职务。

第一千零九十六条　未成年人及禁治产人，不得为监护人。

第一千零九十七条　除另有规定外，监护人于保护、增进受监护人利益之范围内，行使、负担父母对于未成年子女之权利、义务。但由父母暂时委托者，以所委托之职务为限。

第一千零九十八条　监护人为受监护人之法定代理人。

第一千零九十九条　监护开始时，监护人对于受监护人之财产，应会同亲属会议所指定之人，开具财产清册。

第一千一百条　受监护人之财产，由监护人管理，其管理费用，由受监护人之财产负担。

监护人管理受监护人之财产，应与处理自己事务为同一之注意。

第一千一百零一条　监护人对于受监护人之财产，非为受监护人之利益，不得使用或处分。为不动产之处分时，并应得亲属会议之允许。

第一千一百零二条　监护人不得受让受监护人之财产。

第一千一百零三条　监护人应将受监护人之财产状况，向亲属会议每年至少详细报告一次。

第一千一百零四条　监护人得请求报酬，其数额由亲属会议按其劳力及受监护人财产收益之状况酌定之。

第一千一百零五条　第一千零九十九条及第一千一百零一条至第一千一百零四条之规定，于与未成年人同居之祖父母为监护人时，不适用之。

第一千一百零六条　监护人有左（下）列情形之一时，亲属会议得撤退之：

一、违反法定义务时。

二、无支付能力时。

三、由亲属会议选定之监护人，违反亲属会议之指示时。

第一千一百零七条　监护人于监护关系终止时，应即会同亲属会议所指定之人，为财产之清算，并将财产移交于新监护人；如受监护人已成年时，交还于受监护人；如受监护人死亡时，交还于继承人。

亲属会议对于前项清算之结果未为承认前，监护人不得免其责任。

第一千一百零八条　监护人死亡时，前条清算，由其继承人为之。

第一千一百零九条　监护人对于受监护人财产所致之损害，其赔偿请求权，自亲属会议对于清算结果拒绝承认之时起，二年间不行使而消灭。

第二节　禁治产人之监护

第一千一百十条　禁治产人应置监护人。

第一千一百十一条　禁治产人之监护人，依左（下）列顺序定之：

一、配偶。

二、父母。

三、与禁治产人同居之祖父母。

四、家长。

五、后死之父或母以遗嘱指定之人。

不能依前项规定定其监护人时，由法院征求亲属会议之意见选定之。

第一千一百十二条　监护人为受监护人之利益，应按受监护人之财产状况，护养疗治其身体。

监护人如将受监护人送入精神病医院或监禁于私宅者，应得亲属会议之同意。但父母或与禁治产人同居之祖父母为监护人时，不在此限。

第一千一百十三条　禁治产人之监护，除本节有规定外，准用关于未成年人监护之规定。

第一千零九十九条及第一千一百零一条至第一千一百零四条之规定，于父母为监护人时，亦不适用之。

第五章　扶养

第一千一百十四条　左（下）列亲属，互负扶养之义务：

一、直系血亲相互间。

二、夫妻之一方与他方之父母同居者，其相互间。

三、兄、弟、姊、妹相互间。

四、家长、家属相互间。

第一千一百十五条　负扶养义务者有数人时，应依左（下）列顺序定其履行义务之人：

一、直系血亲卑亲属。

二、直系血亲尊亲属。

三、家长。

四、兄弟姊妹。

五、家属。

六、子妇、女婿。

七、夫妻之父母。

同系直系尊亲属或直系卑亲属者，以亲等近者为先。

负扶养义务者有数人而其亲等同一时，应各依其经济能力，分担义务。

第一千一百十六条 受扶养权利者有数人，而负扶养义务者之经济能力，不足扶养其全体时，依左（下）列顺序，定其受扶养之人：

一、直系血亲尊亲属。

二、直系血亲卑亲属。

三、家属。

四、兄弟姊妹。

五、家长。

六、夫妻之父母。

七、子妇、女婿。

同系直系尊亲属或直系卑亲属者，以亲等近者为先。

受扶养权利者有数人而其亲等同一时，应按其需要之状况，酌为扶养。

第一千一百十七条 受扶养权利者，以不能维持生活而无谋生能力者为限。

前项无谋生能力之限制，于直系血亲尊亲属，不适用之。

第一千一百十八条 因负担扶养义务而不能维持自己生活者，免除其义务。

第一千一百十九条 扶养之程度，应按受扶养权利者之需要、与负扶养义务者之经济能力及身分定之。

第一千一百二十条 扶养之方法，由当事人协议定之；不能协议时，由亲属会议定之。

第一千一百二十一条 扶养之程度及方法，当事人得因情事之变更，请求变更之。

第六章　家

第一千一百二十二条　称家者，谓以永久共同之生活为目的而同居之亲属团体。

第一千一百二十三条　家置家长。

同家之人，除家长外，均为家属。

虽非亲属，而以永久共同生活为目的同居一家者，视为家属。

第一千一百二十四条　家长由亲属团体中推定之；无推定时，以家中之最尊辈者为之；尊辈同者，以年长者为之；最尊或最长者不能或不愿管理家务时，由其指定家属一人代理之。

第一千一百二十五条　家务由家长管理。但家长得以家务之一部，委托家属处理。

第一千一百二十六条　家长管理家务，应注意于家属全体之利益。

第一千一百二十七条　家属已成年或虽未成年而已结婚者，得请求由家分离。

第一千一百二十八条　家长对于已成年或虽未成年而已结婚之家属，得令其由家分离。但以有正当理由时为限。

第一千一百二十九条　依本法之规定应开亲属会议时，由当事人、法定代理人或其他利害关系人召集之。

第七章　亲属会议

第一千一百三十条　亲属会议，以会员五人组织之。

第一千一百三十一条　亲属会议之会员，应就未成年人、禁治产人或被继承人之左（下）列亲属与顺序定之：

一、直系血亲尊亲属。

二、三亲等内旁系血亲尊亲属。

三、四亲等内之同辈血亲。

前项同一顺序之人，以亲等近者为先；亲等同者，以父系之亲属为先；同系而亲等同者，以年长者为先。

第一千一百三十二条 无前条规定之亲属，或亲属不足法定人数时，法院得因有召集权人之声请，于其他亲属中指定之。

第一千一百三十三条 监护人、未成年人及禁治产人，不得为亲属会议之会员。

第一千一百三十四条 依法应为亲属会议会员之人，非有正当理由，不得辞其职务。

第一千一百三十五条 亲属会议，非有三人以上之出席，不得开会；非有出席会员过半数之同意，不得为决议。

第一千一百三十六条 亲属会议会员，于所议事件有个人利害关系者，不得加入决议。

第一千一百三十七条 第一千一百二十九条所定有召集权之人，对于亲属会议之决议有不服者，得于三个月内向法院声诉。

附录三：《中华人民共和国婚姻法》（1950年）[1]

（1950年4月13日中央人民政府委员会第七次会议通过）
中央人民政府关于公布施行中华人民共和国婚姻法的命令

中央人民政府委员会第七次会议通过的中华人民共和国婚姻法，应自一九五〇年五月一日起公布施行。自公布之日起，所有以前各解放区颁布的有关婚姻问题的一切暂行的条例和法令均予废止。此令。

主席　毛泽东
一九五〇年四月三十日

中华人民共和国婚姻法

第一章　原则

第一条　废除包办强迫、男尊女卑、漠视子女利益的封建主义婚姻制度。实行男女婚姻自由、一夫一妻、男女权利平等、保护妇女和子女合法利益的新民主主义婚姻制度。

第二条　禁止重婚、纳妾。禁止童养媳。禁止干涉寡妇婚姻自由。禁止任何人借婚姻关系问题索取财物。

---

〔1〕　转引自张培田主编：《新中国法制研究史料通鉴》，中国政法大学出版社2003年版，第725—728页。

第二章 结婚

第三条 结婚须男女双方本人完全自愿，不许任何一方对他方加以强迫或任何第三者加以干涉。

第四条 男二十岁，女十八岁，始得结婚。

第五条 男女有下列情形之一者，禁止结婚：

一、为直系血亲，或为同胞的兄弟姊妹和同父异母或同母异父的兄弟姊妹者；

其他五代内的旁系血亲间禁止结婚的问题，从习惯。

二、有生理缺陷不能发生性行为者。

三、患花柳病或精神失常未经治愈，患麻疯或其他在医学上认为不应结婚之疾病者。

第六条 结婚应男女双方亲到所在地（区、乡）人民政府登记。凡合于本法规定的结婚，所在地人民政府应即发给结婚证。

凡不合于本法规定的结婚，不予登记。

第三章 夫妻间的权利和义务

第七条 夫妻为共同生活的伴侣，在家庭中地位平等。

第八条 夫妻有互爱互敬、互相帮助、互相扶养、和睦团结、劳动生产、抚育子女，为家庭幸福和新社会建设而共同奋斗的义务。

第九条 夫妻双方均有选择职业、参加工作和参加社会活动的自由。

第十条 夫妻双方对于家庭财产有平等的所有权与处理权。

第十一条 夫妻有各用自己姓名的权利。

第十二条　夫妻有互相继承遗产的权利。

第四章　父母子女间的关系

第十三条　父母对于子女有抚养教育的义务；子女对于父母有赡养扶助的义务；双方均不得虐待或遗弃。

养父母与养子女相互间的关系，适用前项规定。

溺婴或其他类似的犯罪行为，严加禁止。

第十四条　父母子女有互相继承遗产的权利。

第十五条　非婚生子女享受与婚生子女同等的权利，任何人不得加以危害或歧视。

非婚生子女经生母或其他人证物证证明其生父者，其生父应负担子女必需的生活费和教育费全部或一部，直至子女十八岁为止。如经生母同意，生父可将子女领回抚养。

生母和他人结婚，原生子女的抚养，适用第二十二条的规定。

第十六条　夫对于其妻所抚养与前夫所生的子女或妻对于其夫所抚养与前妻所生的子女，不得虐待或歧视。

第五章　离　婚

第十七条　男女双方自愿离婚的，准予离婚。男女一方坚决要求离婚的，经区人民政府和司法机关调解无效时，亦准予离婚。

男女双方自愿离婚的，双方应向区人民政府登记，领取离婚证；区人民政府查明确系双方自愿并对子女和财产问题确有适当处理时，应即发给离婚证。男女一方坚决要求离婚的，得由区人民政府进行调解；如调解无效时，应即转报县或市人民法院处理；区人民政府并不得阻止或妨碍男女任何一方向县或市人民法院申诉。县或市人民法院对离婚案件，也应首先进行调解；如调解无效时，即行判决。

离婚后，如男女双方自愿恢复夫妻关系，应向区人民政府进行恢复结婚的登记；区人民政府应予以登记，并发给恢复结婚证。

第十八条 女方怀孕期间，男方不得提出离婚；男方要求离婚，须于女方分娩一年后，始得提出。但女方提出离婚的，不在此限。

第十九条 现役革命军人与家庭有通讯关系的，其配偶提出离婚，须得革命军人的同意。

自本法公布之日起，如革命军人与家庭两年无通讯关系，其配偶要求离婚，得准予离婚。在本法公布前，如革命军人与家庭已有两年以上无通讯关系，而在本法公布后，又与家庭有一年无通讯关系，其配偶要求离婚，也得准予离婚。

第六章 离婚后子女的抚养和教育

第二十条 父母与子女间的血亲关系，不因父母离婚而消灭。离婚后，子女无论由父方或母方抚养，仍是父母双方的子女。

离婚后父母对于所生的子女，仍有抚养和教育的责任。

离婚后，哺乳期内的子女，以随哺乳的母亲为原则。哺乳期后的子女，如双方均愿抚养发生争执不能达成协议时，由人民法院根据子女的权益判决。

第二十一条 离婚后，女方抚养的子女，男方应负担必需的生活费和教育费全部或一部，负担费用的多寡及期限的长短，由双方协议；协议不成时，由人民法院判决。费用支付的办法，为付现金或实物或代小孩耕种分得的田地等。

离婚时，关于子女生活费和教育费的协议或判定，不妨碍子女向父母任何一方提出超过协议或判决原定数额的请求。

第二十二条　女方再行结婚后，新夫如愿负担女方原生子女的生活费和教育费全部或一部，则子女的生父的负担可酌情减少或免除。

第七章　离婚后的财产和生活

第二十三条　离婚时，除女方婚前财产归女方所有外，其他家庭财产如何处理，由双方协议；协议不成时，由人民法院根据家庭财产具体情况、照顾女方及子女利益和有利发展生产的原则判决。

如女方及子女分得的财产足以维持子女的生活费和教育费时，则男方可不再负担子女的生活费和教育费。

第二十四条　离婚时，原为夫妻共同生活所负担的债务，以共同生活时所得财产偿还；如无共同生活时所得财产或共同生活时所得财产不足清偿时，由男方清偿。男女一方单独所负的债务，由本人偿还。

第二十五条　离婚后，一方如未再行结婚而生活困难，他方应帮助维持其生活；帮助的办法及期限，由双方协议；协议不成时，由人民法院判决。

第八章　附则

第二十六条　违反本法者，依法制裁。

凡因干涉婚姻自由而引起被干涉者的死亡或伤害者，干涉

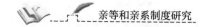

者一律应负刑事责任。

第二十七条 本法自公布之日起施行。

在少数民族聚居的地区，大行政区人民政府（或军政委员会）或省人民政府得依据当地少数民族婚姻问题的具体情况，对本法制定某些变通的或补充的规定，提请政务院批准施行。

附录四：《中华人民共和国民法典·婚姻家庭编》[1]

第五编　婚姻家庭

第一章　一般规定

第一千零四十条　本编调整因婚姻家庭产生的民事关系。

第一千零四十一条　婚姻家庭受国家保护。

实行婚姻自由、一夫一妻、男女平等的婚姻制度。

保护妇女、未成年人、老年人、残疾人的合法权益。

第一千零四十二条　禁止包办、买卖婚姻和其他干涉婚姻自由的行为。禁止借婚姻索取财物。

禁止重婚。禁止有配偶者与他人同居。

禁止家庭暴力。禁止家庭成员间的虐待和遗弃。

第一千零四十三条　家庭应当树立优良家风，弘扬家庭美德，重视家庭文明建设。

夫妻应当互相忠实，互相尊重，互相关爱；家庭成员应当敬老爱幼，互相帮助，维护平等、和睦、文明的婚姻家庭关系。

第一千零四十四条　收养应当遵循最有利于被收养人的原则，保障被收养人和收养人的合法权益。

禁止借收养名义买卖未成年人。

第一千零四十五条　亲属包括配偶、血亲和姻亲。

配偶、父母、子女、兄弟姐妹、祖父母、外祖父母、孙子

---

〔1〕　转引自《中华人民共和国民法典》，中国法制出版社2020年版，第160—171页。

女、外孙子女为近亲属。

配偶、父母、子女和其他共同生活的近亲属为家庭成员。

第二章　结婚

第一千零四十六条　结婚应当男女双方完全自愿，禁止任何一方对另一方加以强迫，禁止任何组织或者个人加以干涉。

第一千零四十七条　结婚年龄，男不得早于二十二周岁，女不得早于二十周岁。

第一千零四十八条　直系血亲或者三代以内的旁系血亲禁止结婚。

第一千零四十九条　要求结婚的男女双方应当亲自到婚姻登记机关申请结婚登记。符合本法规定的，予以登记，发给结婚证。完成结婚登记，即确立婚姻关系。未办理结婚登记的，应当补办登记。

第一千零五十条　登记结婚后，按照男女双方约定，女方可以成为男方家庭的成员，男方可以成为女方家庭的成员。

第一千零五十一条　有下列情形之一的，婚姻无效：

（一）重婚；

（二）有禁止结婚的亲属关系；

（三）未到法定婚龄。

第一千零五十二条　因胁迫结婚的，受胁迫的一方可以向人民法院请求撤销婚姻。

请求撤销婚姻的，应当自胁迫行为终止之日起一年内提出。

被非法限制人身自由的当事人请求撤销婚姻的，应当自恢复人身自由之日起一年内提出。

第一千零五十三条　一方患有重大疾病的，应当在结婚登记前如实告知另一方；不如实告知的，另一方可以向人民法院请求撤销婚姻。

请求撤销婚姻的，应当自知道或者应当知道撤销事由之日起一年内提出。

第一千零五十四条 无效的或者被撤销的婚姻自始没有法律约束力，当事人不具有夫妻的权利和义务。同居期间所得的财产，由当事人协议处理；协议不成的，由人民法院根据照顾无过错方的原则判决。对重婚导致的无效婚姻的财产处理，不得侵害合法婚姻当事人的财产权益。当事人所生的子女，适用本法关于父母子女的规定。

婚姻无效或者被撤销的，无过错方有权请求损害赔偿。

第三章　家庭关系

第一节　夫妻关系

第一千零五十五条 夫妻在婚姻家庭中地位平等。

第一千零五十六条 夫妻双方都有各自使用自己姓名的权利。

第一千零五十七条 夫妻双方都有参加生产、工作、学习和社会活动的自由，一方不得对另一方加以限制或者干涉。

第一千零五十八条 夫妻双方平等享有对未成年子女抚养、教育和保护的权利，共同承担对未成年子女抚养、教育和保护的义务。

第一千零五十九条 夫妻有相互扶养的义务。

需要扶养的一方，在另一方不履行扶养义务时，有要求其给付扶养费的权利。

第一千零六十条 夫妻一方因家庭日常生活需要而实施的

民事法律行为，对夫妻双方发生效力，但是夫妻一方与相对人另有约定的除外。

夫妻之间对一方可以实施的民事法律行为范围的限制，不得对抗善意相对人。

第一千零六十一条 夫妻有相互继承遗产的权利。

第一千零六十二条 夫妻在婚姻关系存续期间所得的下列财产，为夫妻的共同财产，归夫妻共同所有：

（一）工资、奖金、劳务报酬；

（二）生产、经营、投资的收益；

（三）知识产权的收益；

（四）继承或者受赠的财产，但是本法第一千零六十三条第三项规定的除外；

（五）其他应当归共同所有的财产。

夫妻对共同财产，有平等的处理权。

第一千零六十三条 下列财产为夫妻一方的个人财产：

（一）一方的婚前财产；

（二）一方因受到人身损害获得的赔偿或者补偿；

（三）遗嘱或者赠与合同中确定只归一方的财产；

（四）一方专用的生活用品；

（五）其他应当归一方的财产。

第一千零六十四条 夫妻双方共同签名或者夫妻一方事后追认等共同意思表示所负的债务，以及夫妻一方在婚姻关系存续期间以个人名义为家庭日常生活需要所负的债务，属于夫妻共同债务。

夫妻一方在婚姻关系存续期间以个人名义超出家庭日常生

活需要所负的债务，不属于夫妻共同债务；但是，债权人能够证明该债务用于夫妻共同生活、共同生产经营或者基于夫妻双方共同意思表示的除外。

第一千零六十五条　男女双方可以约定婚姻关系存续期间所得的财产以及婚前财产归各自所有、共同所有或者部分各自所有、部分共同所有。约定应当采用书面形式。没有约定或者约定不明确的，适用本法第一千零六十二条、第一千零六十三条的规定。

夫妻对婚姻关系存续期间所得的财产以及婚前财产的约定，对双方具有法律约束力。

夫妻对婚姻关系存续期间所得的财产约定归各自所有，夫或者妻一方对外所负的债务，相对人知道该约定的，以夫或者妻一方的个人财产清偿。

第一千零六十六条　婚姻关系存续期间，有下列情形之一的，夫妻一方可以向人民法院请求分割共同财产：

（一）一方有隐藏、转移、变卖、毁损、挥霍夫妻共同财产或者伪造夫妻共同债务等严重损害夫妻共同财产利益的行为；

（二）一方负有法定扶养义务的人患重大疾病需要医治，另一方不同意支付相关医疗费用。

第二节　父母子女关系和其他近亲属关系

第一千零六十七条　父母不履行抚养义务的，未成年子女或者不能独立生活的成年子女，有要求父母给付抚养费的权利。

成年子女不履行赡养义务的，缺乏劳动能力或者生活困难的父母，有要求成年子女给付赡养费的权利。

第一千零六十八条　父母有教育、保护未成年子女的权利和义务。未成年子女造成他人损害的，父母应当依法承担民事责任。

第一千零六十九条　子女应当尊重父母的婚姻权利，不得干涉父母离婚、再婚以及婚后的生活。子女对父母的赡养义务，不因父母的婚姻关系变化而终止。

第一千零七十条　父母和子女有相互继承遗产的权利。

第一千零七十一条　非婚生子女享有与婚生子女同等的权利，任何组织或者个人不得加以危害和歧视。

不直接抚养非婚生子女的生父或者生母，应当负担未成年子女或者不能独立生活的成年子女的抚养费。

第一千零七十二条　继父母与继子女间，不得虐待或者歧视。

继父或者继母和受其抚养教育的继子女间的权利义务关系，适用本法关于父母子女关系的规定。

第一千零七十三条　对亲子关系有异议且有正当理由的，父或者母可以向人民法院提起诉讼，请求确认或者否认亲子关系。

对亲子关系有异议且有正当理由的，成年子女可以向人民法院提起诉讼，请求确认亲子关系。

第一千零七十四条　有负担能力的祖父母、外祖父母，对于父母已经死亡或者父母无力抚养的未成年孙子女、外孙子女，有抚养的义务。

有负担能力的孙子女、外孙子女，对于子女已经死亡或者子女无力赡养的祖父母、外祖父母，有赡养的义务。

第一千零七十五条　有负担能力的兄、姐，对于父母已经死亡或者父母无力抚养的未成年弟、妹，有扶养的义务。

由兄、姐扶养长大的有负担能力的弟、妹，对于缺乏劳动能力又缺乏生活来源的兄、姐，有扶养的义务。

第四章　离婚

第一千零七十六条　夫妻双方自愿离婚的，应当签订书面离婚协议，并亲自到婚姻登记机关申请离婚登记。

离婚协议应当载明双方自愿离婚的意思表示和对子女抚养、财产以及债务处理等事项协商一致的意见。

第一千零七十七条　自婚姻登记机关收到离婚登记申请之日起三十日内，任何一方不愿意离婚的，可以向婚姻登记机关撤回离婚登记申请。

前款规定期限届满后三十日内，双方应当亲自到婚姻登记机关申请发给离婚证；未申请的，视为撤回离婚登记申请。

第一千零七十八条　婚姻登记机关查明双方确实是自愿离婚，并已经对子女抚养、财产以及债务处理等事项协商一致的，予以登记，发给离婚证。

第一千零七十九条　夫妻一方要求离婚的，可以由有关组织进行调解或者直接向人民法院提起离婚诉讼。

人民法院审理离婚案件，应当进行调解；如果感情确已破裂，调解无效的，应当准予离婚。

有下列情形之一，调解无效的，应当准予离婚：

（一）重婚或者与他人同居；

（二）实施家庭暴力或者虐待、遗弃家庭成员；

（三）有赌博、吸毒等恶习屡教不改；

（四）因感情不和分居满二年；

（五）其他导致夫妻感情破裂的情形。

一方被宣告失踪，另一方提起离婚诉讼的，应当准予离婚。

经人民法院判决不准离婚后，双方又分居满一年，一方再次提起离婚诉讼的，应当准予离婚。

第一千零八十条　完成离婚登记，或者离婚判决书、调解书生效，即解除婚姻关系。

第一千零八十一条　现役军人的配偶要求离婚，应当征得军人同意，但是军人一方有重大过错的除外。

第一千零八十二条　女方在怀孕期间、分娩后一年内或者终止妊娠后六个月内，男方不得提出离婚；但是，女方提出离婚或者人民法院认为确有必要受理男方离婚请求的除外。

第一千零八十三条　离婚后，男女双方自愿恢复婚姻关系的，应当到婚姻登记机关重新进行结婚登记。

第一千零八十四条　父母与子女间的关系，不因父母离婚而消除。离婚后，子女无论由父或者母直接抚养，仍是父母双方的子女。

离婚后，父母对于子女仍有抚养、教育、保护的权利和义务。

离婚后，不满两周岁的子女，以由母亲直接抚养为原则。已满两周岁的子女，父母双方对抚养问题协议不成的，由人民法院根据双方的具体情况，按照最有利于未成年子女的原则判决。子女已满八周岁的，应当尊重其真实意愿。

第一千零八十五条　离婚后，子女由一方直接抚养的，另一方应当负担部分或者全部抚养费。负担费用的多少和期限的长短，由双方协议；协议不成的，由人民法院判决。

　　前款规定的协议或者判决，不妨碍子女在必要时向父母任何一方提出超过协议或者判决原定数额的合理要求。

　　第一千零八十六条　离婚后，不直接抚养子女的父或者母，有探望子女的权利，另一方有协助的义务。

　　行使探望权利的方式、时间由当事人协议；协议不成的，由人民法院判决。

　　父或者母探望子女，不利于子女身心健康的，由人民法院依法中止探望；中止的事由消失后，应当恢复探望。

　　第一千零八十七条　离婚时，夫妻的共同财产由双方协议处理；协议不成的，由人民法院根据财产的具体情况，按照照顾子女、女方和无过错方权益的原则判决。

　　对夫或者妻在家庭土地承包经营中享有的权益等，应当依法予以保护。

　　第一千零八十八条　夫妻一方因抚育子女、照料老年人、协助另一方工作等负担较多义务的，离婚时有权向另一方请求补偿，另一方应当给予补偿。具体办法由双方协议；协议不成的，由人民法院判决。

　　第一千零八十九条　离婚时，夫妻共同债务应当共同偿还。共同财产不足清偿或者财产归各自所有的，由双方协议清偿；协议不成的，由人民法院判决。

　　第一千零九十条　离婚时，如果一方生活困难，有负担能力的另一方应当给予适当帮助。具体办法由双方协议；协议不成的，由人民法院判决。

　　第一千零九十一条　有下列情形之一，导致离婚的，无过错方有权请求损害赔偿：

（一）重婚；

（二）与他人同居；

（三）实施家庭暴力；

（四）虐待、遗弃家庭成员；

（五）有其他重大过错。

第一千零九十二条 夫妻一方隐藏、转移、变卖、毁损、挥霍夫妻共同财产，或者伪造夫妻共同债务企图侵占另一方财产的，在离婚分割夫妻共同财产时，对该方可以少分或者不分。离婚后，另一方发现有上述行为的，可以向人民法院提起诉讼，请求再次分割夫妻共同财产。

第五章 收养

第一节 收养关系的成立

第一千零九十三条 下列未成年人，可以被收养：

（一）丧失父母的孤儿；

（二）查找不到生父母的未成年人；

（三）生父母有特殊困难无力抚养的子女。

第一千零九十四条 下列个人、组织可以作送养人：

（一）孤儿的监护人；

（二）儿童福利机构；

（三）有特殊困难无力抚养子女的生父母。

第一千零九十五条 未成年人的父母均不具备完全民事行为能力且可能严重危害该未成年人的，该未成年人的监护人可以将其送养。

第一千零九十六条 监护人送养孤儿的，应当征得有抚养义务的人同意。有抚养义务的人不同意送养、监护人不愿意继续履行监护职责的，应当依照本法第一编的规定另行确定监护人。

第一千零九十七条　生父母送养子女，应当双方共同送养。生父母一方不明或者查找不到的，可以单方送养。

第一千零九十八条　收养人应当同时具备下列条件：

（一）无子女或者只有一名子女；

（二）有抚养、教育和保护被收养人的能力；

（三）未患有在医学上认为不应当收养子女的疾病；

（四）无不利于被收养人健康成长的违法犯罪记录；

（五）年满三十周岁。

第一千零九十九条　收养三代以内旁系同辈血亲的子女，可以不受本法第一千零九十三条第三项、第一千零九十四条第三项和第一千一百零二条规定的限制。

华侨收养三代以内旁系同辈血亲的子女，还可以不受本法第一千零九十八条第一项规定的限制。

第一千一百条　无子女的收养人可以收养两名子女；有子女的收养人只能收养一名子女。

收养孤儿、残疾未成年人或者儿童福利机构抚养的查找不到生父母的未成年人，可以不受前款和本法第一千零九十八条第一项规定的限制。

第一千一百零一条　有配偶者收养子女，应当夫妻共同收养。

第一千一百零二条　无配偶者收养异性子女的，收养人与被收养人的年龄应当相差四十周岁以上。

第一千一百零三条　继父或者继母经继子女的生父母同意，

可以收养继子女，并可以不受本法第一千零九十三条第三项、第一千零九十四条第三项、第一千零九十八条和第一千一百条第一款规定的限制。

第一千一百零四条 收养人收养与送养人送养，应当双方自愿。收养八周岁以上未成年人的，应当征得被收养人的同意。

第一千一百零五条 收养应当向县级以上人民政府民政部门登记。收养关系自登记之日起成立。

收养查找不到生父母的未成年人的，办理登记的民政部门应当在登记前予以公告。

收养关系当事人愿意签订收养协议的，可以签订收养协议。

收养关系当事人各方或者一方要求办理收养公证的，应当办理收养公证。

县级以上人民政府民政部门应当依法进行收养评估。

第一千一百零六条 收养关系成立后，公安机关应当按照国家有关规定为被收养人办理户口登记。

第一千一百零七条 孤儿或者生父母无力抚养的子女，可以由生父母的亲属、朋友抚养；抚养人与被抚养人的关系不适用本章规定。

第一千一百零八条 配偶一方死亡，另一方送养未成年子女的，死亡一方的父母有优先抚养的权利。

第一千一百零九条 外国人依法可以在中华人民共和国收养子女。

外国人在中华人民共和国收养子女，应当经其所在国主管机关依照该国法律审查同意。收养人应当提供由其所在国有权机构出具的有关其年龄、婚姻、职业、财产、健康、有无受过刑事处罚等状况的证明材料，并与送养人签订书面协议，亲自向省、自治区、直辖市人民政府民政部门登记。

前款规定的证明材料应当经收养人所在国外交机关或者外交机关授权的机构认证，并经中华人民共和国驻该国使领馆认证，但是国家另有规定的除外。

第一千一百一十条　收养人、送养人要求保守收养秘密的，其他人应当尊重其意愿，不得泄露。

第二节　收养的效力

第一千一百一十一条　自收养关系成立之日起，养父母与养子女间的权利义务关系，适用本法关于父母子女关系的规定；养子女与养父母的近亲属间的权利义务关系，适用本法关于子女与父母的近亲属关系的规定。

养子女与生父母以及其他近亲属间的权利义务关系，因收养关系的成立而消除。

第一千一百一十二条　养子女可以随养父或者养母的姓氏，经当事人协商一致，也可以保留原姓氏。

第一千一百一十三条　有本法第一编关于民事法律行为无效规定情形或者违反本编规定的收养行为无效。

无效的收养行为自始没有法律约束力。

第三节　收养关系的解除

第一千一百一十四条　收养人在被收养人成年以前，不得解除收养关系，但是收养人、送养人双方协议解除的除外。养子女八周岁以上的，应当征得本人同意。

收养人不履行抚养义务，有虐待、遗弃等侵害未成年养子女合法权益行为的，送养人有权要求解除养父母与养子女间的收养关系。送养人、收养人不能达成解除收养关系协议的，可以向人民法院提起诉讼。

第一千一百一十五条　养父母与成年养子女关系恶化、无法共同生活的，可以协议解除收养关系。不能达成协议的，可以向人民法院提起诉讼。

第一千一百一十六条　当事人协议解除收养关系的，应当到民政部门办理解除收养关系登记。

第一千一百一十七条　收养关系解除后，养子女与养父母以及其他近亲属间的权利义务关系即行消除，与生父母以及其他近亲属间的权利义务关系自行恢复。但是，成年养子女与生父母以及其他近亲属间的权利义务关系是否恢复，可以协商确定。

第一千一百一十八条　收养关系解除后，经养父母抚养的成年养子女，对缺乏劳动能力又缺乏生活来源的养父母，应当给付生活费。因养子女成年后虐待、遗弃养父母而解除收养关系的，养父母可以要求养子女补偿收养期间支出的抚养费。

生父母要求解除收养关系的，养父母可以要求生父母适当补偿收养期间支出的抚养费；但是，因养父母虐待、遗弃养子女而解除收养关系的除外。

参考文献

一、中国文献

（一）著作

1. 故宫博物院明清档案部编：《清末筹备立宪档案史料》，中华书局 1979 年版。

2. （汉）许慎撰，（清）段玉裁注：《说文解字注》，上海古籍出版社 1981 年版。

3. （唐）长孙无忌等撰：《唐律疏议》，中华书局 1983 年版。

4. 中国大百科全书出版社编辑部编：《中国大百科全书》（法学），中国大百科全书出版社 1984 年版。

5. 韩延龙、常兆儒编：《中国新民主主义革命时期根据地法制文献选编》（第四卷），中国社会科学出版社 1984 年版。

6. 费孝通：《江村经济——中国农民的生活》，江苏人民出版社 1986 年版。

7. 牛志平、姚兆女编著：《唐人称谓》，三秦出版社 1987 年版。

8. 陈戌国点校：《四书五经》，岳麓书社 2003 年版。

9. 刘素萍主编：《婚姻法学参考资料》，中国人民大学出版社 1989 年版。

10. 陈鹏:《中国婚姻史稿》，中华书局 1990 年版。

11. 张贤钰主编:《外国婚姻家庭法资料选编》，复旦大学出版社 1991 年版。

12. 陶毅、明欣:《中国婚姻家庭制度史》，东方出版社 1994 年版。

13. 刘俊文、池田温主编:《中日文化交流史大系》（法制卷），浙江人民出版社 1996 年版。

14. 杨际平、郭锋、张和平:《五——十世纪敦煌的家庭与家族关系》，岳麓书社 1997 年版。

15. 刘锡霖、郭康健主编:《蜕变中的中国家庭》，广角镜出版社有限公司 1997 年版。

16. 费孝通:《乡土中国　生育制度》，北京大学出版社 1998 年版。

17. 陈棋炎、黄宗乐、郭振恭:《民法亲属新论》，三民书局 1997 年版。

18. 田涛、郑秦点校:《大清律例》，法律出版社 1999 年版。

19. 中国政法大学澳门研究中心、澳门政府法律翻译办公室编:《澳门民法典》，中国政法大学出版社 1999 年版。

20. 谢振民编著:《中华民国立法史》，中国政法大学出版社 2000 年版。

21. 史尚宽:《亲属法论》，中国政法大学出版社 2000 年版。

22. （清）沈之奇撰，怀效锋、李俊点校:《大清律辑注》，法律出版社 2000 年版。

23. 丁凌华:《中国丧服制度史》，上海人民出版社 2000 年版。

24. 马原主编：《婚姻法继承法分解适用集成》，人民法院出版社 2001 年版。

25. 巫昌祯：《我与婚姻法》，法律出版社 2001 年版。

26. 王胜明、孙礼海主编：《〈中华人民共和国婚姻法〉修改立法资料选》，法律出版社 2001 年版。

27. 宋豫、陈苇主编：《中国大陆与港、澳、台婚姻家庭法比较研究》，重庆出版社 2002 年版。

28. 陶毅主编：《新编婚姻家庭法》，高等教育出版社 2002 年版。

29. 杨立新点校：《大清民律草案 民国民律草案》，吉林人民出版社 2002 年版。

30. 程树德：《九朝律考》，中华书局 2003 年版。

31. 张培田主编：《新中国法制研究史料通鉴》，中国政法大学出版社 2003 年版。

32. 江平、米健：《罗马法基础》，中国政法大学出版社 2004 年版。

33. 徐国栋主编：《绿色民法典草案》，社会科学文献出版社 2004 年版。

34. 刘文编著：《继承法比较研究》，中国人民公安大学出版社 2004 年版。

35. 李秀清：《日耳曼法研究》，商务印书馆 2005 年版。

36. 杨立新：《亲属法专论》，高等教育出版社 2005 年版。

37. 孔祥瑞、李黎：《民法典亲属编立法若干问题研究》，中国法制出版社 2005 年版。

38. 朱和庆主编:《婚姻家庭法案例与评析》,中山大学出版社 2005 年版。

39. 杨大文、龙翼飞主编:《婚姻家庭法学》,中国人民大学出版社 2006 年版。

40. 陈苇主编:《外国婚姻家庭法比较研究》,群众出版社 2006 年版。

41. 梁慧星(课题组负责人):《中国民法典草案建议稿附理由·亲属编》,法律出版社 2006 年版。

42. 余延满:《亲属法原论》,法律出版社 2007 年版。

43. 徐国栋:《民法典与民法哲学》,中国人民大学出版社 2007 年版。

44. 薛宁兰、金玉珍主编:《亲属与继承法》,社会科学文献出版社 2009 年版。

45. 高凤仙:《亲属法理论与实务》,台湾五南图书出版公司 2009 年版。

46. 王洪:《从身份到契约》,法律出版社 2009 年版。

47. 金眉:《唐代婚姻家庭继承法研究——兼与西方法比较》,中国政法大学出版社 2009 年版。

48. 金眉:《中国亲属法的近现代转型——从〈大清民律草案·亲属编〉到〈中华人民共和国婚姻法〉》,法律出版社 2010 年版。

49. 杨立新主编:《中国百年民法典汇编》,中国法制出版社 2011 年版。

50. 中华人民共和国国务院新闻办公室编:《中国特色社会主义法律体系》,人民出版社 2011 年版。

51. 陈苇主编：《当代中国内地与港、澳、台婚姻家庭法比较研究》，群众出版社 2012 年版。

52. 朱庆育：《民法总论》，北京大学出版社 2016 年版。

53. 李洪祥：《我国民法典立法之亲属法体系研究》，中国法制出版社 2014 年版。

54. 黄荣坚等编著：《月旦简明六法》，元照出版有限公司 2015 年版。

55. 杨立新主编：《继承法修订入典之重点问题》，中国法制出版社 2015 年版。

56. 何勤华、李秀清、陈颐编：《新中国民法典草案总览》（上中下卷），北京大学出版社 2017 年版。

57. 何勤华、李秀清、陈颐编：《新中国民法典草案总览》（续编），北京大学出版社 2020 年版。

58. 杨遂全：《民法婚姻家庭亲属编立法研究》，法律出版社 2018 年版。

59. 张中秋：《中西法律文化比较研究》，法律出版社 2019 年版。

60. 薛宁兰、谢鸿飞主编：《民法典评注 婚姻家庭编》，中国法制出版社 2020 年版。

61. 夏吟兰编著：《家事法专论》，中国政法大学出版社 2020 年版。

62. 黄薇主编：《中华人民共和国民法典释义》，法律出版社 2020 年版。

63. 最高人民法院民法典贯彻实施工作领导小组主编：《中华人民共和国民法典婚姻家庭编继承编理解与适用》，人民法院出版社 2020 年版。

64. 最高人民法院民事审判第一庭编著：《最高人民法院民法典婚姻家庭编司法解释（一）理解与适用》，人民法院出版社2021 年版。

65. 戴炎辉、戴东雄、戴瑀如：《亲属法》，元照出版有限公司 2021 年版。

66. 李永军主编：《民法学教程》，中国政法大学出版社 2021年版。

67. 夏吟兰主编：《婚姻家庭继承法》，中国政法大学出版社2021 年版。

68. 徐国栋：《民法哲学》，中国法制出版社 2021 年版。

69. 郭明瑞：《家事法通义》，商务印书馆 2022 年版。

（二）论文

1. 田岚：《罗马法亲等制与我国代份计算法之比较》，载《政法论坛》1987 年第 4 期。

2. 鄢一美：《俄罗斯民法典中继承法律规范的新变化》，载《比较法研究》2004 年第 2 期。

3. 金眉：《日本对唐代服制的继受与变通》，载《比较法研究》2007 年第 1 期。

4. 金眉：《中西古代亲属制度比较研究——兼论当代中国亲属制度的建构》，载《南京大学学报（哲学·人文科学·社会科学版)》2010 年第 1 期。

5. 覃冠文：《亲属免证：究竟是谁的权利——以亲属免证特权权属为基点的展开》，载《政治与法律》2016 年第 1 期。

6. 金眉：《我国"亲属"法律概念的变迁探析》，载《江苏社会科学》2017 年第 1 期。

7. 夏吟兰、李丹龙：《民法典婚姻家庭编亲属关系通则立法研究》，载《现代法学》2017 年第 5 期。

8. 金眉：《论直系姻亲的发生、终止及其法律效力——以儿媳与公婆、女婿与岳父母为探讨重点》，载《江苏社会科学》2018 年第 6 期。

9. 金眉：《论中国特色婚姻家庭法的制度建构》，载《南京社会科学》2019 年第 11 期。

10. 蒋月：《论家庭成员身份的法定与约定——以〈民法典〉第 1045 条和第 1050 条为中心》，载《中华女子学院学报》2020 年第 4 期。

11. 朱晓峰：《民法家庭概念论》，载《清华法学》2020 年第 5 期。

12. 李俊蓉：《近亲属的个人信息被遗忘权及其行使——以社交网络账户注销为例》，载《民商法争鸣》2020 年第 1 期。

13. 李永军：《婚姻属性的民法典体系解释》，载《环球法律评论》2021 年第 5 期。

14. 王葆莳：《论继父母子女之间的法定继承权——〈民法典〉第 1072 条和第 1127 条解释论》，载《法学》2021 年第 9 期。

15. 张学军：《〈中国民法典〉"亲属"法律制度研究》，载《政法论坛》2021 年第 3 期。

16. 龙翼飞、赫欣：《〈民法典〉婚姻家庭编最新司法适用准则探析》，载《法学杂志》2021 年第 8 期。

17. 赵晓力：《女儿也是传后人：从单系偏重到双系平等继嗣》，载《清华法学》2022 年第 4 期。

18. 杨立新：《〈民法典〉规定的家庭成员类型与职责》，载《扬州大学学报（人文社会科学版）》2023 年第 1 期。

二、外国文献

1. 中央人民政府法制委员会编，王增润译：《苏俄婚姻、家庭及监护法典》，新华书店 1950 年版。

2. 郑华译：《苏俄婚姻、家庭和监护法典》，法律出版社 1956 年版。

3. 李浩培、吴传颐、孙鸣岗译：《法国民法典》，商务印书馆 1979 年版。

4. ［英］戴维·M. 沃克著，北京社会与科技发展研究所组织翻译：《牛津法律大辞典》，光明日报出版社 1988 年版。

5. 费安玲、丁玫译：《意大利民法典》，中国政法大学出版社 1997 年版。

6. 杜景林、卢谌译：《德国民法典》，中国政法大学出版社 1999 年版。

7. ［德］恩格斯著，中共中央马克思恩格斯列宁斯大林著作编译局译：《家庭、私有制和国家的起源》，人民出版社 1999 年版。

8. 中国法学会婚姻法学研究会编：《外国婚姻家庭法汇编》，群众出版社 2000 年版。

9. ［德］弗里德尼希·卡尔·冯·萨维尼著，许章润译：《论立法与法学的当代使命》，中国法制出版社 2001 年版。

10. 南洋公学译书院初译，何佳馨点校：《新译日本法规大全》（第一卷），商务印书馆 2007 年版。

11. 蒋月等译：《英国婚姻家庭制定法选集》，法律出版社 2008 年版。

12. 金玉珍译：《韩国民法典 朝鲜民法》，北京大学出版社 2009 年版。

13. ［美］哈里·D. 格劳斯、大卫·D. 梅耶著，陈苇等译：《美国家庭法精要》，中国政法大学出版社 2010 年版。

14. 罗结珍译：《法国民法典》，北京大学出版社 2010 年版。

15. 徐国栋：《优士丁尼〈法学阶梯〉评注》，北京大学出版社 2011 年版。

16. 王爱群译：《日本民法典》，法律出版社 2014 年版。

17. ［德］安雅·阿门特 – 特劳特著，李大雪、龚倩倩、龙柯宇译：《德国继承法》，法律出版社 2015 年版。

18. 戴永盛译：《瑞士民法典》，中国政法大学出版社 2016 年版。

19. ［法］科琳·雷诺 – 布拉尹思吉著，石雷译：《法国家庭法精要》，法律出版社 2019 年版。

20. ［葡］威廉·德奥利维拉、弗朗西斯科·佩雷拉·科埃略著，林笑云译：《亲属法教程》，法律出版社 2019 年版。

21. 李贝编译：《法国家事法研究文集——婚姻家庭、夫妻财产制与继承》，人民法院出版社 2019 年版。

22. ［德］马蒂亚斯·施默克尔著，吴逸越译：《德国继承法》，中国人民大学出版社 2020 年版。

23. ［德］迪特尔·施瓦布著，王葆莳译：《德国家庭法》，法律出版社 2022 年版。

24. ［德］玛丽娜·韦伦霍菲尔著，雷巍巍译：《德国家庭

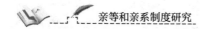

法》，中国人民大学出版社 2023 年版。

    25. ［美］阎云翔著，龚小夏译：《私人生活的变革：一个中国村庄里的爱情、家庭与亲密关系 1949—1999》，上海书店出版社 2006 年版。

后 记

本书距上一本个人著作出版跨越了十二年之久，其间的经历称得上曾经沧海。在沉沦与前行之间，我选择了后者。人生是一种态度，当你换一种态度面对时，那些所谓的艰难困顿就如往事云烟而去。进入花甲年华，回首来时路，世界物换星移，人类生生不息，但最让人留恋的并非功名利禄，如果没有亲情、友情，这个世界也不值得我们这般眷恋。世间越来越卷，于我则是不变的态度：做事行儒法，结果持道家。

本书得以出版，首先要感谢李永军教授的举荐，感谢学校科研处的厚爱，将小书纳入支持出版之列，还要感谢中国政法大学出版社艾文婷主任和陈欧编辑，她们的专业、敬业，特别是对古典文献和法律规范的熟悉令我敬佩和惊讶。

书至结尾，且以多年前游成都白鹭公园写就的一首小诗作为结语：

> 早春红玉立枝头，
> 鹬鸪嬉戏水中游。
> 荷塘芦苇渐新绿，
> 一片生机在心头。

金 眉
2024 年 1 月 6 日